PLAN
DER
STADT GRADO

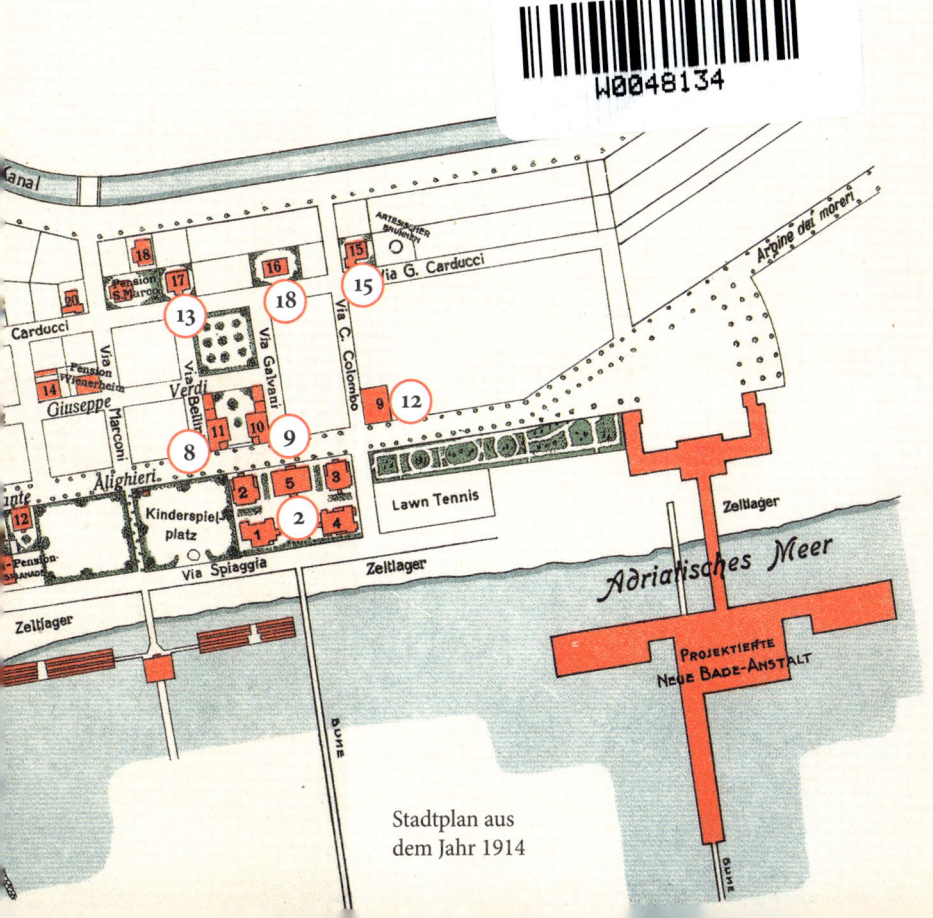

Stadtplan aus
dem Jahr 1914

Andreas **Schwarz**
Martha **Brinek**

Gusto auf
GRADO

Eine Spurensuche zwischen Villen, Geschichte und Küche

Mit 66 Abbildungen

Amalthea
Verlag

Für Valentin

Besuchen Sie uns im Internet unter: amalthea.at

© 2019 by Amalthea Signum Verlag, Wien
Alle Rechte vorbehalten
Umschlaggestaltung: Elisabeth Pirker/OFFBEAT
Umschlagabbildungen: Cover: Café Secession, Grado (links), See-
bad Grado (rechts)/Archive Scaramuzza, © iStock.com (Hintergrund);
Rückseite: Werbung Pension Villa Reale/Archiv Villa Reale,
Foto: Andreas Schwarz
Rezepthintergrund: cardboard_04 von raduluchian.com
Lektorat: Helene Sommer
Herstellung und Satz: VerlagsService Dietmar Schmitz GmbH, Heimstetten
Gesetzt aus der 11,25/14,25 pt Minion Pro
Designed in Austria, printed in the EU
ISBN 978-3-99050-129-0

Inhalt

das zum gefragten Strand-Utensil wurde und ein Sittenbild seiner Zeit zeichnete.

Die Küche der Villa Reale hat einen weithin guten Ruf, die Rezepte sind ein wohlgehütetes Geheimnis. Aber für dieses Buch verrät Sabine Vianello einige besonders köstliche wie den Branzino in der Folie oder das Orangen-Tiramisu.

Unbedingt ohne Tomaten zubereiten, aber vor allem: Sagen Sie nie Fischsuppe zu einem Gradeser Boreto. Auch wenn der Fisch auf dem Teller schwimmt. Fisch kommt auch noch in einigen anderen Erica-Varianten vor.

Über Jahrzehnte Fixpunkt: Die abwechslungsreiche Küche und das Salat- und Nachspeisenbuffet. Matschkerer wussten schon am Morgen, worüber sie mittags und abends matschkern – und es doch genießen wollten.

Was ein Szegediner Hummerkrautfleisch mit Grado zu tun hat, und wie Starkoch Christian Domschitz im Wiener »Vestibül« auch für Gradeser Gäste Saltimbocca alla romana und grüne Minestrone zaubert.

1 Die Magie Grados

Auf Spurensuche – eine Annäherung

Der Burgschauspieler mit der markanten Stimme hat als Kind Sommer für Sommer bei Verwandten in Triest verbracht. Später wurde er Publikumsliebling im Haus am Ring oder bei den Festspielen in Reichenau. Als Synchronstimme von Ben Kingsley kennt ihn jeder, auch der größte Theatermuffel. Damals, in den 1950er-Jahren, war das für den kleinen Peter Matić noch weit weg. Für den Knaben aus dem Norden gab es im Sommer nur Sonne, Wind und Meeresluft im Süden. Und zwar am äußersten Zipfel der Adria, wo Italien auch heute noch so österreichisch ist. Ferienhöhepunkt war stets: Wenn der Triestiner Onkel den frisch geputzten Fiat Topolino anwarf und mit den Kindern für einen Tag zum Baden von Triest nach Grado fuhr – zwei Stunden Fahrt. Aber was für ein Ziel!

Was der Bühnenstar in spe beim Planschen im seichten Wasser der oberen Adria nicht wissen konnte: Dass er Jahrzehnte später in den fünf gelben herrschaftlichen Villen, die den Strand von Grado damals schon überschauten, Urlaub machen würde. Was er zudem nicht wusste: Dass er mit der Urenkelin des Barons, der diese Ville Bianchi zur Jahrhundertwende bauen ließ, verwandt sein würde.

Es ist eine typisch österreichische Geschichte. Und wer heute Grado besucht, reist in die österreichische Geschichte. Auch wenn die nicht Hauptzweck der Reise ist.

Die meisten kommen mit Kind und Kegel zu Sonne und Sand. Der flach abfallende Strand, die »Cocco bello!«-Rufe der fliegenden Händler, die zur Labung Obstspieße verkaufen, das unvergleichliche Gelato auf der Promenade – Generationen verbinden damit Sommer pur. Später besuchen sie Grado oft auch dann noch, wenn die Kinder längst aus dem Haus und auf eigenen Urlaubswegen sind. Wege, die die groß gewordenen Kinder nicht selten wieder zurück an die obere Adria und in »ihr« Grado führen – der Bub, der dem Fiat Topolino seines Onkels entwuchs und Schauspieler sowie Grado-Reisender wurde, ist nur ein Beispiel von vielen.

Was ist es aber, das diesen Kreislauf antreibt wie ein Perpetuum mobile? Was macht den Badeort für viele zu einem fast magischen Platz? Zu einem Immer-wiederkommen-Müssen? Zu einer Art Zuhause im Urlaub, nein: zum Zuhause? Oder, wie es ein anderer Schauspieler formuliert, Erwin Steinhauer, mit fast schnalzender Zunge: »Für mich waren das Friaul und Grado eine Zeit der Genüsse. Nur Genuss und Glück! Ich muss bald wieder hin.«

Der Gradeser Künstler Gianni Maran spricht tatsächlich von der »Magie Grados«. Sie bestehe, sagt er, aus zumindest dreierlei: Da ist zum einen der Duft, der den Reisenden schon auf der kilometerlangen Brücke von Belvedere hinüber nach Grado einfängt. Dort, wo sich das flache Land mit seinen Pinien auftut für den ersten Blick über die breite Lagune hinüber zur Insel und der Silhouette der Stadt. Tief einatmen, und die Magie ist schon da, zaubert augenblicklich ein Stimmungstuch, in das man sich wohlig hüllt. Der zweite Stoff, aus dem die Magie Grados gewebt ist, das ist die ganz eigene Atmosphäre in den engen Gassen und winkeligen Durchgängen der Altstadt, dem centro storico mit seinen alten Steinhäusern, ebenso wie auf den schattigen Plätzen und den breiten Promenaden, entlang des Hafens und auf dem Weg zum Strand. Und zum Dritten besteht die Magie Grados aus etwas, das man zuerst vielleicht nur unbewusst wahrnimmt, dann langsam begreift und schließlich freudig-staunend spürt und erwidert: aus dem Lächeln, das überall in Grado wartet – »nicht Lachen, es ist das Lächeln«, sagt der Künstler.

Die Atmosphäre hat, da sind wir wieder beim Beginn, viel mit der österreichischen Geschichte des Badeortes zu tun. Und die wird nirgendwo sichtbarer als in den Villen, die um die Wende zum 20. Jahrhundert gebaut wurden. Einer Zeit, als Grado Teil des österreichischen Küstenlandes war – und das Mekka der Erholungsuchenden aus der Monarchie. Ihre Herberge waren vor allem die Villen. Die erwähnten Ville Bianchi nächst dem Strand, die verspielte Villa Reale oder die Villa Erica schräg gegenüber sind heute noch höchst lebendige Zeitzeugen der vergangenen Epoche, die in Grado in vielen Geschichten und Anekdoten weiterlebt. Und die viel zu diesem Zuhause-Gefühl im Urlaub beitragen.

Grado verdankt seine Geburt übrigens Frauen. Und seiner guten Luft. Jetzt könnte man natürlich sagen, das ist banal, weil: Geht nicht alles auf der Welt kraft des Gebärens auf Frauen zurück? Und ein Seebad ohne gute Luft, wie soll das gehen? In Grado aber verhält es sich so: Das Fischerdorf auf der kleinen Insel gibt es schon ewig, und Fischerdörfer waren traditionell von Männern dominiert. Von Fischern eben. Aber dass Grado vor mehr als einem Jahrhundert zum Seebad erblühte, zu einer Perle mit besagten Villen und mondänen Hotels, zu einem Kurort der Heilung und einem Badeort des Familienvergnügens – das ist vornehmlich auf Frauen zurückzuführen.

Gewiss, es haben auch Männer das Zepter in der Hand gehabt. Männer aus Familien mit so klingenden Namen wie Scaramuzza, Degrassi, Marchesini und Marocco. Sie haben um die Wende zum vergangenen Jahrhundert als Bürgermeister Land aufschütten lassen und Straßen gebaut, Bäume gepflanzt und Badeordnungen erlassen. Und der wichtigste Mann natürlich, der Kaiser in Wien, hat sowieso das Zepter in der Hand gehabt. Insofern nämlich, als er wohlwollend und großzügig das Werden des Seebades förderte. Nicht zu vergessen all die wohlhabenden Adeligen und Fabrikanten, die wunderschöne Häuser auf das immer größer werdende Land in der Lagune setzten – allen voran Baron Leonard Bianchi, der als Urvater Grados gelten kann (für die Geburt braucht es halt doch auch einen Vater). Aber auch er tat das für seine Frau, die an der Gradeser Luft genesen sollte, und für seine Kinder. Manch andere wiederum taten es für ihre kränkelnden Kinder, die an ebendieser Luft tatsächlich gesundeten.

Aber es waren starke Frauen, die in der Folge nicht nur in den Villen, sondern darüber hinaus in Grado den Laden schupften, wie man in Österreich sagen würde. Und zutiefst österreichisch, k. u. k.-österreichisch, das war Grado zu seiner Blütezeit. Die Geschichte der Wiener Fabrikantentochter Emma Scheid, verheiratet mit dem Secessionisten Josef Maria Auchenthaller, die mit ihrer kranken Tochter Maria nach Grado zog und die Pension Fortino bauen ließ, ist schon vor einiger Zeit aus der Versenkung geholt worden. Andere Geschichten belegen, dass nicht allein das Fortino am Beginn von Grados Aufstieg stand, sondern dass es davor und danach viele Villen – und viele Frauen – waren, die Grado zu dem machten, was es heute noch ist. Diese Geschichten sind Schätze, die kaum wo niedergeschrieben sind, sondern nur erzählt und weitergegeben werden, wenn man sich auf Spurensuche begibt.

So wird die Rede sein von den beiden Schwestern, die, stets in Schwarz gekleidet, vom Beginn bis weit in die zweite Hälfte des vergangenen Jahrhunderts mit dem Rad durch Grado und Umgebung fuhren, um ihre Ville Bianchi und das Seebad voranzubringen. Es wird die Rede sein von Emma Scheid natürlich, die, wie die Schwestern, tagein, tagaus für ihr Hotel und ihr Grado kämpfte. Es wird erzählt vom handgeschriebenen Kochbuch der Hanni Schöffmann – ja, auch die Küche spielt eine entscheidende Rolle in der Geschichte Grados –, das wie ein wertvoller Schatz geheim gehalten wird bis heute. Sein manchmal üppiger (die Zutaten!) und immer geschmackvoller Inhalt eröffnete und eröffnet sich bis heute nur den Gästen der Villa Reale, deren aus Kärnten eingeheiratete Seele die Schöffmann war. Von der großen Maria Callas wird die Rede sein, die in den späten 1960er-Jahren mit dem ebenso großen Pier Paolo Pasolini in Grado einen Film drehte und dem Seebad einen neuen Aufschwung zum »St. Tropez der Adria« bescherte – die beiden waren nur zwei von zahllosen prominenten Gästen, die seit

Sigmund Freud, Arthur Schnitzler und Otto Wagner dem Adria-Ort gesellschaftlichen Glanz verliehen. Von einer Baroness ist zu lesen, die die Familiengeschichte der Bianchi hütet und die von keinem Geringeren als vom Teenager Niki Lauda auf den Straßen in und um Grado Autofahren gelernt haben will – wer kann das schon von sich sagen? Zeitungszaren und internationale Fußballer – weil auch von Männern die Rede sein wird –, Wirtschaftsbosse, Filmschaffende, Schauspieler und Literaten, sie alle haben in Grado ihr zweites Zuhause gefunden.

Und weil das alles nicht ohne Küche ging und geht, oder anders: Weil auch die Liebe zur Sommerfrische und zum Urlaubsort durch den Magen geht, wird auch von gutem Essen die Rede sein. In Grado wurde zu Zeiten des Österreichischen Küstenlandes vorwiegend österreichisch, ungarisch und böhmisch gekocht. Der saftige Schweinsbraten und das Pilsner Bier waren nebst den Süßspeisen aus der Monarchie die kulinarischen Höhepunkte eines Tages in der Badeanstalt. Viel später kamen die Pasta und der Riso dazu, der Fisch, wie er an der Küste bereitet wird, die Muscheln und andere Meeresfrüchte. Heute wird dagegen vor allem in den Villen die italienische Küche serviert, nach der sich der Italien-Reisende so sehnt. Jene Küche also, die er in angeblich »typischen« italienischen Restaurants so selten bekommt, es sei denn, er sucht lange und vermeidet die ausgetretenen touristischen Pfade: Unaufgeregte, beständige, wirklich italienische Gerichte, die wohlfühlen lassen und Lust machen, sie zu Hause auszuprobieren. Wenn man nur das Rezept hätte! Ein paar dieser Rezepte werden wir vorstellen – denn wenn man Grado mit nach Hause nehmen kann, bleibt das Zuhause-Gefühl wach, das man an Grado so schätzt. Auch wenn man gerade nicht dort ist.

Da sind wir dann doch wieder am Anfang: Das vorliegende Buch liefert keine chronologische Darstellung der Villen, ihrer Bewohner oder ihrer Gäste. Es ist keine lexikalische Auflistung und kein Who's who in Grado. Und der kulinarische Teil ist kein Register der Gradeser Küche. Das Buch versucht nur eines: In einer bunten

Aneinanderreihung von Geschichten und Geschichte, von Erinnerungen und Anekdoten, von Erzählungen und verstaubten Dokumenten aus längst vergessenen Kartons und Kisten ein Bild zu malen. Dieses Bild soll nicht in Nostalgie ertrinken. Es will ein Gefühl und einen Zustand vermitteln oder wachrufen, je nachdem: Die Magie Grados, die den Besucher einfängt. Eine Magie, die den Gast spätestens beim zweiten Mal nicht mehr Besucher, sondern Heimkehrer sein lässt. Nach zu Hause, in sein Grado.

2   Die Tür, durch die kein Kaiser ging

Flanieren in die Vergangenheit: Über den »vollsten Beifall«
der Gäste aus dem Hause Habsburg, verruchte Begegnungen
am dunklen Strand und eine kleine Schwindelei.

Am Viale Europa Unita, auf dem Weg zum Hafen, liegt die
libreria moderna. Es ist eine Buch-, Zeitungs- und Schreib-
warenhandlung wie aus dem italienischen Bilderbuch – vor 50 Jahren. Mit den aktuellen Gazetten im Zeitungsständer davor, mit
Postkarten, diversen Heftchen, ein paar Büchern, Zuckerln,
Schreibgeräten und sonst noch allerlei. Vor dem Geschäft stehen
drei Männer mittleren Alters mit der neuesten *Gazetta dello sport*.
Auch wenn sie die Fußballergebnisse vom Vortag längst kennen, ist
die Spielkritik im blassrosa Blatt Thema einer ausführlichen Dis-
kussion. »L'arbitro è stato un disastro …«, grollt einer. Der Schieds-
richter, wer sonst, ist halt wirklich überall schuld.

Vor der Gelateria Antoniazzi lehnen zwei Gradeserinnen an
ihren Fahrrädern. Die Einkäufe aus dem supermercato baumeln am
Lenker. Die Frauen schlecken Eis, das sie sich auf dem Heimweg
noch genehmigen. Sie plaudern über mindestens die Welt, so lange
dauert das Gespräch. »Ciao Ornella«, ruft eine hinüber auf die
andere Straßenseite, und schon sind die Damen zu dritt. Die Gelateria am Viale Dante Alighieri ist übrigens eine der besten der Stadt.

Der breite Viale Dante Alighieri nach Osten hinaus, dorthin, wo
vor eineinhalb Jahrhunderten nur ein Weg durch den Sumpf war,
rechts das Meer und links die Lagune, ist unbestritten *die* Flanier-
meile der Stadt. Nach weniger als 200 Metern auf dem Viale tut
sich ein weiter Platz auf: die Giardini Marchesan mit Brunnen und
Wasserspielen und viel Grün. Von rechts ist das Meer zu hören und
geradeaus am Ende des Platzes bietet sich ein einmaliger Blick: fünf

ADRIA-SEEBAD GRADO
(PROVINZ TRIEST · ITALIEN)

PENSION · RESTAURANT
BARON BIANCHIsche VILLEN
GEÖFFNET MAI - OKTOBER

Die Monarchie ging, die Villen blieben: Werbung für die »Baron Bianchi-schen Villen«, schon unter italienischer »Herrschaft«

lichtgelbe Villen, wie hingemalt. Zwei Stockwerke hoch, mit Balkonen und weißen Geländern und blaugrünen Fensterläden. Sie könnten, jede für sich, genauso im Cottage der Wiener Nobelbezirke Hietzing und Währing oder im Salzkammergut stehen. Links gegenüber eine dreistöckige Villa, die auch nicht von dieser Welt scheint, mit früher roten, jetzt wieder blauen Markisen und einer verspielten Terrasse. Sie wirkt auf den ersten Blick moderner und ist doch mehr als 100 Jahre alt. Und im Hintergrund, am Viale linkerhand erahnbar, eine weitere Villa, im schönsten Jugendstil, streng und leicht zugleich, mit roten Backsteinen im zweiten Stock, mit Terrassen und Bögen und Türmchen, efeubewachsen. Und ginge man dort ums Eck, stieße man gleich auf eine weitere beeindruckende Villa. Sie sind die Ville Bianchi, die Villa Erica, die Villa Reale und dahinter die Villa Bernt. Sie sind das Herzstück der Gradeser Geschichte, in die wir hineinflanieren.

16

Die Ville Bianchi heute – so etwas wie das Wahrzeichen Grados am langen Strand

Vor der Villa Erica sitzt an einem der kleinen Tischchen Gabriella und wartet schon. Die Nachmittagssonne taucht die Ville Bianchi gegenüber in ein strahlendes Gelb. Gabriella ist eine Institution im Dreieck der Villen. In den Ville Bianchi hat sie ein halbes Leben gearbeitet, viele Jahre davon als Chefin des Personals in der Küche und im Restaurant. Die Stammgäste haben sie geschätzt und geliebt – Gabriella wusste über die Jahre, wo die Gäste am liebsten saßen, was die Lieblingsspeise der Kinder war (nicht schwer: Spaghetti) und welcher der Lieblingswein der Eltern. Als die Besitzer wechselten, war das nicht mehr ihre Welt. Sie fand Unterschlupf in der Villa Reale schräg gegenüber. Auch dort gibt es Stammgäste seit ewig, und auch dort wird eine umsichtige Hand stets gebraucht. »Das war immer schon so in den Villen. Die Leute kommen einmal, und dann kommen sie wieder und immer wieder. Oder sie waren als Kinder schon da. Und das Schönste für sie ist, wenn jedes

Mal alles so ist, wie sie es kennen und gewohnt sind – und dazu gehört auch das Personal.«

Das war vor 100 und mehr Jahren, als die Villen die ersten Besucher empfingen, nicht anders. Außer dass sich so mancher Gast – sicher ist sicher – sein Personal gleich selbst mitgebracht hat. »Zu Kaisers Zeiten reiste zumindest der Adel mit dem halben Hofstaat, wenigstens aber mit Köchin und Kindermädchen.« Nicht selten belegten Gäste samt Entourage dann über Wochen ein ganzes Stockwerk. Apropos Kaiser: Ob wir schon bei dem Tor waren, durch das der Kaiser einst geschritten ist, wie erzählt wird?

Und das ist der eigentliche Beginn der Geschichte. Es handelt sich um ein kleines, schmiedeeisernes Tor. Ein Türl eher, wie man in Österreich sagen würde. Beige-braun und im feinsten Wiener Jugendstil gewoben, unterbricht es einen schlichten Zaun zu Strand und Meer hin. Von den Spaziergängern, die auf der Promenade zwischen den Ville Bianchi und dem Strand wandeln, wird es kaum je beachtet, so unscheinbar ist es. Von den Initialen F. J. an der Front des Türls und dem bronzenen Doppeladler darunter nehmen die Passanten daher kaum Notiz.

Dabei sind diese Initialen Ausweis einer der vielen Geschichten, die Grado und seine altösterreichischen Villen heute noch zu erzählen haben: Als irgendwann vor Ausbruch des Ersten Weltkrieges die Kunde geht, dass Kaiser Franz Joseph die Hafenstadt Triest bereisen werde, da sollte er auch nach Grado kommen. Jedenfalls setzen die Gradeser alles daran, dass der Monarch auch das ehemalige Fischerdorf auf der Halbinsel an der nördlichen Adria besucht. Schließlich hat seine Majestät es 1892 per Dekret zur »Kur- und Badeanstalt Grado« geadelt. Und die ist inzwischen dank des Aufstiegs in den Olymp der Sommerbäder das Dorado für Gäste aus der Monarchie geworden. Man ist dem Kaiser unendlich dankbar.

Aber ob er dann auch wirklich kommt? Zur Überraschung aller kündigt Seine Hoheit tatsächlich ihren Besuch an. Die Freude und die Aufregung in Grado sind grenzenlos.

Das viel zitierte »Kaisertürl« zum Strand – da soll Kaiser Franz Joseph durchgegangen sein?

Ob der Kaiser dann in einer der fünf Ville Bianchi nächst dem Strandbad und seinem ausladenden Holzbau im Wasser abgestiegen ist oder, wie kolportiert, in der Villa Erica gleich dahinter, ist nirgendwo niedergeschrieben. Auch was er speiste in den Villen – wahrscheinlich Tafelspitz, weil der damals natürlich zur Gradeser Küche zählte –, ist nicht dokumentiert. Aber dass zu Ehren des Kaisers in aller Eile ein kleines Tor geschaffen wurde, das dem Monarchen den schnellen Zugang zum Strand ermöglichen sollte, das weiß man heute, mehr als ein Jahrhundert danach.

Kurzum: Seine Majestät durchschritt es – und seit Franz Joseph tat das niemand mehr. Das Türl ist seit Kaisers Zeiten zu. Versperrt. Nicht mehr aufzukriegen. Denn der Verbleib des Schlüssels ist ein wohlgehütetes Geheimnis …

So und in variantenreichen Abwandlungen steht die Geschichte in Reiseführern und auf Webseiten über Grado zu lesen. Immer und immer wieder wird abgeschrieben. So wird sie erzählt, von einem Besucher dem anderen, selten von Gradesern selbst, aber immer umweht vom Hauch des Geheimnisvollen, des Verschwörerischen: Pssst!, der Kaiser war hier, und, man glaubt es kaum, durch dieses Tor ist er gegangen.

Es ist eine hübsche Geschichte, die nur einen kleinen Schönheitsfehler hat: Kaiser Franz Joseph war zeit seines langen Lebens nie in Grado.

Das klingt jetzt auch fast unglaublich. Denn seine Hoheit soll von Grado beziehungsweise seinem Ruf als Heilbad so begeistert gewesen sein, dass er sogar Sand von der Adriaküste ins Strandbad Edlach bei Reichenau an der Rax bringen hat lassen – das liegt nicht am Meer, sondern an der eiskalten Schwarza in Niederösterreich, war aber seinerzeit auch Treffpunkt der feineren Wiener Gesellschaft. Nur nach Grado und in den Sand dort setzte Franz Joseph tatsächlich nie einen Fuß.

Der Kaiser zwar nicht, andere Mitglieder der Habsburgerfamilie allerdings bereisten das Seebad sehr wohl. Was in Zeitungen wie dem *Neuen Wiener Tagblatt* zu der Zeit gebührend vermerkt wird:

»Aus Grado wird uns telegraphiert: Bei herrlichem Wetter kamen gestern Nachmittag Erzherzog Franz Ferdinand und Gemahlin, Herzogin Sophie von Hohenberg, mit ihren Kindern an Bord ihrer Yacht … nach Grado. Am Hafen wurden die Gäste von Bürgermeister Dr. Marchesini, dem Stadtpfarrer …«« und so fort empfangen. Sie besuchten den Dom, das Museum, den Bau der neuen Seepromenade, und »von dort begaben sich die Gäste zum Badeetablissement … Die rasche Entwicklung Grados, die schönen Bauten und Gartenanlagen fanden den vollsten Beifall der Gäste«, heißt es weiter. »Unter den Ovationen der gesamten Bevölkerung« verabschiedete sich der hohe Besuch nach einem Tag auch schon wieder und versprach, zur Badesaison wiederzukommen.

Das war im April 1914. Der Mord am Thronfolgerpaar in Sarajewo zwei Monate später machte vieles und auch dieses Versprechen zunichte.

Andere Mitglieder des Adelsstandes blieben hingegen wochenlang zur Sommerfrische am Meer, selbst im Juli 1914 noch: »Unter den Neuankommenden befinden sich: Prinzessin Windischgrätz, Erz. Gräfin Attems, Erz. Friedrich Graf Beck, Gräfin Degenfeld, Graf Starhemberg, Marie Gräfin von Bellegarde u. a. m.«, rapportiert die *Reichspost* noch, als sich die dunklen Wolken des großen Krieges schon über Europa zusammenbrauten. Die Monarchie war in Grado aber vor allem durch den höheren Mittelstand vertreten: Bedienstete des Hofstaates kamen zur Erholung an die Küste, Offiziere, Rechtsanwälte, Ärzte und Architekten, Beamte, Kaufmannsfamilien und Industrielle. Zudem gaben einander Künstler die Sommerfrische-Türen in die Hand, von Arthur Schnitzler über Otto Wagner bis Stefan Zweig – nur der Kaiser selbst ist nie dagewesen. Auch wenn es ihn vermutlich »sehr gefreut« hätte.

Besagte Tür ist übrigens immer nur einfach ein Zugang zum Strand gewesen, der des Nachts abgesperrt wurde. Als Grado um die Jahrhundertwende endgültig zum beliebten Seebad aufgestiegen war, war der lange Sandstrand zunächst noch ohne Umzäunung frei zugänglich. Wobei »frei« natürlich relativ war. In Wahrheit gab es ein strenges Reglement. Die große Attraktion stellte die langgestreckte hölzerne Badeanstalt dar, die auf Eichenpfählen im seichten Meer ruhte. Davor reihten sich die Kabanen im Sand, das waren jeweils vier Stangen und ein großes Tuch darum. Sie dienten dem Umkleiden. Das »Badeetablissement« mit seinen Kabinen und Duschen war streng in eine Abteilung für Männer und eine für Frauen getrennt. Im Meer zu baden, war für beiderlei Geschlecht nur im Badekostüm gestattet, das Sonnenbad ohne Kostümvorschrift fand wieder nur in getrennten Bereichen statt. Lediglich die Kinder waren tatsächlich frei, sich in Badehose überall aufzuhalten. Voraussetzung: Sie mussten unter zehn Jahre alt sein.

Nach dem Badevergnügen, am späteren Nachmittag, verlagerten sich die Attraktionen auf die Promenaden. Dort flanierten die Herren im feinen Anzug und die Damen in eleganten Kleidern mit Hut und Schirm. Man begegnete und grüßte halb Wien, und man lauschte in den Parks, den Grünanlagen oder dem einen oder anderen Hotel den Konzerten des Kurorchesters. Besonders beliebt: Das Hotel Fonzari, eines der ersten großen Kurhotels in Grado, und das Café Secession am Largo San Grisogono, der Hauptstraße entlang des Strandes. Dort saß man im Freien in der Abendsonne, sah und wurde gesehen.

Am Abend verlagerte sich ein Teil des Lebens wieder zurück zum Wasser. Aber nun besuchte man die Badeanstalt nicht des Badens wegen, sondern wegen des dortigen Restaurants. Die Musik spielte für die Kur- und Badegäste auf, es gab Wein, Pilsener-Bier, österreichische Küche und Tanz – und der dunkle Strand links und rechts der Lokalität war vor allem für Burschen und Mädchen die – sagen wir es einmal so: allergrößte Attraktion. Wo sonst konnte man einander so ungestört und so uneingesehen näherkommen als abseits des lukullischen Treibens, am weiten, finsteren Strand? Nur dem Pfarrer des Städtchens, so wird erzählt, stieß das unmoralische Treiben im Gradeser Sand schon länger sauer auf, bis es ihm eines Tages zu viel wurde. Er setzte 1905 den Bau eines Zaunes durch, der

Der Strand vor den Ville Bianchi mit den Badezelten und der alten Bade-anstalt

bis heute den Strand mit seinen Liegen und den inzwischen hölzer-nen Kabanen nach Einbruch der Dunkelheit unzugänglich macht. Über viele Jahrzehnte war der Strand in Grado übrigens der einzige abgesperrte Strand in ganz Italien.

Damals sorgte der neue Zaun bei vielen Gradesern und bei Gäs-ten auch für Empörung. Nicht, weil er den nächtlichen Zugang zum Strand unterband, sondern weil er auch das Flanieren ober-halb des Strandes unmöglich machte: Die Promenade war ja noch nicht gebaut. Und für den Zugang zum abgezäunten Bereich wurde plötzlich Eintritt verlangt.

Die Geschichte vom Kaisertürl hat übrigens ein Gradeser Schlitz-ohr erfunden, das sich angeblich bis heute darüber freut, dass sie so munter weitererzählt wird.

Bis zu den Knien im Wasser stehen, stundenlang – seit jeher Freude vieler Grado-Reisender

3 »Für die Haut gibt's nur die Adria«

Warum Grado gesund ist, selbst wenn man stundenlang
bis zu den Knien im Meer steht und plaudert. Und wie aus dem
Fischerdorf überhaupt erst ein See- und Kurbad wurde.

Aber geh, woher denn! Der Zaun zum Strand wurde erst im
Ersten Weltkrieg gebaut.« Die ältere Dame, die auf der
Couch sitzt und in ihrem Kaffee rührt, will die Geschichte mit dem
Pfarrer und den unzüchtigen Kurgästen nicht so ganz glauben.
Wenn ihr schon der Glaube ans Kaisertürl zerstört worden ist,
durch das in Wahrheit kein Kaiser je gegangen ist. Aber dass der
Pfarrer den Zaun errichten ließ, damit nur ja keine Burschen und
Mädchen am unbeobachteten Strand in Versuchung kämen …! –
»Den Zaun haben sie hingestellt, weil kein Treiben am Strand sein
durfte«, sagt sie – die Freundin neben ihr kichert –, »nein, du weißt
schon, weil keine Bewegung und kein Licht sein durfte im Krieg
und kein, na, kein Treiben halt. Wegen der Schiffe draußen, der
feindlichen. Also aus kriegerischen Gründen steht der Zaun da.«
Punktum, der Pfarrer ist aus Sicht der alten Dame entlastet, was die
Abriegelung des Strandes und die Verhinderung allfälliger Sünden
betrifft.

Schräg gegenüber der Villa Erica und der kleinen Bar davor liegt
die Villa Stella Maris, das Hauptgebäude der fünf Bianchi-Villen.
Mitte Juli ist es auch am späten Nachmittag noch heiß, selbst unter
dem Sonnenschirm eines Cafés oder einer Bar. Also haben wir uns
mit den vier Damen aus Österreich im Lesezimmer der Villa Stella
Maris verabredet. Dort, wo die Gäste üblicherweise Platz nehmen,
bevor der Speisesaal geöffnet wird, wo man zwischen alten Schiffs-
modellen und Büchern nach dem opulenten Mahl noch einen
Grappa nimmt, ehe man zur Ruh' geht. »Der Eingang, wo Sie rein-

Das Haupthaus der Ville Bianchi mit dem früheren Haupteingang zum Garten hin. Heute betritt man das Haus auf der Rück- respektive Vorderseite.

gekommen sind, das wissen Sie eh: Der war früher nicht dort. Der war auf der anderen Seite zum Garten hin, die geschwungene Doppeltreppe. Weil dort, wo er jetzt ist, da war nur Wasser – die Lagune«, sagt eine der Damen zur Begrüßung. Auch das duldet keinen Widerspruch. Und schon sind wir mittendrin in den Erinnerungen. Obwohl: An die Lagune vor der Nicht-Tür können sich auch die Damen nicht erinnern.

Andrea und Christine Fabrizii, Dorothea Kiesling und Gräfin Susanne Hardegg verbringen seit gefühlt einem halben Jahrhundert Jahr für Jahr ein paar Sommerwochen in Grado. In Wahrheit schon länger, seit ihrer Kindheit und Jugend. Und immer wenn sie auf Sommerfrische an die nördliche Adria gereist sind, haben sich ihre Eltern und später sie selbst in den Ville Bianchi einquartiert. Wie kommt oder kam man auf Grado? »Meine Mutter stammt aus Görz«, sagt eine der Fabrizii-Schwestern. Görz, die ehemals Gefürstete Grafschaft, das Zentrum des Friaul, Kronland und österreichisches Küstenland: In der Monarchie war Görz verwaltungstechnisch auch für Grado zuständig. Görz ist zudem zufällig die Heimat des Barons Leonard Bianchi, des Erbauers der Bianchi-Villen, in denen wir sitzen. »Meine Mutter war schon im Jahr der Eröffnung, 1901 oder 1902, hier bei den Bianchi. Schon als Kind. Ich bin seit 1966 da. Immer im Juli, weil da immer dieselben Leut' da waren.«

Bei Dorothea Kiesling reicht die Grado-Erinnerung bis 1955 zurück. Damals war sie mit ihren Eltern das erste Mal hier. »Da ist man im September gekommen, ist manchmal im Kaschmirmantel draußen gesessen und hat Eis gegessen. Andere waren immer im Juni da. Nur Juli und August war damals zu heiß.« Die vier Freundinnen waren jedenfalls schon zu Zeiten hier, als die Villen zwar auf ihre Art mondän, aber noch kein Vier-Sterne-Hotel waren. »Eine Tante von mir hat immer gesagt, wenn sie hier angekommen ist: ›Also, Susi, jetzt sind wir wieder im Gasthaus zur 15er-Birn‹«, erinnert sich Gräfin Hardegg – eine Anspielung auf das trübe Licht der 15-Watt-Birnen in den Lampenfassungen auf den Zimmern. »Da konnte man nicht einmal lesen. Alles war eine Improvisation, die Möbel, die Matratzen, wo man nicht wusste, ob man nicht doch lieber auf dem Boden liegt, alles sehr antik …«. Dennoch sind sie immer und immer wiedergekommen, um im Garten zu sitzen und bei einer Flasche Wein Bridge zu spielen. Um »am Corso spazieren zu gehen«. Und um tagsüber dem Badevergnügen zu frönen: »Da waren wir am Strand, jede Familie hatte ihre Kabane, das waren vier Pfeiler mit einem Leinentuch rundherum. Und mein Vater sagte: ›Schau, der Holzhausen geht ins Wasser, da geh' ich auch.‹ Dann gingen die beiden Herren los und haben sich bis zu den Knien im Wasser stehend unterhalten, uns kam vor, stundenlang, bis sie halb erfroren waren.« Ein Bild, das man heute noch aus dem flachen Wasser am Strand der Adria kennt.

Dabei waren nicht Erfrieren oder Erkranken ein Zweck des Aufenthalts an der Adria, sondern Gesunden. »Grado hat immer schon den Ruf gehabt, zur Heilung aller möglicher Wehwehchen und Leiden beizutragen. Die Luft war gesund, vor allem für die Kinder,

3   » Für die Haut gibt's nur die Adria«

27

und die Sandbäder waren gesund«, sagt Gräfin Hardegg. »Eine Cousine von mir war viel hier, auch deswegen, und dann bin auch ich hier gelandet. Ein Arzt hat damals zu mir gesagt: ›Für die Haut gibt's nur die Adria.‹«

Sonne, Luft, Meer, Gesundheit – dem Streben danach verdankt Grado überhaupt erst den Aufschwung zum Seebad Ende des 19. Jahrhunderts. Zunächst einmal war die Insel, die nach dem Ende der Republik Venedig (1797) und einer kurzen Herrschaft Napoleons ins Habsburgerreich eingegliedert wurde, ein kleines Fischerdorf. Keine vier Hektar groß, hatte Grado nur einen Bruchteil seiner heutigen Fläche, der Rest waren Lagune und Sumpfland.

Aber Grado hatte vor allem etwas: Sand, nahe dem Dorf mit seinen Steinhäusern und winkeligen Gassen ebenso wie auf schier unendlichen Sandinseln entlang der Lagune. Der Sand wurde zum Teil weggetragen und zum Bauen in Triest verwendet. Er lockte jedoch schon Mitte des 19. Jahrhunderts Einheimische, aber auch bereits erste Gäste an, die am adriatischen Meer Erholung suchten. »Schon vor 1848 und bis zum Jahre 1868 errichteten die Bürger von Grado, mit der Genehmigung der Stadtbehörden, Bade- und Umkleidekabinen auf dem Strand«, heißt es in einer lokalen Aufzeichnung. Den Stadtbehörden stand damals Bürgermeister Giacomo Scaramuzza vor, der selbst die erste Kabine auf den Strand gesetzt und damit so etwas wie ein erstes Seebad-Gefühl begründet haben soll. Kleine Herbergen, locande, mit ein, zwei Zimmern folgten. Schon 1868 wurde die erste echte Badeanstalt errichtet.

Zwei Jahre zuvor hatte Venedig nach 70 Jahren das Haus Habsburg verlassen und war dem neu gegründeten Königreich Italien beigetreten. Venetien und die Strände im Westen waren damit für die Monarchie verloren, Badegäste begannen, sich nach neuen Sonnenflecken umzusehen. Auch wenn Grado damals noch keinen überzeugenden Ruf hatte: »Heute ist Grado ein Ort mit verstreuten, schlecht gebauten und schlecht gelüfteten Fischerhütten, die gegen die Sturmwellen durch einen vor 30 Jahren begonnenen und nur

Die Stefaniestraße in der Altstadt um die Jahrhundertwende

zur Hälfte aufgebauten Damm geschützt werden; dahinter ein schäbiger Kirchturm, auf dessen Spitze ein Bronzeengel steht, der mal eine Feder, mal einen Finger verliert und daher zu einer Gefahr für die Vorübergehenden geworden ist. Das ist das heutige Grado, das arme Grado, das mit Wassermelonen und Fischgeräten erfüllte Grado, das sich rühmt, den Sand für die Zementierung des Mauerwerks von Triest zu liefern«, schrieb der Schriftsteller Ippolito Nievo 1856 in seiner Novelle *Die Zauberinnen von Grado*. Gewidmet hat er sie den Badenixen der Badekabine Nr. 5, wie Marino De Grassi, Historiker und Autor, in einem feinen Essay in dem Buch *Ritorno a Grado* erzählt.

Ein halbes Jahrhundert später sollte der Sand, der »für das Mauerwerk in Triest« aus Grado fortgeschafft wurde, übrigens zu einer kleinen Revolution führen. Die Gradeser beanspruchten seit jeher das Recht, Sand zu »schürfen« – für sich selbst. Die Regierung sah das seit jeher anders. Sie schickte Schiffe aus Triest, Piran und sonstwo, um den wertvollen Sand abzuholen. Als eine Segelbarke aus Piran im Auftrag der k. u. k. Seebehörde wieder einmal Sand von einer der Bänke vor Grado lud, reichte es einigen aufgebrachten Gradesern. Sie kaperten das Schiff der Sandräuber, die flüchten konnten, und brachten deren Barke in den Hafen von Grado, wo sie die Zufahrt mit schweren Ketten versperrten.

Der Streit um den Sand sollte über Jahrzehnte fortdauern. Das schlechte Bild Grados, wie es besagter Schriftsteller zeichnete, änderte sich aber sehr bald. Vor allem dank einer Entdeckung: der Heilkraft der Gradeser Seeluft.

1872 kam der toskanische Kinderarzt Giuseppe Barellai nach Grado. Er hatte sich dem Kampf gegen die Armeleute-Krankheit Tuberkulose verschrieben und in Italien schon 20 Hospize gegründet. Barellai folgte einer Einladung der Behörden und Ärzte in Görz. Er sollte prüfen, ob Wasser und Luft in Grado für Heilungszwecke taugten, und kam zu folgendem Befund: reine Luft, stark salz- und jodhaltiger Sand, mildes Klima. Kurzum, ein idealer Ort für die Errichtung einer See-Kuranstalt. Das jedenfalls riet er seinen Gastgebern. Genau genommen empfahl er ein Hospiz für Kinder mit Rachitis und Skrofulose (Schwellungen am Hals im Zusammenhang mit Tuberkulose). Während die Kranken in der Vergangenheit aus therapeutischen Gründen zu Schatten und Dunkelheit verdammt worden waren, lautete Barellais Therapie: Luft und Sonne.

Die Verantwortlichen in Görz folgten dem Rat des Arztes nur zu gerne. Schon im darauffolgenden Jahr öffnete das Hospiz Marino in Grado seine Pforten. Finanziert wurde es unter anderem durch eine großzügige Zuwendung Kaiser Franz Josephs sowie durch Baron Leonard Bianchi, der in Grado mehr als ein Vierteljahrhundert später die Bianchi-Villen errichten lassen sollte. Barellai hatte mit seiner Methode bei den Kindern, die aus Görz und Triest, später aus der ganzen Monarchie kamen, durchschlagenden Erfolg. Das Hospiz erhielt fortan einen jährlichen Zuschuss vom kaiserlichen Hof und von Görzer Gesundheits-Mäzenen. Weniger wohlhabende Familien, die ihre Kinder nach Grado brachten, bekamen einen Zuschuss direkt vom Hospiz.

Das Geld war gut investiert, nicht nur in die Gesundheit der Kinder: Die Kunde von der gesunden Gradeser Luft machte die Runde. In Zeitungen der Monarchie erschienen Reklamen für das Badevergnügen in Grado. Die Mundpropaganda tat ein Übriges, dass das bis dato verschlafene Fischerdorf langsam ein Reiseziel für Sonnen-, Meer- und Lufthungrige wurde. Auch wenn es erst vier Hotels gab zu dieser Zeit, um 1875. Und unter »Hotel« muss man sich einfache Herbergen vorstellen: das »Alla Luna«, »Alla Sanità«, »Agli Amici«, »La Nave« und das »Cervo d'Oro« folgten. Es wurde eine Kanalisation angelegt, die Gemeinde machte sich an die Errichtung einer mangels Brunnen mühsamen Wasserversorgung der Stadt. Für die Gäste gab es die ersten Konzerte, Lesungen und Sportveranstaltungen – eine Art kleiner Kurbetrieb.

Der entscheidende Durchbruch für Grado kam 1892: Kaiser Franz Joseph befürwortete einen Antrag der Grafschaft Görz und erhob Grado offiziell zum Kur- und Seebad! Ab nun gab es eine offizielle Badesaison von Mitte Mai bis Ende September, mit Kurtaxe, Kurordnung und einem Kurkomitee, das etwa für die »Bestellung der Beamten und erforderlichen Diener« für einen funktionierenden Kurbetrieb zuständig war, oder »Vorkehrungen zur leichteren Heranziehung von Fremden« zu treffen hatte, wie auch immer die aussehen sollten. Und es war zuständig für die »Verbesserung der Musik« und die »Beseitigung all dessen, wodurch der Ruf des Kurortes leiden könnte«.

Im selben Jahr wurde das neue »Stabilimento Bagni« errichtet, die neue Badeanstalt. Die langgestreckte Holzkonstruktion mit getrennten Umkleidebereichen für Männer und Frauen ruhte auf Eichenpfählen im Wasser an jenem Strand, auf dessen aufgeschütteter Landseite später auch die Ville Bianchi stehen sollten (und der Zaun mit dem erwähnten Kaisertürl).

Diese Geburtsstunde für ein ganz anderes Grado zog neuerlich Gäste an, was einen Ausbau der Beherbergungsbetriebe nach sich ziehen musste. Das Hotel de la Ville war mit zehn Zimmern schon so etwas wie ein richtiges Hotel, nach damaligen, vorsanitären

Die Kabane, das Strandzelt, war so etwas wie das Wohnzimmer des Badevergnügens.

Standards. Die Gradeser Brüder Marchesini bauten das Hotel zur Post, das ein »Post- und Telegraphenamt im Hause« hatte und »vorzügliche italienische und deutsche (sic!) Küche« anpries. Und der Triestiner Tomaso Giacomo Fonzari, Angestellter der Stadtverwaltung und Sohn eines Kochs, baute das kleine Hotel Graz, dem 1897 das Grand Hotel Fonzari folgen sollte. Binnen weniger Jahre avancierte es zum renommiertesten Hotel auf der Insel, in dessen Nachbarschaft dann noch das Hotel Lido entstand. Im Lido wurde übrigens eines der ersten Casinos in Grado eingerichtet. Das noch schlichte Hotel war der Vorläufer des Hotels Astoria, das heute das erste Haus am Platz ist und sich im Inneren den Charme des Jugendstiljuwels erhalten hat.

Aber zurück zu den Jahren vor der Jahrhundertwende. Denn das war tatsächlich alles erst der Anfang des Seebades, wie der *Neuen Freien Presse* damals zu entnehmen war. In einer wunderbaren Beschreibung aus dem Jahr 1894 unter dem Titel »Fürwort für

Grado« hieß es da in aller Ausführlichkeit:»Sobald die winterlichen Vergnügungen mit dem fröhlichen Osterfeste ihren Abschied gefunden, beschäftigt sich ›ganz Wien‹ mit der wichtigen Frage des Sommeraufenthalts.« Die meisten Erholungsuchenden entschieden sich, so das Blatt bedauernd, für die Umgebung Wiens, die Berge oder einen der österreichischen Seen.»Kräftigende Seebäder im Meere, die unseren blutarmen, großstädtischen Kindern und jungen Mädchen so noth täten, kommen leider gar nicht in Betracht, weil man dabei nur an das deutsche Meer denkt.« Das aber sei zu kalt und zu beschwerlich zu erreichen.

Aber die *Neue Freie Presse* wusste Abhilfe. Wer dennoch ans Meer wolle, für den»ist unser heimatliches Seebad Grado wie geschaffen. Auch hier finden wir zweimal des Tages, wenn die Fluth mit ihrem belebenden Salzathem hereinbraust, kräftigen Wellenschlag, aber dort ist die Temperatur von Wasser und Luft eine weit höhere, so daß man selbst bei sehr langem Aufenthalte im Bade nicht jenes zuweilen lange anhaltende Frösteln empfindet, das sich im Norden oft schon nach minutenlangem Verweilen in der See einstellt.« – Die Sorge der Damen aus den Ville Bianchi, dass die Herren beim zu ausgiebigen Plaudern im Meer zu erfrieren drohten, war also aus damaliger Empfehlungs-Sicht unbegründet.

Die *Neue Freie Presse* schränkte ihre Euphorie aber sogleich ein wenig ein:»Freilich darf man an den erst zum Leben erwachenden Badeort an der Adria keine unbescheidenen Ansprüche machen. Zwar gleicht die großartige Bade-Anstalt dieses geradezu einzigen Dünenstrandes genau jener berühmten des Venetianer Lidos; zwar sind die zu miethenden Zimmer hübsch, reinlich und billig; auch ist die Küche der verschiedenen Gasthöfe und Restaurationen … ganz gut. Doch Vergnügungen gibt es, mit Ausnahme der Concerte im Freien auf der Piazza Stefania und jener im sogenannten Kursalon des ›Hotel Spiagga‹, keine. Dafür kann man gehen und kommen wie man will, dafür genießt man die schönste, ungestörteste Freiheit. Schade, daß die Vorzüge der Gradeser Seebäder nicht in weiteren Kreisen bekannt sind. Schade, daß sich noch kein vermögender, unternehmerischer Geist gefunden, der, in richtiger Erkennung ihrer Heilkraft, diesen Badeort auf jene Höh' brächte, die ihm gebührt, und die er mit der Zeit gewiß erreichen wird.«

Und dann sprach das »Fürwort« noch eine verbreitete Sorge an, die so manchen Erholungsuchenden davon abhielt, nach Grado aufzubrechen: »Vor allem sollte die irrige Vorstellung zerstört werden, dass in Grado allenthalben skrophulöse Kinder herumlaufen und das Mitleid der Gäste wachrufen. Nein, diese Klippe wardt … wohlweislich vermieden, indem man das neue Bade-Etablissement weit entfernt von dem Krankenhause errichten ließ. Auch sind Bade- und Spielplatz der armen Kinder ganz abgeschlossen vom übrigen Theile der Insel, so daß man die kleinen Patienten gar nicht zu Gesichte bekommt, außer man besucht das sehr interessante Hospiz, in dem die Kleinen trotz ihres Leidens ein beneidenswertes Dasein führen.«

Die unternehmerischen Geister, die Grado »auf jene Höh'« brachten, die ihm gebührt, sollten erst einige Jahre später kommen: nach der Jahrhundertwende, als sich die Fläche von Grado durch Landgewinnung langsam zu vergrößern begann und die ersten mondänen Villen errichtet wurden. Sie verliehen dem Seebad einen ganz neuen Glanz, und erst sie machten Grado endgültig zum Anziehungspunkt für Gäste aus der Monarchie.

Aber nicht alle Gradeser hatten Freude mit dem beginnenden Aufschwung. Denn der bedeutete zwar Einnahmen, von denen die alteingesessenen Fischer und andere Bewohner des Dorfes aber nicht allzu viel hatten. Und der Zustrom der Kurbad-Gäste hatte für die Einheimischen einen erheblichen Nachteil: neue Steuern. Schuldenmachen war den Stadtverwaltungen in der Monarchie streng verboten – also erfanden sie, wenn Investitionen anstanden, zusätzliche Steuern. In Grado waren das vor allem eine Abgabe auf Wein, mit der Bäume, Straßen, Promenaden oder Blumenbeete finanziert werden sollten. Diese Bürde bekamen natürlich die Gradeser zu spüren.

Zum Glück gab es aber noch den Kaiser. Der hatte es zwar nie bis nach Grado geschafft, und er sollte es entgegen der Türl-

Grade   Ville Bianchi

6 . VIII · 05   il dottor Tanen!

Die Ville Bianchi 1905 – wo rechts nur Lagune ist, entstanden später die Villen Erica, Alga und Reale.

Legende auch bis zu seinem Lebensende nicht tun. Aber Franz Joseph hatte neben der Finanzierung des Hospizes auch schon die eine oder andere Zuwendung für Grado aus der Hofschatulle und aus der eigenen Kasse springen lassen. Etwa wenn einmal der Fischfang komplett einbrach wie im Jahr 1871 und die Gradeser Fischer einen verzweifelten Brief an den Kaiser schrieben – da griff Franz Joseph schon einmal großzügig in seine Tasche. Als 1901 wieder einmal ein Besuch des Kaisers im Zentrum des österreichischen Küstenlandes in Görz avisiert war, machte sich also eine Abordnung der Insel hoffnungsfroh auf den Weg – das »Nizza Österreichs«, wie Görz damals genannt wurde, lag keine 50 Kilometer entfernt. Ziel des Ausflugs: Seine Majestät um Geld für den Bau eines schiffbaren Kanals von Grado durch die Lagune zum Festland zu bitten. Denn die Anreise zum Kur- und Seebad auf der Insel am Rande der Sümpfe und Lagunen vor Aquileia war mehr als nur aufwendig.

Sigmund Freud zum Beispiel gab ein Zeugnis von dieser Mühsal. Der Psychoanalytiker war ein für seine Zeit weit gereister

Mann, oft hatte es ihn nach Rom oder in die Toskana verschlagen. Eine Osterreise, die er im April 1898 mit seinem Bruder Alexander nach Görz und Grado unternahm, legte er indes »grantig zurück«. Nicht, weil die Fahrt vom Wiener Südbahnhof nach Görz von Freitagabend bis Samstagvormittag zehn Uhr dauerte, sondern weil es ab dort mühsam wurde. In einem Brief an seinen Freund Wilhelm Fließ schrieb Freud: »Am Sonntag hieß es früh aufstehen, um mit der friaulischen Lokalbahn bis nahe Aquileja zu kommen. Die ehemalige Großstadt ist ein kleiner Misthaufen«, klagte Freud, aber wenigstens die Museen verfügten über einen unerschöpflichen Reichtum. »Um zehn Uhr wurde von einem merkwürdigen Motor ein kleiner Dampfer in den Kanal von Aquileja geschleppt, der gerade niedriges Wasser hatte. Der Motor hatte einen Strick um den Leib und rauchte während seiner Tätigkeit Pfeife. Den Dampfer hätte ich gerne den Kindern mitgebracht, er war aber als einzige Weltverbindung nach dem Kurort Grado nicht zu entbehren. Eine zweieinhalbstündige (!) Fahrt durch die ödesten Lagunen brachte uns nach Grado, wo wir endlich wieder am Strande der Adria Muscheln und Seeigel sammeln konnten.« Zweieinhalb Stunden ging es dann am selben April-Abend auch wieder zurück. Nicht einmal ein kluger Kopf wie Freud wird geahnt haben, dass man die Strecke keine 50 Jahre später mit dem Automobil in gerade einmal zehn Minuten zurücklegen würde.

Aber zurück zum Kaiser in Görz: 100 Fischer in ihrer traditionellen Kleidung machten Franz Joseph nebst den Stadtoberen ihre Aufwartung. Sie war, so wird erzählt, von Erfolg gekrönt, auch wenn der genaue Betrag der kaiserlichen Zuwendung in den Annalen nicht festgehalten ist. Dass der Kaiser milde und großzügig gestimmt war, hat ja vielleicht auch mit den Damen im Lesezimmer der Ville Bianchi zu tun. Beziehungsweise mit den Vorfahren der beiden Schwestern Fabrizii: »Meine Großmutter«, erzählt eine von ihnen, »hat dem Kaiser damals in Görz einen Blumenstrauß überreichen dürfen – mein Urgroßvater war Landespräsident von Krain. So kam sie zu dieser Ehre.«

4 Alpenfloh und Butterstizzi

Zwei Schwestern machen die Villen des Baron Bianchi zum
Sommerziel für Adel und Bürgertum. Ein Stammhalter wird
mit blauen Handtüchern gefeiert. Und in einen alten VW
passen 45 Koffer.

S ie stehen überall. In Vitrinen entlang der Gänge, auf Tischchen, im Büro. Sie sind auf Bildern zu sehen und auf Kalen-
dern, und jede erzählt eine kleine Geschichte. 722 sind es inzwischen
in der herrschaftlichen Wohnung am Viale Miramar in Triest,
gleich neben dem alten Bahnhof, und es werden laufend mehr:
Mäuse. Aus Stoff und aus Porzellan, Miniaturen aus Keramik und
Silber, kitschige und hübsche, die kleinste keine zwei Millimeter
groß, die wertvollste ein paar Hundert Euro schwer.

Jeder Mensch sammelt irgendetwas, heißt es. Die Contessa
Marie Therese di Rossetti sammelt Mäuse. Seit sie in die Schule
ging. Damals kam sie eines Tages mit einer kleinen Schmuckmaus
am Revers in die Klasse. Die Lehrerin sprang auf einen Sessel und
kreischte: »Tu die Maus da weg.« Die kleine Marie Therese tat sie
weg – und beschloss fortan, Mäuse zu sammeln. Selbstbestimmt
und ein starker Charakter, das war sie damals schon.

Die Contessa sammelt auch alte Fotos, Briefe, Dokumente. His-
torika ihrer Familie, der Bianchi. Akribisch und in Kartonboxen
geordnet, in einem alten Schrank verwahrt. Mehr als ein Jahr-
tausend reichen die Belege der adeligen Dynastie aus Mailand
zurück. Dass es diesen Schatz an Dokumenten und Aufzeichnungen gibt, ist ein Glück. Ohne ihn und ohne die Erinnerung
seiner Besitzerin wäre ein entscheidender Teil der Geschichte
Grados verloren. Wäre die Geschichte der Ville Bianchi nicht zu
erzählen. Das sind jene fünf Villen, die seit ihrer Errichtung zum
Wahrzeichen Grados geworden sind – schon allein deshalb, weil

kein Haus malerischer und fotogener am langen Sandstrand liegt als sie. Die Contessa – ihr vollständiger Name ist Marie Therese di Rossetti de Scander geb. Bianchi – ist die Urenkelin des Baron Leonard Bianchi, des Gründers der Pension Ville Bianchi. Ohne ihn wäre die Geschichte des Seebades Grado wohl anders verlaufen.

Die Rossetti hat einen guten Teil ihrer Jugend in den Ville Bianchi verbracht. Mit ihrem Vater Karl, der das Haus jahrzehntelang führte, und ihrer Mutter. Meist verlebte die blutjunge Baronin Bianchi (Contessa wurde sie erst später durch Heirat) herrliche Sommer bei ihren Eltern – und bei ihren beiden Großtanten Louise und Marie-Fernande Bianchi. Die beiden Schwestern waren damals, in den 1950er- und 60er-Jahren, schon hochbetagt, aber in den Villen immer noch bestimmend und höchst aktiv. Sie hatten das Haus von der Jahrhundertwende an geleitet und waren als rührige Chefinnen selbst zu einem Wahrzeichen Grados geworden. »Lo und Mitzi wurden sie genannt, die beiden haben nur für dieses Hotel gelebt«, erzählt die Bianchi-Nachfahrin mit unverhohlener Bewunderung und Liebe über die beiden Schwestern, die das Erbe des Barons Leonard Bianchi zu beispielloser Blüte führten. »Die Prinzessin von Bayern und ihre Schwester, die Großherzogin von Sachsen, haben mit Kindern und Gefolge hier gewohnt. Die Gräfin Fugger war da und die Kattus, die Sektdynastie aus Wien, 20 Jahre lang, die haben immer Hummer bestellt. Der Graf Benz mit Frau und Kindern kam, die Jane Tilden mit Tochter, die Schwarzenbergs, der Kanzler Schuschnigg mit Frau und Sohn, die Tochter vom Stauffenberg …« – Die Contessa kann gar nicht mehr aufhören, in Erinnerungen und in alten Listen zu kramen. Oder in altem, zusammengebundenen Karton zu blättern. Denn die Schwestern Bianchi führten ihre Gästelisten und ihre Notizen teils auf alten zerlegten Waschpulver-Schachteln. Darauf waren dann besondere Wünsche und Eigenheiten der Gäste notiert, auf die man das nächste Mal Rücksicht nehmen wollte. »Der Graf Thun kam 1931 mit Frau, drei Kindern und Nurse, und da hat meine

Tante über sie geschrieben: ›Sie kam süß mit Luftbussis, wenn sie was wollte, ohne zu zahlen‹.«

Heute sind die Villen längst in anderen Händen, die Bianchi haben sie vor Jahrzehnten verkauft. Und man merkt der Contessa an, dass sie ein bisschen davon träumt, wie's gewesen wäre, wenn sie später selbst die Geschicke des Hauses gelenkt hätte – so wie seinerzeit Lo und Mitzi.

Deren Vater, Baron Leonard Bianchi, hat jedenfalls Pflöcke eingeschlagen in Grado. Buchstäblich. Denn dort, wo er seine Villen unmittelbar nach der Wende vom 19. zum 20. Jahrhundert hinsetzte, waren Sumpf und Wasser und ein bisschen Wiese entlang des Strandes. Für den Bau der Villen musste erst Land aufgeschüttet und danach die Fundamente für die fünf Häuser viele Meter tief in den Boden getrieben werden.

Dass die Bianchi eine Hoteliers-Familie wurden, war ihnen nicht in die Wiege gelegt. Dafür aber eine außergewöhnliche Lebensgeschichte. In Mailand lagen die Bianchi mit der Familie der – wie könnte es anders sein! – Neri im Zwist und wurden vor vielen Jahrhunderten an den Comer See vertrieben. Dort brachten die Bianchi einen Erfinder hervor (»Der hat ein Gerät zum Abzapfen von Muttermilch erfunden und ein Barometer«, berichtet die Contessa aus den Familienaufzeichnungen) sowie so manchen Soldaten und Feldherrn. General Friedrich Bianchi zum Beispiel, Sohn des Barometermachers, schlug als Oberbefehlshaber der gegen Neapel anrückenden österreichischen Streitkräfte 1815 das Heer Murats, der als Schwager Napoleons die Königskrone in Neapel verteidigen sollte – für diesen Sieg erhielt der wackere Bianchi den Adelstitel eines Barons. Er lehnte mehrere Güter als Belohnung ab, erhielt dafür einen ordentlichen Batzen Geld und erwarb schließlich das Gut Mogliano Veneto in der heutigen Provinz Treviso, gleich bei Venedig.

Auch Leonard Bianchi, 1846 in Venedig geboren, diente beim Militär: Er besuchte die Marine-Akademie in Fiume und nahm an der Seeschlacht von Helgoland teil. Unter dem damaligen österreichischen »Linienschiffskapitän« Wilhelm von Tegetthoff überlebte der gerade 18-Jährige im deutsch-dänischen Krieg die verlustreiche Seeschlacht, die von Preußen gleichwohl als Sieg betrachtet wurde. Tegetthoff wurde zum Conteradmiral befördert und avancierte in der Schlacht von Lissa zum österreichischen Seehelden. Bianchi quittierte vier Jahre später den Dienst und begab sich auf Reisen. Seine erste Ehe endete tragisch: Seine Frau Louise starb auf der Hochzeitsreise an einer Lungenentzündung. Vier Jahre später, Leonard Bianchi hatte inzwischen das halb verfallene Schloss Rubbia bei Görz gekauft, umfangreich restauriert und sich dort niedergelassen, heiratete er erneut: Josephine Steininger wurde eine Bianchi und brachte in den folgenden Jahren sechs Kinder zur Welt.

»Meine Urgroßmutter hat die feuchte Luft in Rubbia nicht gut vertragen. Sie war immer wieder krank. Der Leonard kannte Grado. Er hat gewusst, dass Kinder und auch Erwachsene, die etwas an der Lunge hatten, nach Besuchen in Grado wie aufgeblüht waren. Also hat er noch einmal einen Ausflug dorthin gemacht und sofort beschlossen, sich hier niederzulassen«, erzählt Marie Therese Rossetti. Grado hatte sich damals tatsächlich schon einen Ruf als Heilstätte erworben, war vom Kaiser zum Kur- und Seebad geadelt worden. Nur was Pensionen und Hotels betrifft, sah es unmittelbar vor der Jahrhundertwende noch dürftig aus. Es gab neben kleineren Häusern gerade einmal die Hotels Post und Fonzari, die den Namen Hotel wirklich verdienten. Also beschloss der Baron: Hier muss eine Pension, ein Hotel her. Villen, deren Zimmer an Besucher vermietet werden. Und zwar fünf Stück, je eine Villa für eines seiner inzwischen fünf Kinder (Sohn Carl war mit nur sechs Jahren gestorben). Der Baugrund war mithilfe der Brüder Marchesini, die zu der Zeit den Bürgermeister stellten und auch sonst in Grado die Fäden zogen, schnell gefunden, erworben und – weil Lagune – aufgeschüttet. Leonard Bianchi hatte die Pläne für die Villen bereits selbst entworfen. Im Jahr 1900 nahm die Baufirma Minussi die Arbeit für die »camere con giardino« auf, die später so beworbenen Zimmer mit Garten. Wobei man sich vergegenwärtigen muss, dass alles Material für die Aufschüttung und den Bau mit Booten über die Kanäle

Blick vom Dach der Bianchi-Villen zur Altstadt – heute ist die Fläche dazwischen dicht verbaut, ebenso die Lagune rechts.

durch sumpfiges Gelände aus Aquileia herangeschafft werden musste. Den Damm, der das Festland mit Grado verbindet, gab es ja noch lange nicht. In unvorstellbaren kaum zwei Jahren Bauzeit entstanden die Villa Spiaggia und die Villa Marina direkt am Strand sowie dahinter die Villen Adria und Onda sowie das Haupthaus Stella Maris. Die Ville Bianchi in der Via ai Bagni 429 bis 433 verfügten 1901, im Jahr ihrer Eröffnung, über 85 Zimmer und zehn Wohnungen mit Küche.

Die Villen wurden umgehend ein großer Erfolg: Die Gäste kamen in Scharen, oft mit Köchin, Kammerdiener und Kindermädchen sowie Gepäck für den ganzen Sommer. Und da der Chef des Hauses ein Baron war, mietete sich besonders gerne die aristokratische Welt in den Ville Bianchi ein. Leonard Bianchi war zum Pionier der altösterreichischen Villen in Grado geworden. Einen Ruf als Finanzier und Wohltäter Grados hatte er ohnehin schon: Als am 4. April 1900 mitten in Grado Trinkwasser gefunden wurde, finanzierte der Baron Bianchi den ersten Brunnen. Und auch das erste Hospiz ein Vierteljahrhundert zuvor, ebenso wie das neu errichtete, verdankte Grado dem Geldgeber Bianchi. Zu seinen Ehren wurde später eine Straße in dem Seebad nach ihm benannt. Die Gradeser waren zwar gespalten hinsichtlich Fluch und Segen der neuen Besucherströme sowie der Villen- und Hotelerbauer. Aber Leonard Bianchi hatte einen tadellosen Ruf.

Nur aus der Idee »eine Villa für jedes Kind« wurde dann nichts – die Bianchi-»Kinder« waren zum Zeitpunkt der Entstehung der Bianchi-Villen großteils schon erwachsen. Im Jänner 1912 starb der Baron mit nur 66 Jahren in seinem Schloss in Rubbia überraschend an den Folgen einer Lungen- und Rippenfellentzündung. Die Kinder lebten schon längst ihr eigenes Leben: Ein Sohn wanderte als Ingenieur nach Brasilien aus, einer (der Großvater der Rossetti) ging nach Innsbruck und gründete die Bergrettung, eine Tochter war auswärts verheiratet – blieben nur die Schwestern Louise und Marie, »Lo« und »Mitzi«. Sie führten den Pensionsbetrieb nach der Erkrankung und dem Tod des Vaters zwar weiter, hatten aber wenig Lust, das für immer zu tun – so liest es sich zumindest in den Briefen der Bianchi-Konkurrentin Emma Auchentaller. Die Wiener Unternehmerstochter hatte kurz nach Entstehung der Ville Bianchi die inzwischen renommierte Pension Fortino errichten lassen. In dem von der Friaul-Autorin Christine Casapicola zusammengestellten Buch *Briefe aus Grado* heißt es in einem Brief Emma Auchentallers vom November 1912: »Bitte sagt Elsa, dass die Ville Bianchi zu verkaufen sind … Baroness Luise sagte mir schon im Sommer, es sei furchtbar anstrengend für sie, sie kam jede Woche aus Rubbia für einen Tag. Nun wollen sie die Villen für 500 000 Kronen verkaufen. Das ist sehr preiswert, sie haben circa 100 Zimmer, liegen sehr schön, sind gut erhalten und möbliert. Haben den besten Ruf.«

Für Marie Therese Rossetti ist das Unfug. Die Schwestern hatten von Beginn an mit dem Vater zusammen den Betrieb geführt. Dass nach seinem Tod Verkaufsgerüchte lanciert wurden, habe auch mit dem Konkurrenzverhältnis im rasant aufblühenden Grado zu tun. »Emma Auchentaller war nicht auf gutem Fuß mit den Tanten. Sie wollte alleine in Grado herrschen.« Louise und Marie übernahmen jedenfalls das Erbe. Sie beteiligten die übrigen Geschwister am Gewinn oder zahlten sie später aus. Der Fortbestand der Bianchi-Villen in Bianchi-Händen war gesichert.

Wie waren die beiden Schwestern? »Die Mitzi war eine große Reiterin. Sie ist dann einmal gestürzt und ein Leben lang gehinkt. Die Tante Lo war fast zwei Meter groß und ist dann buckelig geworden. Viele haben gesagt, sie waren harte Frauen, weil sie so viel durchgestanden haben. Aber sie waren herzensgute Leut', haben geholfen, wo sie konnten«, weiß die Großnichte aus Erzählungen und aus Eigenem. »Wir Kinder haben natürlich einen großen Respekt vor ihnen gehabt. Obwohl wir die Tante Lo den Alpenfloh und die Tante Mitzi den Butterstizzi, von Butterstriezel, genannt haben.«

Die vier älteren Damen, die wir im vorigen Kapitel im Lesezimmer der Ville Bianchi getroffen haben, haben ein bisschen

Louise Bianchi mit Nichte Leonie vor der Badeanstalt, im Hintergrund die Villen (1910)

weniger Respekt: »Die Lo und die Mitzi haben hier alles übernommen und waren sehr tüchtig und sehr sparsam – und vom Typ
her die alten Jungfrauen. Sie waren auch nicht besonders hübsch,
alle beide, von mondän keine Rede.« Dabei, so erzählt Gräfin Rossetti, habe die Mitzi viele Verehrer gehabt. Nur der Vater habe
immer Nein gesagt. Keiner sei ihm gut genug gewesen – wie das
damals halt so war. »So blieb die Tante Mitzi einem treu, einem
Offizier, in den sie sehr verliebt war …«

Viel durchstehen mussten die beiden Schwestern schon bald
nach dem Tod des Vaters und der Übernahme der Villen – die
damals, dank dem Boom des Seebades, von Mai bis September
ständig ausgebucht waren. 5500 Gäste hatte Grado noch im
Jahr 1904 zu verzeichnen, rund 13 500 waren es 1912, mehr als 18 000
im Jahr 1913. Und 1914 zählte Grado allein bis zum Kriegsbeginn
Ende Juli bereits 14 200 Gäste. Dann war Schluss mit dem Boom.
Als der Erste Weltkrieg ausbrach, verließen die Gäste, die in den
Wochen davor in großer Sorge die sich verdüsternden Nachrich-
ten in den Gazetten verfolgt hatten, Grado fluchtartig. Obwohl Ita-
lien bei Ausbruch des Krieges zunächst neutral blieb (weshalb der
Kurbetrieb später, wenn auch auf Sparflamme, doch noch weiter-
ging). Italien akzeptierte nämlich die Expansionspläne Österreich-
Ungarns auf dem Balkan, forderte als Ausgleich aber die Abtretung
der italienischsprachigen Gebiete des südlichen Tirols und einiger
Gebiete im Friaul. Erst als Kaiser Franz Joseph kein Entgegen-
kommen zeigte, trat Italien im Jänner 1915 auf Seiten der Gegner der
Donaumonarchie in den Krieg ein – wofür ihm unter anderem das
österreichische Küstenland an der oberen Adria in Aussicht gestellt
wurde. Das veränderte auch das Leben der Bianchi-Schwestern
grundlegend. Louise und Marie wurden Rotkreuzschwestern an der
Isonzo-Front. Sie halfen, wo sie helfen konnten, und wurden dafür
während des Krieges und danach mit österreichischen Medaillen
hochdekoriert. Dabei waren sie mit einem Gedanken immer in
Grado: »Von unserem Verbandsplatz in den Julischen Alpen aus
konnten wir mit dem Feldstecher nach Grado hinüberblicken und

sehen, wenn in der Pension die Fenster offen standen«, hat Louise später einmal erzählt.

Das Seebad wurde im Mai 1915 von Italien besetzt, die Villen wurden requiriert. Als die k. u. k. Armee 1917 kurzzeitig wieder Küstenland-Gebiete zurückeroberte, fuhren auch die Schwestern zwischendurch immer wieder nach Grado, um nach dem Rechten zu sehen – Louise tat das vornehmlich mit dem Rad, von Prosecco im Karst aus, wo sie stationiert war, oder von Görz bis an die Küste, immerhin jeweils rund 50 Kilometer. Auch kaiserlichen Besuch erhielt Grado in dieser stürmischen Zeit: Kaiser Karl und seine Gemahlin Zita statteten dem Seebad im November 1917 eine Visite ab. Dann aber war es bald vorbei mit der österreichischen Zeit in Grado, in den Friedensverhandlungen von St. Germain 1919 wurde das Küstenland endgültig Italien zugesprochen.

Vorbei war es mit den Österreichern aber nur in politischer Hinsicht. Denn sie kamen wieder, und jenen, die in Grado Besitz hatten, wurde dieser nach und nach zurückerstattet. Schon zu Beginn der 1920er-Jahre kehrten auch die Touristen nach Grado zurück: 2500 waren es im Jahr 1921, schon 5000 im Jahr darauf. Auch Louise und Marie Bianchi kamen wieder. Das Familienschloss in Rubbia war im Krieg zerstört worden, die beiden Schwestern hatten ihr Zuhause verloren. Nun wurde das große Eckzimmer im ersten Stock der Villa Stella Maris mit Blick zum Meer ihr endgültiges Zuhause. Nicht mehr, wie vor dem Krieg, nur in der Saison von Mai bis September, sondern das ganze Jahr über. Fast zehn Jahre nach dem Tod des Vaters durften die Baroninnen erleben, wie sich Europa nach dem Jahrhundert-Krieg wieder aufrichtete und wie Grado, wenn auch unter anderer Nationalität, wiedererwachte. Damit zogen auch die Ville Bianchi wieder Gäste an, zumeist Stammkunden aus den Jahren vor dem Krieg. »Viele sind wiedergekommen, die vorher auch schon Gäste waren, vor allem aus Österreich und Bayern«, weiß Frau Rossetti aus den Aufzeichnungen.

In den Villen musste viel renoviert werden. Sie hatten durch Einquartierungen während des Krieges ordentlich Schaden genommen.

Möbel waren »verschwunden« und mussten wieder zusammengesucht werden. Manchmal gelang das auch, weil noch der Eigentumszettel der Ville Bianchi darauf klebte und die neuen »Besitzer« die Beutestücke wieder herausrückten. Außerdem erhielt Louise nebst der Lizenz für die Fremdenbeherbergung 1922 auch jene für den Pensions- und Restaurationsbetrieb. Sprich: Die Ville Bianchi wurden in eine Pension mit Küche umgewandelt. Die Köchin hatten die Schwestern praktischerweise gleich aus dem Schloss Rubbia mitgebracht. Es gab fortan Frühstück, Mittag- und Abendessen. Marie und Louise Bianchi, die, stets in Schwarz gekleidet, schnell wieder zum Stadtbild Grados gehörten, die eine leicht hinkend, die andere groß und bucklig, teilten sich die Hoteliersaufgaben. »Die Tante Mitzi, die auch in Oxford studiert hatte, leitete die finanziellen Dinge. Die Louise war mehr für das Praktische zuständig. Sie hat auch in der Versammlung der Gradeser Hoteliers das Wort geführt«, sagt Frau Rossetti. Zu Emma Auchentaller, der Gründerin des Hotels Fortino, hatten die Schwestern zu der Zeit zwangsläufig einen engen Kontakt: »Die Frau vom Josef Maria Auchentaller hat ja in Grado eine Wäscherei aufgemacht für all die Wäsche, die in so einem Hotelbetrieb anfällt. Da haben natürlich auch die Tanten davon profitiert.«

Die zweite Blütezeit Grados und seiner Villen sollte 1936 einen Höhepunkt erreichen, als die Lagunenstraße von Belvedere auf die Insel und die Drehbrücke eröffnet wurden. Mit einem Schlag war die mühsame Anreise der vergangenen Jahrzehnte mit Eisenbahn und Boot Geschichte. Die Blütezeit war drei Jahre später mit Ausbruch des Zweiten Weltkrieges aber auch schon wieder vorbei. Im Krieg wurden die Villen neuerlich vom Militär requiriert, zunächst von den Italienern. Es folgte die deutsche Wehrmacht. Als Ende Juni 1944 die ersten Bomben auf Grado fielen, wurden die beiden Villen Adria und Marina getroffen und schwer beschädigt. Nach dem Abzug der Deutschen kamen die Engländer in die Villen und schließlich etwa 70 Flüchtlinge aus dem von Jugoslawien besetzten Istrien.

Aber auch aus dieser tragischen Zeit erstand das Seebad Grado wieder – und die Villen mit ihm. »Die Tante Louise ist Italienerin geworden, sonst hätte sie die Lizenz für die Villen nicht bekommen«, berichtet Frau Rossetti. Die Großtanten machten sich erneut auf den Weg, Möbel, die mit den verschiedenen Villenbesatzern »Füße bekommen« hatten, und Bettwäsche zu suchen – und das meiste wiederzufinden. Nur wenn die Wäsche mit dem Villen-Monogramm vor irgendeinem Gradeser Haus hing, wollten sich Louise und Mitzi nicht mit den Gradesern anlegen.

Und: »Nach dem Krieg kam mein Vater Karl aus Innsbruck herunter«, erzählt Marie Therese di Rossetti. »Mein Großvater hatte ihm gesagt: ›Du musst den Tanten helfen, das wird einmal dir gehören.‹ 1948 kamen wir hierher, mein Papa, meine Schwester und ich. Ein Jahr haben wir zunächst ganz hier gelebt, ich war gerade einmal zwei. Und so haben Alpenfloh und Butterstizzi und mein Vater die Ville Bianchi wiederaufgebaut.«

Das ist der Zeitpunkt, an dem ein weiterer Bianchi-Nachfahre vor den Vorhang muss: Federico Bianchi, genannt »Fri«, Bruder der Marie Therese Rossetti und 1949 in Grado zur Welt gekommen. »Das war ein großes Hallihallo«, erzählt der Baron von seiner Geburt, als könnte er sich daran erinnern. Deren Umstände werden nämlich bis heute weitererzählt. »Mein Vater Karl hatte sieben Schwestern und einen Bruder, der Pfarrer geworden ist. Also war mein Vater der einzige Mann in der Familie, der für Nachwuchs und männliche Bianchi-Nachfolger sorgen konnte. Und die ersten beiden Kinder, die er bekam, waren Mädels, die Marie Therese und die Verena. Aber dann kam endlich ich, ein Bianchi-Bub.« Der Großvater war auch gerade in Grado und ob des Neugeborenen überglücklich. So sehr, dass er Order gab, die beiden auf den Türmen der Villa Spiaggia und der Villa Mare wehenden rot-gelben Bianchi-Fahnen einzuholen und blaue zu hissen. »Es gab aber keine blauen Fahnen. Also wurden zwei große hellblaue Handtücher gefunden und an den Fahnenmasten hochgezogen, um der Stadt Grado zu zeigen: Es ist endlich ein männlicher Bianchi geboren.«

In den folgenden Jahren bedeutete Grado für die Kinder vor allem eines: Urlaub und Spaß. Die Familie zog zunächst wieder nach Rubbia, weil sich das dauerhafte Zusammenleben mit den beiden Tanten doch ein wenig mühsam gestaltete. Man kam nur für die Saison von Mai bis September nach Grado – und die Kinder kamen in den Schulferien. »Da waren wir am Strand und haben viele Blödsinne gemacht«, erzählt Federico Bianchi – ja, mit einem Augenzwinkern sagt er tatsächlich »viele Blödsinne«. Als Kind nannten sie ihn »Osso«, den Knochen. »Weil ich so dünn war. Der einzige Mensch auf Erden, der keinen Schatten warf.« Als Halbwüchsige, mit 15, machten Fri und sein jüngerer Bruder schon auf Papagalli: »Da haben wir in der Liste der Buchungen für die Ville nachgeschaut, wer heute und morgen kommt und ob da Gleichaltrige und Mädchen dabei sind. Und die mussten wir schließlich ein bisschen unterhalten …«. Die Bianchi-Buben waren die Hausherren am Strand. Sie beeindruckten die weiblichen Gäste auch mit ihren Wasserski-Künsten. »Bei der ersten Mole war die Wasserskischule ›Remo und Martin‹ aus Zell am See. In der Früh und am Abend durften wir immer gratis fahren, weil wir ein paar Kunststücke konnten und damit Gäste anlockten«, erinnert sich »Fri« Bianchi an die unbeschwerte Zeit der 1960er-Jahre.

In dieser Zeit wuchs Federico Bianchi aber auch langsam in die Hotel-Führung hinein, half seinem Vater, der die Villen nach und nach renovieren ließ. Duschen am Gang wurden gebaut, Fließwasser in alle Zimmer eingeleitet, die Zimmer wurden zusammengelegt und vergrößert, aus einst mehr als 80 wurden 48. Aber die Zusammenarbeit mit der noch regierenden Tante Mitzi (Tante Lo war schon 1962 gestorben) war »nicht immer leicht«, wie Marie Therese Rossetti erzählt, »mein Vater wollte mehr Modernes hineinbringen in die Villen, da gab es einige Konflikte.« Gleichwohl: Die Villen waren voll. Die Gäste kamen nach wie vor hauptsächlich aus Österreich und aus Deutschland, alte Bekannte und Familien schon in zweiter und dritter Generation – das Altösterreichische der Villen zog unverändert an. »Von den Spannocchis

Karl Bianchi (Mitte), Sohn des Villen-Gründers Leonard, mit seinen Kindern Federico und Marie Therese (rechts neben ihm)

bis zu den Attems, alle waren sie da. Alle waren irgendwie miteinander und auch mit uns verwandt, meine Großmutter war ja eine Attems. Aber alles waren zahlende Gäste«, sagt Federico Bianchi. Die Nummer eins unter den Gästen war Gräfin Emma Czernin, »die war immer zwei Monate da. Tante Emu haben wir sie genannt, eine rührende Frau. Sie nahm Halbpension, damit es billiger war, und trank nur Wasser. Die hatte einen Klappsessel mit und ist am Strand von einem Sonnenschirm zum nächsten gegangen, wo sie Bekannte hatte, und hat gequatscht. Als sie starb, wollte sie auf ihrer Parte stehen haben: ›Sie lebte für Grado.‹« Auch Johanna Bianchi, eine Cousine des Vaters, kam immer für einen Monat in die Villen. Sie wollte immer – Eigenheit fast aller Bianchi-Gäste – dasselbe Zimmer und denselben Strandplatz. Und sie kam immer mit ihrem alten Volkswagen: »Das war ein Wunderauto. Einmal haben wir 45 Gepäckstücke gezählt«.

Auch die Küche war zu der Zeit natürlich vorwiegend österreichisch: Das Personal kam aus Südtirol und kochte herzhafte Braten, Gulasch, Apfelstrudel und Kompott: »Zwei Vorspeisen, zwei Hauptspeisen, Obst zu Mittag, was Süßes am Abend zum Abschluss. Die Speisekarte wurde Tag für Tag neu gedruckt.« Eine der vier Damen im Bianchi-Lesezimmer erinnert sich: »Mein Vater hat einmal den Karl Bianchi gefragt, wie er das macht, dass keine Deutschen hier sind, und er sagte: ›Die sind nach drei Tagen wieder weg, weil hier alles so dominant österreichisch ist.‹« Aber für die Italienreisenden mussten es, österreichische Vergangenheit hin oder her, ab den 1960er-Jahren schön langsam »auch Fisch und Spaghetti sein, und Minestrone neben der Tirolerknödelsuppe«, wie die Gräfin Rossetti weiß. Die Küche und die Menüs wurden jedenfalls zu einem Herzstück der Villen.

Nach dem Tod der Tante Mitzi musste »Fri« Bianchi Ende der 1960er-Jahre neben seinem Vater voll ins Geschäft einsteigen, während seine Schwester Marie Therese schon geheiratet hatte und mit ihrem Gemahl Rossetti nach Triest übersiedelt war. Es folgten intensive Arbeitsjahre. Aber als die Mutter 1972 starb, war das der Anfang vom Ende der Bianchi-Ära in den Bianchi-Villen: »Die Anteile der Mutter gingen an die vier Kinder, und da ging der Streit los: Jedes wollte seinen Anteil sofort, wir konnten uns nicht einigen – und dann sagte mein Vater nach jahrelangem Gezeter: ›Wenn ich sterbe, geht das mit meinem Anteil noch einmal so los. Aus, ich verkaufe.‹« Die Rossetti hat eine andere Erinnerung: »Meine Schwester und ich hätten die Villen gerne weitergeführt, so wie Mitzi und Louise, sie hätte das Finanzielle übergehabt, ich die Leitung und das Praktische. Aber wir hatten beide kleine Kinder, und wenn man von 1. Mai bis 30. September 24 Stunden im Einsatz ist, geht das nicht.«

Gleichwie: Die fünf stattlichen Häuser wurden Ende 1978 an eine Gesellschaft von alteingesessenen Gradeser Bürgern verkauft. »Es war keine schlechte Zeit, zu verkaufen«, sagt Federico Bianchi. Denn es lag im Trend der Zeit, Hotels in viel gewinnbringendere Wohnungen umzubauen. Das hatten auch die neuen Besitzer offenbar vor. Bloß, kurz nachdem sie gekauft hatten, wurde ein Regionalgesetz erlassen, das die Umwandlung von Hotels in Woh-

Die Bianchi-Schwestern Mitzi und Louise (hier mit einem Gästekind) führten die Villen bis ins hohe Alter.

nungen untersagte – weil nämlich zunehmend Hotels in Grado verschwanden. »Da sind die neuen Besitzer dann jahrelang auf ihrer Spekulation gesessen«, weiß Baron Bianchi, dessen Lebensweg zu der Zeit abbog: Eine In-Diskothek in Wien (das Fribi in der Himmelpfortgasse), eine enorme Erbschaft in Mogliano Veneto, Hotel- und Immobiliengeschäfte in Deutschland und Mallorca – »ein komplett anderes Leben also«.

Die drei großen Villen am Viale Dante Alighieri kamen indessen unter die Verwaltung der Familie Grigolon. Giuseppe Grigolon war der erste Bürgermeister von Grado nach dem Zweiten Weltkrieg gewesen, Giorgio Grigolon übernahm die Führung der Villen. Und behielt den Hotel-Betrieb mit 48 Zimmern bei. In den beiden Villen zum Meer hin wurden 25 Ferienappartements eingerichtet. Pläne, die Bianchi-Villen in großem Stil mit Verbindungsgängen aus Glas und einem Swimmingpool im Garten zu renovieren, scheiterten glücklicherweise am Denkmalschutz. Zehn Jahre lang, so erzählen die Bianchi, geschah in den Bianchi-Villen daraufhin »nichts«, was Erneuerung betrifft. Gegen Ende des Jahrhunderts aber wurden die Häuser aus einer Art Dornröschenschlaf erweckt, großzügig renoviert und in ihren heutigen Zustand versetzt. Carlotta Grigolon, Giorgios Tochter, war diejenige, die den Betrieb mit viel Liebe und Hingabe »schupfte« – wieder eine starke Frau! Sie verstand es, die Atmosphäre der Häuser wiedererstehen zu lassen. Diese Atmosphäre, der trotz der Renovierung verbliebene, etwas morbide Charme, die Möbelage in einer Mischung aus alten Stücken und 70er-Jahre-Schick, der Speisesaal mit seinem täglichen Mittags- und Abendritual – all das lockte weiter Stammgäste und Jungfamilien, Industrielle, Schauspieler und Medienleute an. Sie konnten sich herrlich über den gnadenlos zugeparkten Garten (apropos Denkmalschutz!) und das immer wieder neue und ungelenke Personal beim Frühstücksbuffet im Garten alterieren. Die meisten kamen dennoch immer und immer wieder, auch nach der neuerlichen Übernahme der Villen durch einen nicht aus Grado stammenden Thermenhotel-Betreiber – was schon starker Tobak für alteingesessene Gradeser und langjährige Grado-Besucher war. Aber den Villen konnte nichts so schnell etwas anhaben. Auch der italienische Barde nicht, der fortan vom Garten her zum Abendessen Schmachtfetzen servierte.

»Die Prinzen von Bayern haben damals die ganze Villa Spiaggia gemietet«, liest Marie Therese Rossetti unverdrossen in ihrer Triestiner Wohnung aus ihren Aufzeichnungen vor. »Und da schreibt die Tante Lo«, die Contessa freut sich über diese Stelle besonders, »dass die Kronprinzessin selbst einmal mitten in der Nacht in die Küche gekommen ist und die Tante gefragt hat, ob sie die Milch für ihre Kleinen aufwärmen darf. Die Lo hat das so nett gefunden, weil normalerweise macht das ja nicht die Prinzessin, sondern das Personal, das die Adeligen immer mitgehabt haben. Aber da ist die Prinzessin wirklich selbst mit dem Flascherl in der Küche gestanden.«

Geht ihr, der Contessa, Grado ab? »Nachdem mein Vater die Villen verkauft hat, bin ich nicht mehr dort gewesen. Das war mein zweites Zuhause. Ich hab' von dort weg geheiratet. Jetzt die Villen zu

Die Kronprinzessin von Bayern und Sachsen war mit Familie und Hofstaat Stammgast in den Bianchi-Villen – aber die Milch wärmte sie selbst auf.

besuchen, wo sich so viel verändert hat – nein, das ist mir unangenehm.« Spricht's und klappt eine Mappe mit Dokumenten aus den Ville Bianchi zu, legt sie in eine große Pappschachtel und stellt den Karton in den Grado-Kasten – in dem auch ein paar Mäuse sitzen.

Und der Baron Federico? Genießt sein buntes Leben und schweigt durchaus nicht. In den folgenden Kapiteln hat er noch das eine oder andere zu erzählen. Aber mit der Vergangenheit in Grado hat er friedlich abgeschlossen. Ein Angebot zu Jahrhundertbeginn, die Villen zurückzukaufen, schlug er aus. Nur als ihn das Gerücht erreichte, »die Russen oder die Chinesen« hätten die Villen gekauft, »das hat mich gestört« – aber es war dann ja doch nur der neue Hotelbetreiber aus Montegrotto Terme. »Heute gehe ich nur noch nach Grado, weil ich zu Cesare muss«, sagt Federico Bianchi und fährt sich durchs schlohweiße Haar. Cesare ist der Friseur in Grado. »Seit 40 Jahren gehe ich zu Cesare. Wenn ich nach Mogliano fahre oder wenn ich von Mogliano komme, einmal im Monat, fahre ich bei ihm vorbei.«

5 Eine »Naturgewalt« entdeckt Grado

Eine Wiener Unternehmerstochter setzt sich ein Hotel in den Kopf, ihr Mann opfert seine Künstlerkarriere und die Pension Fortino wird zu einem der Flaggschiffe des Seebades.

Das Fortino ist auf den ersten Blick keine Villa, sondern schon so etwas wie ein Hotel. Das heißt eigentlich: Es ist nicht, es war. Es stand einst am südlichsten und allerbesten Platz in Grados Altstadt, mit einem unvergleichlichen Blick über das weite Meer, links, rechts und geradeaus. Heute steht dort »a schiaches Haus«. So beschreibt Egyd Gstättner das vierstöckige Appartment-Gebäude, in das das alte Fortino irgendwann umgewandelt wurde und das den baulichen Charme der zweiten Hälfte des vergangenen Jahrhunderts trägt. Nur noch vom Grundriss her erinnert der Klotz ein bisschen an das alte Fortino – an jenes Haus, das seinerzeit wie ein stolzes Schiff wirkte, wie ein Passagierdampfer, der gleich in See sticht. »So gehen die Gradeser mit ihrer Geschichte um«, schimpft der Kärntner Schriftsteller. Er hat dem Fortino und seinen Besitzern mit dem historischen Roman *Das Geisterschiff* nicht nur ein Denkmal gesetzt, er hat sie dem völligen Vergessen entrissen. Heute stehen in der Nähe des »schiachen Hauses« immerhin Tafeln mit Bildern von damals und mit Hinweisen auf die spektakuläre Geschichte des Hauses. Für seine Besitzer war es *das* Flaggschiff Grados. Eines der Flaggschiffe seiner Zeit war es jedenfalls.

Das Fortino hieß eigentlich »Pension Fortino«. Von seiner verspielten Architektur her und mit seinen knapp 70 Zimmern passt es dann aber doch wieder in die Kategorie Villa. So wie auch die Bianchi-Villen stolze, große Häuser mit jeweils ein paar Dutzend Zimmern waren und sind.

In die altösterreichische Villen-Geschichte Grados passt die Pension aufgrund ihrer Entstehung sowieso. Ihre Besitzer: Emma Scheid, älteste Tochter des angesehenen Wiener Schmuckfabrikanten Georg Adam Scheid, und Josef Maria Auchentaller, Maler, Jugendstilkünstler und Mitglied der berühmten Wiener Secession. Ihr 1904 eröffnetes Haus am Meer, der unbeugsame Elan der Emma Auchentaller sowie die ebenso ungewöhnliche wie tragische Lebensgeschichte dieses Ehepaars haben zum touristischen Aufstieg Grados nach der Jahrhundertwende maßgeblich mit beigetragen. Und am Anfang stand, wie so oft in Grado: die Gesundheit. Respektive ein kränkelndes Kind.

Aber der Reihe nach. Emma Scheid heiratete 1891 gegen den Willen ihres Vaters, der ihr mit Enterbung drohte, den damals noch unbekannten Künstler Josef Maria Auchentaller. Der hatte die Technische Hochschule ohne Abschluss verlassen und sich an der Kunstakademie eingeschrieben. Schlussendlich wurde der ein wenig verschlossene, aber selbstbewusste Maler vom Patriarchen der Familie dann doch geduldet – und genutzt. Auchentaller entwarf unter anderem Schmuck für die Firma des Schwiegervaters, kreierte Möbel und verdiente sich Geld mit Plakatmalerei. Als Porträtmaler war er in Wien bald geschätzt und anerkannt. 1899 wurde er Mitglied der zwei Jahre zuvor gegründeten Wiener Secession, einer Abspaltung bildender Künstler aus dem Wiener Künstlerhaus. Da hatte er es zunächst einmal geschafft und sich endgültig den Respekt Papa Scheids erworben: Für die Beethoven-Ausstellung in der Wiener Secession schuf er in einem der beiden Säle einen Fries (»Freude schöner Götterfunken«). Der andere Beethoven-Fries stammte von keinem Geringeren als Gustav Klimt. Josef Maria Auchentaller stand jetzt in einer Reihe mit Klimt, Kolo Moser und Josef Hoffmann, und dort sah er sich auch.

Dieses Selbstverständnis als Künstler sollte aber noch mit dem Selbstverständnis seiner Frau, nicht bloß Tochter, Gattin und Mutter zu sein, kollidieren. Um nicht zu sagen: daran zerschellen. Eine für diese Zeit eher ungewöhnliche Wendung des Schicksals.

Die Arbeit und der Erfolg »Pepi« Auchentallers in der Secession überschnitten sich jedenfalls zunächst mit der Übersiedlung der Familie nach Grado: Tochter Maria war ständig krank. Die Eltern waren in Sorge, die Schwindsucht galt als das Schreckgespenst dieser Zeit. Die Ärzte beruhigten, empfahlen aber allerlei Kuren, von der Berg- bis zur Meeresluft. Im Sommer des Jahres 1900 reisten die Auchentallers erstmals nach Grado. Und waren begeistert. Das Meer, die Luft, die Sonne taten allen und besonders der achtjährigen Maria gut. Vor allem aber die Aufbruchstimmung in dem Küstenort auf der kleinen Insel steckte an, jedenfalls Emma Auchentaller. Ein paar Monate zuvor war man bei Bohrungen mitten in Grado endlich auf einen artesischen Brunnen und Trinkwasser gestoßen, »der Tag des größten Triumphes in der Geschichte Grados«, wie es im *Geisterschiff* heißt. Die fünf Ville Bianchi waren in Bau beziehungsweise nahe der Fertigstellung. Und die wohlhabende Gradeser Familie Marchesini, die unter anderem den Bürgermeister, den Postmeister und den Direktor des Hotels Post stellte, in dem die Auchentallers zunächst abstiegen, machte den Gästen aus Wien das Leben so angenehm wie möglich.

Emma Auchentaller, gerade einmal 32 Jahre alt, verliebte sich in den Ort. Sie kam im Jahr darauf mit ihrer Tochter Maria und ihrem zweijährigen Sohn Peter wieder und fasste einen Plan: Hier, und nur hier, sollte ein Hotel stehen und der Lebensmittelpunkt der Familie werden. Allein schon, um finanziell unabhängig zu werden vom Vater, der sich bei der Mitgift und später bei der Finanzierung des Hotel-Projekts bitten und bitten ließ. Außerdem galt es, sicherer über die Runden zu kommen, da ihr Mann kaum Einkünfte hatte. Mit einem verlässlichen Einkommen war kaum zu rechnen – die Arbeit für den Fries in der Secession tat Josef Maria Auchentaller unentgeltlich, andere Aufträge mussten in dieser Zeit hintanstehen.

Was Emma Auchentaller sich vornahm, das zog sie durch. Oder, wie Egyd Gstättner ihren Mann im *Geisterschiff* sagen lässt: »Je länger ich darüber nachdenke, desto mehr kommt mir vor, als hätte sich Emma mich ausgesucht, nicht umgekehrt. Spitznäschen hin,

Der Beethoven-Fries »Freude schöner Götterfunken« des Josef Maria Auchentaller 1902 im linken Seitenflügel der Wiener Secession – das verlorene Gegenstück zum berühmten Klimt-Fries

Spitznäschen her: So zierlich sie aussehen mag, ist sie doch mit einem enormen Willen ausgestattet. Was für ein Persönchen! Sie muss einem nur in die Augen schauen, und schon ist man entwaffnet! Wenn sich Emma etwas in den Kopf gesetzt hat, wäre es reine Zeitverschwendung, ihr das wieder ausreden zu wollen. Sie setzt sich auf Biegen und Brechen durch. Eine Naturgewalt.«

Die Naturgewalt ist mit diesen Sätzen vermutlich treffend beschrieben, und sie setzte sich tatsächlich durch: Emma Auchentaller kaufte, bei der Abwicklung tatkräftig unterstützt von zwei

Marchesini-Brüdern, das beste Grundstück Grados an der Biegung des Lungomare. Auf diesem Platz standen zu der Zeit noch die Reste eines alten napoleonischen Forts. Emma Auchentaller ließ die Festung abtragen und ab 1902 auf den Grundmauern des Forts die Pension Fortino errichten. Die Planungsidee stammte von Josef Maria, ihrem Mann. Die endgültigen Pläne fertigte kein Geringerer als der befreundete Wiener Architekt Julius Mayreder. Als das dreistöckige Haus (viergeschoßig, wenn man das Erdgeschoß, wie in Italien üblich, mitzählt) unter seiner Aufsicht fertiggestellt war, bestach es durch seine Bogen-Veranden vor den Zimmern und die Terrasse, die sich vom großen Speisesaal zum Meer hin öffnete. Josef Maria Auchentaller entwarf das Hotellogo – drei verschlungene Ringe auf einem Quadrat – und die Jugendstilverzierungen an der Fassade. Im Sommer 1904 wurde eröffnet.

Das Fortino wurde umgehend zu einem Megaerfolg, wie man heute sagen würde. Die feine Klientel vor allem aus dem Wiener Großbürgertum lief Emma Auchentaller die Türen ein. Es galt zu planen, zu organisieren und einzukaufen, Personal einzustellen, die Küche auf Trab zu halten, die Gäste zu umhegen und zu umschwirren, einen Salon zu unterhalten – und Josef Maria fügte sich in seine neue Rolle als Mit-Organisator. Eine Rolle, die ihn seinen Künstlerfreunden in Wien entfremdete. Auch wenn die Freunde und Kollegen Grado besuchten und im Fortino abstiegen, von den Molls bis zu Otto Wagner, und auch wenn der Maler immer wieder nach Wien reiste: In der Hauptstadt der Monarchie wurde Josef Maria Auchentaller zunehmend vergessen. Aus der ohnehin von Eifersüchteleien und Neid durchsetzten Künstler-Clique wurde er verdrängt.

Wir wissen nicht, ob der Künstler Auchentaller gegen seine neue Rolle als Gemahl einer Hotelière aufbegehrt hat. Im *Geisterschiff* tut er es einmal: »In erster Linie bin ich Wiener. Und ich bleibe Wiener. Und ich lebe in Wien. Das Zentrum der Welt ist Wien und nicht Grado. In Grado sagen sich die Fische gute Nacht. Mein Platz ist nicht hier am Ende der Welt«, beklagt sich Josef Maria Auchen-

Die Pension Fortino auf dem Platz des ehemaligen Forts, im Vordergrund die Ausgrabungen Grados

taller bereits, als seine Frau immer intensiver und unbeirrt die Pläne für die eigene Pension in Grado wälzt – »Schau, Pepi«, lässt der Autor Emma zu ihrem Mann sagen, »ich sehe das so: Klimt verbringt seine Sommer am Attersee. Mahler am Wörthersee. Und du eben in Grado.« Aber die seien keine Hoteliers, wendet Auchentaller ein. »Und du in Grado auch nicht! Du bist und bleibst der Künstler, Herr Auchentaller!«, sagt Emma.

Der Künstler ließ sich darauf ein. Und der Künstler, der sich als Gastgeber an der Seite seiner Frau abmühte, verwelkte langsam in seinem Mansarden-Atelier im Fortino. Dort malte er fortan das Meer oder Porträts von Verwandten und Freunden oder die Glocken der Basilica Sant'Eufemia in Grado – aber auch, immerhin, als bleibenden Höhepunkt seiner Gradeser Karriere: das Plakat »Seebad Grado – Österreichisches Küstenland«. Darauf zu sehen im schönsten Auchentaller-Jugendstil: Zwei Damen im langen weißen Sommerkleid mit luftigem Schal und Hut, die auf dem Hauptstrand von Grado spazieren. Die eine ist Auchentallers Frau Emma, die andere ihre Schwester Martha, verheiratet mit einem Thonet-Erben aus Wien. Im Hintergrund sind Badegäste und Kabanen zu sehen. Das Plakat mit seinen leuchtenden Farben und der Atmosphäre des angebrochenen neuen Jahrhunderts ist heute noch so etwas wie ein Wappen Grados. Es ist auch ein letztes Aufleuchten im Schaffen des großen, aber damals schon in den neuen Lebensumständen verräumten Jugendstilkünstlers.

Seine Frau Emma dagegen eilte mit ihrer Pension von Erfolg zu Erfolg. Vertauschte Rollen im Verhältnis Mann/Frau, wie sie damals noch alles andere als üblich waren. Josef Maria Auchentaller gestaltete das Kaffeeservice für die Pension, Emma Auchentaller holte Ärztekongresse in ihr Hotel und machte Grado zum Kur- und Kongressort. Sie verhandelte über neue Grundstücke und Dependancen der Villa. Sie kaufte die Laguneninsel Morgo und errichtete dort den »Peterhof« und eine große Landwirtschaft, um die Versorgung des Hotels mit Obst und Gemüse zu sichern. Sie organisierte über Jahre und mit viel Mühe gegen den wachsenden bürokratischen Widerstand in Grado eine Dampfwäscherei, die sie mit anderen Hoteliers teilen wollte. Und sie wurde mehrfach Opfer ihrer überbordenden Energie. Sie erlitt Zusammenbrüche, die sie monatelang außer Gefecht setzten. Aber sie rappelte sich immer wieder auf, bald voll neuer Energie – Josef Maria Auchentaller war dabei stets treu an ihrer Seite.

1914 endete die nicht gerade billig erkaufte Glückssträhne der Auchentallers: Tochter Maria starb unter nie ganz geklärten Umständen mit 22 Jahren an einer Überdosis Tabletten. Der Erste Weltkrieg begann, und die Familie verließ Hals über Kopf ihr Grado. Sie zog zunächst ins Hinterland, dann ins steirische Salzkammergut. Das Fortino wurde von den Italienern beschlagnahmt.

Vier Jahre nach dem Krieg erhielt Emma Auchentaller ihren Besitz zurück und es begann noch einmal eine Zeit des Aufschwungs für die Pension. Mit anderen Gästen, in einer anderen Stimmung und nicht mehr ganz so glanzvoll wie in den Jahren vor dem Krieg. Und schon kam der nächste Krieg. 1942 schloss das

Hotel dann für immer seine Pforten. Es wurde Lazarett und Soldatenheim, erst unter den Deutschen, dann unter den Engländern. Emma Auchentaller starb 1945, vier Jahre später folgte ihr Josef Maria nach – er hatte bis zuletzt im schwer beschädigten Fortino gewohnt und soll die letzten Jahre, nach dem Tod seiner Frau, kaum noch außer Haus gegangen sein. 1949 hätte er mit der Familie seines Sohnes Grado verlassen sollen. Vielleicht wollte er das nicht mehr erleben.

»Nun ist der Prinzgemahl heimgegangen zu seiner Königin und seiner Prinzessin, die schon so lange auf ihn gewartet haben«, lässt Gstättner den berühmten Gradeser Dichter Biagio Marin am Ende des historischen Romans sagen. Jenen Marin, der im *Geisterschiff* als Piccolo im Fortino Dienst getan hat. Aber das ist Fiktion – in der Realität ist Biagio Marin bei den Auchentallers nicht wohlgelitten, jedenfalls bei deren Nachkommen. Denn er soll einige Gerüchte über Emma Auchentallers Lebenslust in Umlauf gesetzt haben. Der »Prinzgemahl« jedenfalls ist historisch verbürgt – in mehreren Briefen hat Auchentaller bemerkt, er sei zum »Prinzgemahl« verurteilt gewesen. Wenn auch an der Seite seiner über alles geliebten Emma. Ein Schicksal, mit dem er seit seiner Übersiedlung nach Grado zu kämpfen hatte.

6 »Das Meer ist auf Dauer auch nicht abendfüllend«

Der Schriftsteller Egyd Gstättner über die Entdeckung des vergessenen Secessionisten Josef Maria Auchentaller und die Entstehung seines historischen Grado-Romans.

Einmal lässt er den Wiener Schriftsteller Egon Friedell mit H. G. Wells, dem Autor von *The Time Machine*, zusammentreffen und in beider Vergangenheit und in die Zukunft reisen. Für ein anderes Buch durchleuchtet er gemeinsam mit dem Geist Eugène Ionescos ungebrauchte Fußballstadien in Provinzhauptstädten und ähnliche Absurditäten. Und geheiratet, ein zweites Mal, hat er an einem 1. April in einer Klagenfurter Buchhandlung. Kurzum: Dem Kärntner Autor Egyd Gstättner mangelt es nicht an literarischer Schlitzohrigkeit und an Fantasie. Seine historischen Romane haben aber nicht bloß einen wahren Kern. Sie ranken sich stets um eine penibel recherchierte Geschichte. So wie *Das Geisterschiff* über das Schicksal des Josef Maria Auchentaller und die Entstehung des Fortino in Grado. Dann würzt er es mit ein bisschen Fantasie da und Was-wäre-wenn dort. Aber: »Da ist nichts frei erfunden, das wäre ja billig. Nein, das sind alles Dinge, die hätten so passieren können. Und wenn nicht: Es war immer fünf vor zwölf, dass …«, sagt Gstättner im folgenden Gespräch über Josef Maria und Emma Auchentaller, bei denen auch so genug passiert ist.

Wieso gerade Grado?
Durch meinen Standplatz in Kärnten bin ich mindestens ein halbes Dutzend Mal im Jahr irgendwo an der Adria, unter anderem auch in Grado. Wobei ich sonst eher die Affinität zu Triest habe.

Und wie kamen Sie auf die Geschichte des Ehepaars Auchentaller mitsamt der Entstehung des Hotel Fortino?

Ich habe irgendwann vor vielen, vielen Jahren als junger Mensch diese Postkarte »Seebad Grado – Österreichisches Küstenland« in einer Trafik in Grado gesehen. Das ist das Werbemotiv für Grado, das der Josef Maria Auchentaller gemalt hat. Fin de Siècle, Belle Époque, das hat mir gefallen, ohne dass ich mich näher damit beschäftigt hätte. Ich habe ja auch nicht gewusst, wer das ist, der Auchentaller. 20 Jahre später bin ich, das war 2008 oder 2009, von einer Lesung in Horn nach Wien gefahren, Freunde besuchen. Die haben sich verspätet, ich war in der Gegend beim Museumsquartier, es hat zu regnen begonnen, und ich bin zum Leopold-Museum gegangen. Da war die Ausstellung »Österreichisches Küstenland«. Von irgendwo kenne ich den Namen, denke ich mir, und bin hineingegangen. Und dann stehe ich vor diesem Gemälde Auchentallers, das er von der Schwester seiner Frau gemalt hat …

Von der Martha Auchentaller.

Ja, ich glaube, er hat ja die ganze Familie durchgezeichnet. Und wenn du vor dem Gemälde stehst, zwei mal drei Meter – wie das leuchtet, welche Kraft das hat! Dann lese ich in ein paar Fußnoten, dass der Maler Auchentaller in Grado gelebt hat und dass er bei der 14. Ausstellung in der Wiener Secession Tür an Tür mit Klimt einen Saal gestaltet hat, er einen Saal und der Klimt den anderen.

Der Gustav Klimt war damals ja schon eine bekannte Größe.

Ja, genau. Komisch, denke ich mir, den Gustav Klimt kennt jeder, und der Auchentaller, der gleichberechtigt mit dem großen Klimt die Secession mitgestaltet hat, macht so großartige Kunst und ist völlig unbekannt … – bei so etwas werde ich neugierig: Wie geht das, wie ist das möglich?

Und da hat man gleich die Idee zu einem Buch?

Nein, ich habe angefangen zu recherchieren, da hab' ich noch an kein Buch gedacht. Das nächste Mal in Grado stelle ich dann fest: Es gibt keinerlei Spuren von Auchentaller. Nichts, nicht einmal die Postkarte gab's zu der Zeit gerade in irgendeiner Trafik oder Buchhandlung. Im Tourismusbüro frage ich dann, ob die wissen, wo der Auchentaller beerdigt ist – ich fang' oft mit Gräbern an, wenn ich recherchiere –, und die haben überhaupt keine Ahnung gehabt: »Nach dem Krieg ist so viel verschwunden, da weiß man nichts«, war die einzige Antwort, die sie hatten. Dann habe ich den Andreas Maleta kennengelernt, das ist der Sohn des berühmten Ehepaars Maleta, er war ÖVP-Nationalratspräsident und sie langjährige Freundin und Fotografin von Thomas Bernhard. Der wusste relativ viel über die Auchentaller-Geschichte, und da hat sich dann langsam die Idee zu einem Buch geformt. Außerdem gibt es eine Dissertation über das Auchentaller-Werk von einer Vera Vogelsberger, die habe ich mir ausgehoben. Und so entstand immer mehr. Erschienen ist das Buch dann im Herbst 2013.

Haben Sie auch mit der Enkelin Erika Auchentaller Kontakt gehabt?
Nein, ich weiß von ihrer Existenz und davon, dass sie keine Freude mit dem Buch gehabt hat, warum auch immer. Dabei ist die Beschreibung des Ehepaares Auchentaller ja ohnehin eine sehr freundliche. Wie auch immer. Das Buch ist so strukturiert, dass jedes Kapitel einem Bild des Malers zugeordnet ist – und ich hatte mir vorgestellt, dass man an jedem Kapitelanfang das jeweils beschriebene Bild herzeigt. Aber sie hat die Bilder dafür nicht hergegeben.

Im Mittelpunkt steht Josef Maria Auchentaller, der über weite Strecken in der Ich-Form erzählt, nicht so sehr seine Frau Emma. Obwohl sie die treibende Kraft hinter der Gründung der Pension Fortino und dem Grado-Abenteuer der Familie war.
Die treibende Kraft war die Emma, das stimmt. Aber offen gestanden war die treibende Kraft bei mir und die Motivation für

Der Autor Egyd Gstättner mit seiner Tochter am Grab der Auchentallers in Grado

das Buch auch nicht der Auchentaller als Person. Ich bin ja kein Sachbuchautor, weit davon entfernt, auch wenn es historische Romane sind. Ich bin ein belletristischer Autor – mir geht es immer um einen Stoff, um einen Plot, um eine Story, die in einer oder mehreren Personen plastifiziert sein muss. Für mich war das Zentrale: Wie ist es möglich, dass zwei unbestritten große Künstler wie der Klimt und der Auchentaller derartig unterschiedliche Karrieren machen? Der Klimt ist bei mir eine Randfigur, über den brauche ich nicht viel zu erzählen, den kennt man ohnehin. Aber den Auchentaller kannte und kennt man kaum. Dabei geht es nicht einmal um seine Malerei, sondern darum: Wie entsteht so eine unterschiedliche Betrachtung zweier offenbar gleich begabter Künstler, wie entsteht Wirklichkeit, aufgrund welcher Kriterien und Komponenten? Da stecken und steckten Machtfragen dahinter, Intrigen – das war auch spannend nachzulesen, wie froh alle in Wien in der Gruppe der Secessionisten waren, als der Auchentaller mit seiner Frau nach Grado abgetaucht ist und weg war. Aus den Augen, aus dem Sinn.

Josef Maria Auchentaller ist seiner Frau nach Grado gefolgt, die sich dort zur Genesung ihrer Tochter niedergelassen und das Fortino eröffnet hat. Und er ist in ihren Schatten getreten, hat seine Karriere de facto aufgegeben. Dafür hat sie den Aufstieg Grados als Kurbad mitbegründet.

Genau. Das ist dann die zweite Handlungsschiene, die von mir ursprünglich nicht beabsichtigt war, aber die eine schöne Geschichte ist: die erste starke Frau, das war ja beeindruckend. Und er war im Grunde ein moderner Mann aus heutiger Sicht, der sich in die zweite Reihe zurückstellt – wobei ich nicht sicher bin, wie absichtlich das wirklich war. Ich glaube eher, er ist da hineingerutscht und von den Ereignissen überrollt worden. Vielleicht hat er auch einfach nur den Weggang aus Wien unterschätzt. Gar nicht realisiert, was das für die Kontakte und die Empfehlungen – heute würde man »Networking« sagen – in der Kunstszene bedeutet; und unterschätzt, was das für die Inspiration für seine Arbeit bedeutet. Meeresbilder schön und gut, aber das Meer wird immer fader, je öfter man es sieht und malt. Das ist immer gleich. Und das unterschiedliche Licht, sehr entscheidend in der Malerei, ist auf Dauer auch nicht abendfüllend.

Dann kann man noch Personen malen …
Ja, da hast du deine Familie, aber keine reichen Industriellenwitwen wie in Wien, die fürs gute Honorar sorgen, die waren am Anfang da unten noch nicht. Du kannst die Schwester malen und die Schwägerin und die Kinder und den Großvater. Und du kannst die Dächer malen und Blumensträuße. Das hat er gemacht. Aber das war halt ganz was anderes als in Wien. Und irgendwann bist du mit

allem fertig und kommst drauf: Scheiße, ich bin in der Sackgasse. Aber da ist es zu spät.

Emma Auchentaller ist entschlossen ihren Weg gegangen: Von der Hochzeit mit ihrem Josef Maria, gegen den Widerstand des Vaters, bis zum eigenen Hotel in Grado – man hat fast den Eindruck, er hatte als liebender Ehemann gar keine Wahl, als den Weg mitzugehen. Gleichzeitig hatte sie Höhenflüge und Zusammenbrüche, das wirkt fast manisch-depressiv …

So ein bisserl habe ich den Eindruck auch. Der Unternehmergeist tendiert sowieso ein bisschen dazu. Sie war sicher springlebendig, unternehmungsfreudig und hochbegabt, und dann wieder tendenziell überfordert und ausgelaugt – manisch-depressiv kommt da schon hin.

So ein »historischer Roman« beruht auf vielen Fakten und auch auf viel Fantasie des Autors – das macht es für den Leser spannend, aber auch undurchschaubar: Was ist wahr, was ist erfunden?

Das Grundgerüst ist auf Fakten aufgebaut. Details und Episoden habe ich ganz frei hineingebaut. Dass der Josef Maria Auchentaller zwischenzeitlich nach Wien zurückgegangen ist und eine Malschule aufgemacht hat, so etwas basiert auf realen Infos. Aber dass er da in die Fledermaus-Bar gegangen ist und den Egon Friedell und die Lina Loos getroffen hat, das hat mir gepasst – auch wenn es so hätte sein können, weil die gerade auch da waren.

Der »Seehund« zum Beispiel, der schnauzbärtige Sherlock-Holmes-Autor Arthur Conan Doyle, der Josef Maria Auchentaller vom Eislaufverein in Wien über Siena bis Grado immer wieder über den Weg läuft …

Naja, es ist wahr und auch nicht wahr insofern, als der Doyle am 5. Jänner 1905 wirklich auf dem WEV-Eislaufplatz bei klirrender Kälte eislaufen war. Und um die Zeit hat es auch den Heiratsantrag

67

des Josef Maria Auchentaller an seine Emma beim Eislaufen dort gegeben. Dass aber der »Seehund« Doyle den Auchentaller während des Antrags angerempelt hat, das ist in meinem Kopf entstanden. Der Doyle war auch wirklich mit H. G. Wells in Siena, und der Auchentaller war auch dort. Und der Doyle war im Krieg wirklich Sonderbotschafter im Friaul und hat in so einer Deppenuniform – den hat man nicht wirklich ernst genommen – Friedensmissionen unternommen, ist in einen Angriff geraten und wurde leicht verletzt. Also die Möglichkeiten, die ich in dem Buch verwendet habe, um die Waggons aneinanderzukoppeln, die haben wirklich bestanden. Da ist nichts frei erfunden, das wäre ja billig. Nein, das sind alles Dinge, die hätten so passieren können. Und wenn nicht: Es war immer fünf vor zwölf, dass …

Wo nimmt man die vielen, möglicherweise passenden Fakten her?
Wenn man so ein Buch schreibt, entwickelt man eine selektive Wahrnehmung der Gegenwart, der Lektüre, von allem, was passiert. Alles sieht man nur noch unter dem Gesichtspunkt: Kann ich das verwenden? So ein historischer Roman ist ein Mosaik, das entsteht aus Tausenden kleinen Steinchen, ein Teil ist Fakt, ein anderer ist auch Fakt, passt vielleicht dazu.

Fakt ist, das Fortino ist heute …
… ein schiaches Haus. Den Auchentaller kennen sie dort und in Grado inzwischen schon, aber weder ist dort irgendetwas in Erinnerung an die Auchentallers zu sehen, noch gibt es irgendwo im Straßennetz von Grado eine Via Auchentaller oder so etwas. Aber das hat vielleicht auch politische Gründe.

Weil ein Teil der Gradeser immer Italiener waren und die österreichische Geschichte nur als jene geduldet haben, die ihr Grado letztlich groß gemacht hat?
Ja, die Italiener haben im Grunde nur einen Krieg gehabt, das ist der »Grande guerra«, der Erste Weltkrieg, der ja für sie triumphal

geendet hat. Den Rest haben sie eher verdrängt, da ist die Aufarbeitung in Österreich ja Gold im Vergleich zu Italien.

*Auch in Grado war der Faschismus in der Zwischenkriegszeit sehr
zu Hause.*
Genau, aber so tief wollen wir gar nicht graben. Fakt ist: Das Österreichische ist schon gut, damit die Touristen kommen, aber wir
wollen's nicht übertreiben, auch mit der Erinnerung nicht. Obwohl:
Ich habe unlängst in Grado eine Stadtführung mitgemacht, und da
wurde voll Stolz auf das Kaisertürl im Zaun am Bezahlstrand hin-
gewiesen, durch das der Kaiser gegangen sein soll …

Dabei ist die Geschichte mit dem Kaisertürl frei erfunden.
Im Ernst?

Ja, der Kaiser war nie in Grado.
Das finde ich sehr gut. Ich habe so etwas einmal für Klagenfurt und
das Hotel Wörthersee gemacht, das schon seit Jahren leer steht: Ich
habe das G'schichtl vorgeschlagen, der Mozart sei da einmal durch-
gefahren und abgestiegen, weil ein Gewitter war, und hat dann die
fünfte Symphonie geschrieben. Das hat sich dann ganz selbst-
ständig weiterverbreitet – völlig wurscht, manchmal muss man es
so machen.

7   Schlafen in der Badewanne

Karl Bianchi erzählt – vor fast 100 Jahren – über das 13-mal zerstörte Grado, über 23-jährige Ehen ohne Streit (+ 30 Tage) und über verrückt tanzende Kurgäste. Er hofft auch, dass »Grados Boden dereinst wieder zu Österreich gehören möge«.

Er war schon eine strenge Erscheinung. Der Hausherr in den Bianchi-Villen flößte jungen Gästen wie dem Steirer Andreas Kufferath mitunter gehörigen Respekt ein. Mit seinem Kaiser-Schnauzer, dem akkurat gescheitelten Haar und seiner Größe war Karl Bianchi, Enkel des Grado-Pioniers Leonard Bianchi, Vater der Marie Therese Rossetti und des Federico Bianchi, in den Villen nicht zu übersehen – und wollte auch nicht übersehen werden. »Wenn du nicht schön isst, dann setzt dich der Baron an den Katzentisch!«, waren die Ehrfurcht gebietenden Sätze, die der junge Grado-Urlauber Andreas bei seinen Aufenthalten in den 1970er-Jahren im Speisesaal der Ville Bianchi von den Erwachsenen zu hören bekam. »Doch wir Kinder lernten schnell: Der Baron ist zwar eine Respektsperson, aber alles andere als zum Fürchten!«, sagt Andreas Kufferath über den liebenswürdigen Herrn, der die Geschicke der Ville gemeinsam mit den »Tanten«, den beiden Baronessen Bianchi, leitete. Schon Kufferaths Großeltern, eine »typische Monarchie-Mischung«, waren dem Charme Grados und der Villen verfallen – und der Aura des echten Barons. Später gestaltete Kufferath unter anderem das Logo der Villen.

Im Jahr 1926 hielt Karl Bianchi einen Vortrag an der Handelsakademie Innsbruck, an der er zur Schule ging. Da war er gerade einmal 19 Jahre alt. Er sprach über sein geliebtes Grado – Jahrzehnte bevor er selbst die Geschäfte in den Ville Bianchi übernehmen und Grados weitere Entwicklung mitprägen sollte. Der Vortrag, dessen Manuskript seine Tochter sorgfältig aufbewahrt hat, ist, wie zu der Zeit üblich, brav chronologisch geordnet und spannt den Bogen von der Römerzeit bis zu den Zukunftsplänen des Seebades. Das klingt nach einer langatmigen Rede, ist es aber nicht. In Wahrheit sind die Ausführungen des jungen Barons in Sprache und Inhalt ein Kleinod, vor allem in der zweiten Hälfte des Vortrags. Über den Glockenturm mit seinem Engel aus Erz, über Steinsarkophage mit schrägen Inschriften, über durch Sand und Meer genesene Kinder und das bunte Treiben in den Zeltlagern am Strand, über schillernde Mondnächte und Ausflüge in die Lagune erzählt Bianchi mit so einer sprühenden Freude, dass es den Zuhörer mitgerissen haben muss. Den Leser vielleicht auch. Im Folgenden Karl Bianchis Vortrag, beinahe 100 Jahre alt:

»Das Küstenland ist durch seine günstige Lage prädestiniert, den Völkerverkehr zu Wasser und zu Land zu ermöglichen. Es wurde schon seit uralten Zeiten von den Hauptstämmen Europas bewohnt. Seit Aquileias Gründung im Jahre 181 v. Chr. war es der Wohltaten der römischen Kultur teilhaft und konnte durch Macht, Handel und Gewerbe aufblühen, solange das Römerreich einig war. Der Gegensatz zwischen Rom und Byzanz verkündete aber schon die Keime des Verfalles. Spätere Umwälzungen bewirkten im Jahre 452 n. Chr. Aquileias Zerstörung durch Attilas wilde Scharen und durch den Einfall der Langobarden im Jahre 568.

Fast acht Jahrhunderte hatte Aquileia als Hauptstadt Alt-Venetiens gegolten, doch musste es seit dem 6. Jahrhundert erleben, dass seine Tochterstadt Grado sich zur Metropole Neu-Venetiens aufschwang. Politik und Religion drängten Mutter und Tochter manchen blutigen Kampf auf, da Aquileia hauptsächlich germanischer, Grado hingegen romanischer Herrschaft folgen musste.

Grado war ursprünglich nur ein Teil der ausgedehnten Hafenanlagen Aquileias. Und Grado war höchst wahrscheinlich schon damals ein lieblicher Sommeraufenthalt und Badeort, stammt doch schon sein Name von ›Aque gradatae‹ ab, das heißt ›laues Wasser‹. Vom 6. bis zum 10. Jahrhundert sah Grado seinen Stern immer höher steigen, bis derselbe vor dem Glanze der Schwesterstadt Venedig erbleichen mußte. Aquileias und Grados Verhängnis hat es gewollt, daß beide im Tode vereint im Jahre 1451 ihre politische und religiöse Macht an Venedig abtreten mußten. Und zwar indem Aquileia in jenem Jahre den letzten Schein seiner politischen Unabhängigkeit, Grado den letzten Glanz seiner religiösen Selbstständigkeit dadurch verlor, dass seine Kirchenfürsten, welche den stolzen Patriarchen-Titel führten, nunmehr diese Würde für immer dem Markuslöwen opfern mussten.

Acht Jahrhunderte hatte das Patriarchat gedauert. Im Laufe von fünf Jahrhunderten wurde Grado 13-mal zerstört. Am Ende des Mittelalters sank es zu einem Fischerdorf herab. Später okkupierten die Franzosen die Stadt, und im Jahre 1810 wurde sie von den Engländern geplündert. Im Jahre 1815 kam sie in die Hände Österreichs, in denen sie bis zum unglücklichen Ausgang des Weltkrieges blieb.

Die Stürme des Meeres und die Hochfluten der Politik haben Grados Pracht vielfach zerstört. Weit und breit in der Umgebung liegen am Meeresgrund ansehnliche Überreste vergangener Zeiten begraben. Kirchen und Paläste sind verschwunden, und nur noch wenige Überreste bezeugen heute die Macht der einstigen Königin der Lagunen.

Bevor wir Grado als Kurort besprechen, will ich zuerst noch die größten Sehenswürdigkeiten aufzählen. Etwas, worauf die Gradeser stolz sei können, ist die Kirche. Sie zeugt so recht noch von der alten Pracht. Der Dom wurde in der zweiten Hälfte des 5. Jahrhunderts erbaut, erfuhr aber im Laufe der Zeit manche Veränderung. Er ist eine dreischiffige Basilika und zeigt am Boden bedeutende Reste von altchristlichen Mosaiken. Bemerkenswert ist links im Mittelschiff eine romanische Kanzel mit venezianisch-maurischem Baldachin. Hinter dem Hauptaltare ist ein Patriarchenstuhl aufgestellt, der aus mehreren altchristlichen Teilen zusammengesetzt ist. Die ursprüngliche Vorhalle der Kirche und mancher Altar haben in ihrem Charakter durch moderne Änderungen stark gelitten.

Der Glockenturm ist in die Vorhalle hineingebaut und trägt an der Spitze seit dem Jahre 1462 einen großen Engel aus Erz, ein

KIRCHE.   CHIESA.

GRUSS AUS GRADO.
UN SALUTO DA GRADO.

Der Campanile der Basilica Sant'Eufemia in der Altstadt mit dem Erzengel Michael auf der Spitze

Geschenk Venedigs. Vom Turm genießt man einen überwältigenden Rundblick über die Stadt mit ihren eigentümlichen Häusern, über das offene Meer und über die üppige Friauler Ebene, aus welcher der Glockenturm Aquileias stolz emporragt, im Hintergrund umgeben von den reichgegliederten Spitzen der Alpen, des Karstes und der Dolomiten.

Bemerkenswert ist auch das Museum. Es ist nicht wie die meisten Museen ein schönes Gebäude, das die Schätze birgt, sondern die Schätze und Altertümer Grados werden unter freiem Himmel im Hofe des Domes aufbewahrt. Besonders zu erwähnen wären drei Steinsarkophage, die im Jahre 1860 vor dem Dome ausgegraben wurden. Sie sind mit Reliefs und Inschriften versehen, laut welchen der eine Sarg von Baburius Anthus und seiner unvergleichlichen Gattin, mit der er 46 Jahre vereint war, stammt. Der andere Sarkophag stammt von einem Titus Cannius Restitutus und der Mannie Nice, Ehegatten, welche laut Inschrift 23 Jahre und 30 Tage ohne Streit miteinander gelebt haben sollen! Eine einzelne Sarkophagplatte trägt die Inschrift: »Aurelius Sossius, Fahnenträger der 4. flavischen Legion, hat bei Lebzeiten das Grab für sich und für Julius Valens gestiftet«. Die übrigen Bruchstücke von Inschriften und anderen Steindenkmälern stammen aus römischer Zeit, während die Architekturstücke und Grabplatten frühchristlich oder mittelalterlich sind.

Nun habe ich etwas über die Entstehung Grados erzählt, und jetzt will ich auch über die Entwicklung des Seebades einige Worte verlieren. Professor Barellai aus Florenz, ein bekannter Kinderarzt, unternahm im Jahre 1872 eine Studienreise längs der Küste des Adriatischen Meeres, um geeignete Plätze für die Errichtung von Hospizen für zarte, lymphatische und rachitische Kinder ausfindig zu machen, und erklärte Grado als einen der idealsten Plätze für solche Zwecke. Das Urteil eines so hervorragenden Fachmannes blieb nicht ungehört, und schon im nächsten Jahre gründeten einige Görzer das erste Seehospiz, das von kleinen Anfängen sich in wenigen Jahren schon so weit entwickelte, dass alljährlich

350 kranke Kinder in demselben aufgenommen werden konnten. Man konstatierte ganz unerwartet große Heilerfolge. Die zahlreichen Fälle von Heilung, zumindest aber von auffallender Besserung, erregten das Staunen der berühmtesten Ärzte, welche die wunderbaren Ergebnisse der Kur besonders bei Knochen-, Drüsen- und Gelenkserkrankungen sowie in schweren Fällen organischer Schwäche feststellen konnten. Keine andere Art von Kur hatte jemals zuvor derartige, tatsächlich erwiesene erstaunliche Resultate zu verzeichnen.

Der Ruf Grados stieg nun außerordentlich rasch, und sein prächtiger, herrlicher Strand zog alljährlich Tausende und Tausende von Gästen an, die hier ihre Gesundung suchten. Im Jahre 1892 wurde Grado zum Kurort erhoben. In diesem Jahre weilten in Grado bereits über 1000 Kurgäste. Im Jahre 1902 weilten daselbst 3000, im Jahre 1910 über 10 500, und im Jahre 1914 erreichte die Zahl bereits 20 000. Dann kam die Zeit des unglückseligen Krieges, und Grado wurde zum Kriegsschauplatz. Doch gleich nach demselben strömten von allen Seiten wieder Kurgäste nach Grado, und jedes

Jahr steigert sich die Zahl der Heilungsbedürftigen, die in Grado Genesung suchen.

Von Jahr zu Jahr verändert sich auch die Stadt Grado merklich. Tausende von Quadratmetern der Lagune wurden trocken gelegt, um Baugründe zu verschaffen. Häuser, Villen und Hotels wurden gebaut, und der Kurort wurde mit großen Geldopfern verschönert. Der Zufluss des Publikums ist aber derart gestiegen, dass es zumeist unmöglich ist, alle Gäste aufzunehmen. Viele von ihnen müssen in Aquileia und Cervignano, in Görz und Triest auf Unterkunft in Grado warten. Heuer war der Andrang so groß, dass Neuangekommene auf den Schiffen übernachten mußten und bis spät in die Nacht betteln kamen, ob wir nicht ein Badezimmer für sie hätten, sie wollten gerne in der Badewanne schlafen, nur um irgendwo unterzukommen.

Auf dem internationalen Ärztekongress in Salzburg, im Jahre 1910, schloss der berühmte Kinderarzt Professor Dr. Escherich, damaliger Direktor der Wiener Kinderklinik, seinen Bericht über Grado so: »Grado ist das geeignetste Heilbad für das moderne Kind der Stadt. In diesem an der Adria gelegenen Paradies finden wir Strand, Klima und Meer in einer Vereinigung, wie sie am besten den Kurbedürfnissen unserer Kinder entspricht.«

Der Strand von Grado ist aber auch herrlich. Er ist aus feinstem Sande gebildet und verflacht sich so sanft zum Meere, dass auch Kinder zartesten Alters ohne Gefahr sich vom Ufer ins Wasser hinein entfernen können. Erwachsene Menschen können einige hundert Meter ins Wasser wandern, bis sie zu der Stelle kommen, wo ihnen das Wasser zum Munde steigt. Bei einer Wassertiefe von 0,50 Meter, also für einen Erwachsenen noch leicht zum Stehen, sind Warntafeln angebracht, sodass man genau sehen kann, wie weit man ohne Gefahr gehen kann. Bei Ebbe kann man sich natürlich dementsprechend weiter vorwagen.

Zahlreich sind die heilbringenden Faktoren, welche der Strand von Grado seinen Besuchern bietet. Die Seeluft ist mild, reich von Sauerstoff, massig feucht, frei von Staub und stark salzhaltig. Des-

Blick vom Strand über die heutigen Giardini Marchesan, rechts die Ville Bianchi, etwa 1904. Im Hintergrund ist die Lagune zu sehen – heute sähe man dort bebautes Land und die Villa Erica.

halb ist sie von bester Wirkung auf die Atmungsorgane. Die mittlere Temperatur während des Sommers beträgt 24 Grad Celsius. Sie steigt aber öfters über 30 Grad Celsius. Die Sonne, mit ihrem Licht und ihren Wärmestrahlen, ist ein Heilfaktor erster Ordnung und übt eine energische Reaktion auf alle Krankheitskeime aus, indem sie diese zerstört oder ihre Tätigkeit neutralisiert. Die Sonnenstrahlen ersetzen alle Kuren mit künstlichen Strahlen, stärken und kräftigen den Organismus.

Auch das Meer beeinflusst, vermöge seiner Temperatur und durch seinen reichen Gehalt an Kochsalz (vier Prozent) und Jodsalzen, wohltuend den menschlichen Körper. Die Temperatur des Wassers bewegt sich in den Monaten April bis Oktober zwischen 20 und 30 Grad Celsius. Der Sand, von der Sonne stets beschienen, hat eine Wärme von oft über 60 Grad. Er ist oft so heiß, dass man kaum darüber gehen kann und immer von einem Zeltschatten zum anderen springt.

Der Strand ist fast zur Gänze von einem großen Zeltlager besetzt, das heuer etwa 1500 Zelte aufwies, die bis zu acht Reihen tief geordnet mit ihren bunten, im Winde flatternden Tuchwänden einen äußerst malerischen Eindruck machen. In diesen Zelten kleiden sich die Badenden aus und an, und um diese Zelte spielt sich das überaus lustige Strandleben den ganzen Tag über ab. Im warmen Sande sonnen sich hier Erwachsene und Kinder, von hier eilen sie in die Meeresfluten, die meist nur schwacher Wellenschlag bewegt, und die sich in die unendliche Weite bis zum fernen blauen Horizont gegen Süden dehnen, im Osten aber von den istrianischen Felsenufern und der Bucht von Triest begrenzt sind. Nur an Sturmtagen, die im Sommer jedoch selten sind, brausen schäumende Wogen, einander jagend und sich überschlagend, an das Gestade – für Erwachsene ein Hochgenuss, an der Wellen Wucht die eigenen Kräfte und die Schwimmkunst zu messen.

Gewöhnlich aber liegt das Meer sonnenklar und in tiefer Bläue vor den Blicken von Tausenden von Badenden, darunter auch ganz kleine Kinder, die kaum das Gehen gelernt haben. Sie tummeln sich in dem seichten, wohlig warmen Wasser oder bauen Sandburgen und Kanäle am Strande. Andere huldigen dem angenehmen Nichtstun lang hingestreckt in die Strandsessel oder halten Kaffeeklatsch mit den Besuchern aus den benachbarten Strandzelten. Und über alles hinweg rauschen die Klänge der Kurmusik, die vormittags am Strand und nachmittags auf der Promenade ihre Konzerte gibt.

Die Abende vereinen sodann die Kurgäste in den vielen Unterhaltungs- und Tanzlokalen, wo bis spät in die Nacht hinein den verrücktesten modernen Tänzen gehuldigt wird.

Leute, denen das oft zu lärmende Treiben nicht genehm ist und die eher Liebe zur Natur haben, ziehen es vor, einsame Spaziergänge zu Nachbarinseln der Lagune zu unternehmen, die auf schmalen Dämmen erreichbar sind und wo von der Kultur wenig berührte Sanddünen und einsame Strandstreifen zur genießenden Rast oder zu verschwiegenem Bade einladen. Auch Wiesen und Wäldchen erfrischen hier das Auge mit sattem Grün, das in Grado selbst bis auf einige Gärten fehlt. Oder man mietet eine Barke oder

Spaziergänger auf der Ende des 19. Jahrhunderts errichteten Diga, dem Deich, der die Altstadt vor ständigen Überflutungen schützt

einen Fischerkahn und unternimmt genussreiche Segelfahrten ins freie Meer hinaus oder in die von wirrverschlungenen Kanälen durchzogenen Lagunen, auf deren kleinen Inselchen weltfremde Fischer in armseligen Rohrhütten ein verträumtes Leben führen.

Ein besonderes Vergnügen ist es auch, selbst mit der Angel oder dem Netz fischen zu gehen, wobei öfter eklige Krabben und unbrauchbare Meertiere zur Beute fallen, als der erhoffte Fang.

Besonders reizvoll sind aber die Mondscheinnächte am Meer. Flimmernd glitzert die unendliche Flut in unzähligen Licht- pünktchen, jede Welle vervielfacht den Widerschein der milden Mondscheibe, und in all dem magischen Glanz und Goldflimmer ziehen geisterhaft ruhig die Segelschiffe dahin oder Ruderboote mit Lampions geschmückt und lustigen singenden Leutchen gefüllt. Das sind die Abende, wo insbesondere die sogenannte Diga, das ist der wuchtige Steindamm, der zum Schutze der Stadt gegen die Wogen aufgeworfen wurde, von Scharen staunender

Fremder dicht besetzt ist, die eine solche Pracht einer südlichen Vollmondnacht am Meer noch nie gesehen haben.

Wenn Zeit und Geld es gestatten, werden aber auch weitere Ausflüge unternommen, wozu die fast täglich verkehrenden Extradampfer reiche Gelegenheit bieten. Eine Fahrt zur großen Hafenstadt Triest oder über die Adria hinweg an die istrianische Küste zum Kurort Portorose oder zum venezianischen Städtchen Pirano auf dem Meer oder nach Pola und dem berühmten Badeort Brioni oder gar nach Venedig, dem Traum aller Künstler und Hochzeitsreisenden, und dem Lido, seinem Seebade. Selten haben sich Kurgäste die treffliche Gelegenheit zu so schönen Fahrten im nahen Umkreis entgehen lassen, immer aber hört man von ihnen, wenn sie heimkehren, das Urteil, dass ihnen kein Badeort so gut gefalle, wie Grado.

Und nun noch einige Schlußworte über Grados Zukunft. Große Pläne werden teils erwogen, teils sind sie schon in Ausführung begriffen. Eine große, heuer schon angepflanzte Parkanlage hinter dem Strande soll dem Mangel an grünen Flächen abhelfen. Eine Anschüttung zur Nachbarinsel Rotta soll eine Verlängerung des schon zu eng gewordenen Strandes um das Dreifache bewirken und eine Trambahn die Entfernungen kürzen. Ein großes Kurhaus soll gebaut werden als Treffpunkt der Kurgäste für Kurmittelgebrauch und Unterhaltungen, und ein gewaltiges Luxushotel, das etwas außerhalb Grados geplant ist, soll den Anforderungen des eleganten Badepublikums in komfortabler Weise Rechnung tragen.

So bietet Grado ein seltenes Beispiel für die überraschend schnelle Entwicklung eines Fischerdorfes zum internationalen Kurort, die es seiner günstigen Lage im sonnigen Süden und der Heilkraft des Meeres zu danken hat. Österreich hat diese Entwicklung in die Wege geleitet, Österreich, dem die Kurgäste großenteils angehören, fördert sie, und Italien, das es uns geraubt hat, zieht seinen Nutzen daraus. Hoffen wir, dass Grados Boden und mit ihm das ganze Küstenland dereinst wieder zu Österreich gehören möge!«

8   »Bin angekommen«

Yves Saint Laurent schätzte die Villa Reale, Marc Chagall schickte Zeichnungen. Das Kochbuch der Hanni Schöffmann ist heilig. Gegen schlechtes Wetter gibt es eine Garantie. Und Scherentiere schreiben Zettel, ehe sie verspeist werden.

Der Höhepunkt ist jedes Jahr derselbe: Das Hummer-Geburtstagsessen!« Die Augen der beiden Erzählerinnen leuchten schon beim bloßen Gedanken daran. »Wir haben im Juni und im Juli Geburtstag. Wenn wir im Juni in die Villa Reale kommen, sagen wir als Erstes, wenn wir Mario sehen: ›Hummer?‹ Und Mario lacht und sagt: ›Ma certamente, signore‹. Er weiß, was gemeint ist.« Die beiden Damen, das sind Ursula und ihre Mutter Helga Preinfalk. Die

Nino Vianello beim Servieren des Höhepunktes aus der Reale-Küche: Hummer

Ein Kunstwerk
für sich: der
weite Stiegen-
aufgang in der
Villa Reale

Die Zeit ist
stehen geblie-
ben: Blick zum
Rezeptions-
kämmerchen
in der Villa
Reale

Wienerinnen kommen »seit gefühlt 100 Jahren« nach Grado und
immer in dasselbe Haus. Und Mario, das ist Mario Vianello, der mit
seiner Frau Sabine in dritter Generation die historische Villa Reale
führt, wie sie nur ein padrone von seinem Schlag führen kann.

»Und wenn er dann einen frischen Hummer besorgt hat, das
weiß man ja nie auf den Tag genau vorher, dann hängt an unserem
Zimmerschlüssel ein Zettel mit einem gezeichneten Hummer und
den Worten ›bin angekommen‹«, sagt die weit über 90-jährige
Mutter mit einer Freude, als gäb's das Schalentier gleich jetzt. Das
Essen wird dann am Abend zelebriert, im Garten, lauschig unter
der großen Pergola, der Hummer wird mit insalata russa, einer
Gemüsemayonnaise des Hauses, in Muschelschalen serviert. Dazu
geröstete Weißbrotscheiben, handgeschnitzte Karotten: »ein Fest«.

Da geht nur noch eines drüber. Nicht am Hummerabend, weil
da geht nachher gar nichts mehr, aber sonst: »Wenn das Abend-

essen vorbei ist und alle weg sind, weil sie entweder schon auf dem Zimmer oder noch im Ort unterwegs sind: Mit Mario in der Küche plündern, eine Wurst, einen Käse, und dann mit den Beutestücken und einer Flasche Wein oder Prosecco in der Loggia sitzen und plaudern.«

Die Loggia. Das Herzstück der Villa Reale. Oder besser: eines der Herzstücke, denn es gibt viele. Das helle Stiegenhaus mit seinen hohen Bögen, den kleinen Balkönchen und den Teppichen zum Beispiel. Das winzige Rezeptionskämmerchen mit seinen vielen Zettelchen, Bildern und dem Schlüsselbrett. Die erwähnte Pergola im Garten, deren Verstrebungen und Leuchten original aus dem alten Bahnhof von Görz stammen und die seit Generationen »die Gloriette« genannt wird. Und die Küche natürlich, in der nicht nur der Hummer bereitet wird. Aber die Loggia ist unbestritten jener Ort, an dem es sich am besten verweilen lässt. Ein paar Stufen führen hinauf zu dem kleinen überdachten Platzerl, das zugleich einer der beiden Eingänge zur Villa ist, ein paar Stufen führen auf der anderen Seite wieder hinunter in den Garten. Sechs Säulen, zwei, drei kleine Tische, ein paar Sessel – wer ist hier nicht aller gesessen, von Yves Saint Laurent bis Fritz Muliar, von Mario Donizetti bis zu den Mautner Markhofs und dem Weinkönig Lenz Moser. Die Familien Nonino und Hausbrandt kamen als Stammgäste, die einen weltberühmt für ihren Grappa, die anderen für ihren famosen Triestiner Kaffee. »Das war praktisch, wenn die da waren: Da hatten wir beides, den besten Tresterbrand, den Sie trinken können, und den besten Kaffee«, sagt Sabine Vianello.

Die Damen mit der Hummervorfreude sind unterwegs, und wir sitzen mit der Hausherrin in der Loggia und warten. Auf den Hausherrn, der spät dran ist für unsere Verabredung. Aber was heißt schon »spät dran« in Italien? Das Wetter ist fein an diesem Frühsommertag, da hat der Besitzer der Villa noch ein paar Kilometer auf dem Rad abgestrampelt, da getratscht, dort einen Freund begrüßt – für die Pünktlichkeit ist seine Frau zuständig, wozu hat er eine Deutsche geheiratet?

Allein diese Geschichte ist schon eine. »Mit 25 war ich zum ersten Mal in Grado, das einzige Foto, das ich damals gemacht habe, war das von der Villa Reale, so schön war die«, beginnt Frau Vianello aus der Zeit zu erzählen, als sie noch Eva-Sabine Eychmüller hieß. »Aber eine Übernachtung hätte unser ganzes Urlaubsbudget aufgefressen.« Zehn Jahre später, Anfang der 1990er-Jahre, war sie mit ihren Eltern auf Urlaub in Kärnten. Aber das Wetter war so miserabel, dass sie weiter nach Süden fuhren, nach Grado. »Da war so viel Verkehr auf dem Damm, dass meine Eltern gesagt haben, ›wir suchen nicht lange, fahren wir zur Villa Reale‹. Vier Tage blieben wir da. Und mein späterer Mann hat mich abends hier«, Sabine zeigt auf der Loggia um sich, »auf ein Glas Wein eingeladen. Als ich wieder in Ulm zu Hause war, war eine Postkarte da: ›Flasche ausgetrunken, habe an Sie gedacht.‹« Ein Jahr später wurde geheiratet.

Wie aufs Stichwort ist Mario Vianello da. »Tutto bene?«, fragt

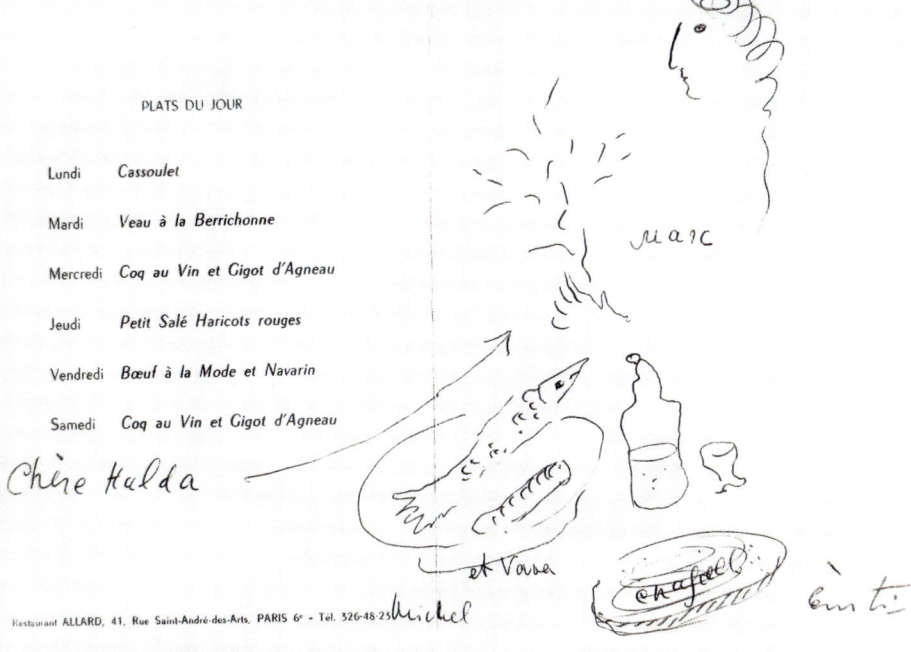

PLATS DU JOUR

Lundi	Cassoulet
Mardi	Veau à la Berrichonne
Mercredi	Coq au Vin et Gigot d'Agneau
Jeudi	Petit Salé Haricots rouges
Vendredi	Bœuf à la Mode et Navarin
Samedi	Coq au Vin et Gigot d'Agneau

Chère Hulda

marc

et Vasca

Chagel

ein ts

Restaurant ALLARD, 41, Rue Saint-André-des-Arts, PARIS 6e - Tél. 326-48-23 *Michel*

Marc Chagall bedankte sich bei der Zürcher Restaurant-Besitzerin Hulda Zumsteg, die sich ihrerseits mit der Chagall-Zeichnung bei den Vianellos bedankte.

der blonde Mittsechziger strahlend, setzt sich, steht wieder auf, um Gäste im Garten zu begrüßen, – »Habt ihr zu trinken?« – holt etwas aus der Vitrine neben der Rezeption, ruft dem Hausdiener etwas zu. Dass das sein Haus ist, sein Zuhause seit Generationen und sein Leben, daran lässt er auf sehr sympathische Weise keinen Zweifel.

Mario Vianello hat eine alte Speisekarte geholt. »Schaut euch diese Flasche an«, sagt er und deutet auf eine handgekritzelte Zeichnung neben der Speisenfolge. »In der Schule wäre jeder Schüler damit durchgeflogen.« Es ist eine wackelige Zeichnung, ein Fisch auf einem Teller, eine krakelig hingeworfene Flasche, ein Glas. Die Zeichnung stammt aus der Feder von Marc Chagall.

Nein, Chagall war nie Gast der altehrwürdigen Villa, und die Speisekarte stammt ebenfalls nicht aus der Reale. Aber Hulda Zumsteg, Eigentümerin des im internationalen Jetset bekannten Restaurants Kronenhalle in Zürich, war Stammgast in dem Gradeser Haus mit dem Turm. Sie kam meist in ihrem blauen Rolls-Royce, stets mit ihrer Zofe und blieb über mehrere Wochen zur Sommerfrische. Sie hat den Vianellos diese Speisekarte geschenkt, die Mario jetzt auch schon wieder zurück in die Vitrine trägt – ein kleiner Dank für die Beherbergung in der Villa Reale, so wie Chagall sich einst bei ihr auf der Speisekarte für die gute Bewirtung in der Kronenhalle bedankt hatte. Der Maler schickte Hulda Zumsteg auch Briefe und Postkarten mit kleinen, krakeligen (Pardon für die Respektlosigkeit) Zeichnungen in die Sommerfrische in der Villa Reale. Auch von denen hat sie den Vianellos einige geschenkt.

»Die Zumsteg«, sagt Sabine Vianello, und das ist nicht respektlos gemeint. Der Nachname mit Artikel ist ja eine Art Adelung, wie sie nur den ganz Großen vorbehalten ist. Man sagt ja auch »die« Deneuve oder »die« Garbo. »Die« Zumsteg also hat zwar den großen Chagall nicht leibhaftig mit nach Grado gebracht, aber dafür einen anderen Franzosen von Weltruhm, den schon erwähnten Modeschöpfer Yves Saint Laurent. Zweimal war der in der Villa Reale zu Gast. Hulda Zumstegs Sohn Gustav auch. Der sah, wenn er nicht in Grado urlaubte, in der Kronenhalle nach dem Rechten. Vor allem aber umhüllte er als Seidendesigner unter anderem Prinzessin Diana, Farah Diba, die Frau des persischen Schahs, und »die« Loren.

Über die Grenzen hinaus berühmt, das waren zu ihrer Zeit auch der Erbauer der Villa Reale beziehungsweise sein Onkel. Letzterer, Carl Warhanek, gründete 1872 die erste Sardinenfabrik Grados. Der aus Böhmen stammende Wiener hatte die revolutionäre Technik des Konservierens von Sardinen in Dosen an die Adriaküste gebracht. Er baute Fabriken von Triest und Grado über die ganze Küste bis weit in die Gebiete der Monarchie hinein. Warhaneks Sardinen waren in Wien, Budapest, Prag ein Renner. In Grado war er als Arbeitgeber beliebt. Wenngleich ihm dort bald einheimische Konkurrenz in Form weiterer Sardinenfabriken erwuchs. Das konnte Warhanek aber nichts anhaben: Sein Geschäft lief, allfälliger Neid gegenüber dem »Großkopferten« aus Wien prallte an ihm ab.

Dort, wo bis ins 20. Jahrhundert nur Wasser war, steht die Villa Anbelang, später Imperiale, heute Reale.

Warhanek blieb kinderlos. Und so übernahm nach dem Tod des Sardinen-Pioniers im Jahr 1900 sein Neffe Hugo Anbelang das Fischimperium. Der hatte, als einer der wohlhabendsten Unternehmer der Monarchie, den Namen seines Onkels in Ehren zu halten. Und wollte seinen eigenen Ruhm mehren. Er tat dies zunehmend von Grado aus. Denn Hugo Anbelang war, wie erzählt wird, einfach »verliebt in Grado«. So verliebt, dass er zehn Jahre nach Übernahme des einträglichen Sardinen-Geschäfts den Startschuss zur Errichtung einer mondänen Villa gab. Sie sollte schräg vis-à-vis der Ville Bianchi entstehen, die schon lange Fixpunkt der Gradeser Sommerfrische-Szene waren. Das Land, auf dem die Villa heute steht, musste erst aufgeschüttet werden. Damals lag es an dem Weg, der zu den Bianchi-Villen führte, und dort war – Lagunenwasser. Der Bau der Villa sollte bis 1911/12 dauern. Sie hieß zunächst »Villa Anbelang«, dann »Villa Imperiale« und diente den Anbelangs nach der Fertigstellung zunächst als Sommerresidenz, später auch als Gästehaus für Freunde und Familie. Aber schon zwei Jahre später wurden die Zimmer auch an Grado-Reisende vermietet.

Lange sollte die Liebe des Sardinen-Erben Anbelang zu Grado aber nicht mehr brennen. Zunächst verkaufte der Wiener Unternehmer nach Ende des Ersten Weltkriegs in den frühen 1920er-Jahren die Villa Imperiale an Tullio Vianello, den Großvater des Mario Vianello. Hugo Anbelang wandte sich zunehmend von Grado ab. Die meisten »Ausländer« hatte der beginnende Faschismus nach dem Krieg schon vertrieben, Hugo Anbelang wollte eigentlich noch bleiben. Aber im Zuge des sogenannten »Strandskandals« warf auch er den Hut drauf, wie man so schön sagt: Die Kurverwaltung hatte angesichts ausbleibender Gäste in der beginnenden Wirtschaftskrise beschlossen, den Strand zu »versilbern«. Anbelang wollte zuschlagen und zahlte, so wird erzählt, 100 000 Lire (das waren damals rund 5000 Dollar, eine Menge Geld). Doch die Partei Mussolinis, der bereits italienischer Ministerpräsident war, sagte Nein – der Strandverkauf platzte. Dummerweise waren die Empfänger des Geldes abgetaucht und das Geld unwiederbringlich weg. Anbelang sagte Grado frustriert Adieu.

Die Vianellos blieben. Und das inzwischen in »Villa Reale« umbenannte Haus mit seinen 20 Zimmern begann als Hotel zu florieren. »Früher ist man vier Wochen zur Sommerfrische hierhergekommen, wer kürzer kam, wurde schief angeschaut«, erzählt Sabine Vianello. Ein Zeitungsinserat aus dem Jahr 1931 zeugt von der Vier-Wochen-Regel. Als »herrschaftlich, ruhig, sauber« und mit moderaten Preisen wird die »beste Villa-Albergo in Grado« da angepriesen, und »Achtung, Neuigkeit: Garantie gegen schlechtes Wetter«. Die Garantie versprach 20 Prozent Preisnachlass für alle Tage mit augenscheinlichem Schlechtwetter »ab einem Aufenthalt von mindestens vier Wochen in der Zeit vom 1. Mai bis zum 15. September«.

Mai bis September, das war die Saison, die übrige Zeit stand das Haus leer. Mit Geschirr, Bildern, Besteck sind die Besitzer damals im Herbst in ihr Haus in Görz gezogen und im Frühjahr wieder nach Grado, wo sie die Villa wieder entwinterten. Erst Mitte der

1930er-Jahre wurde ihnen das zu umständlich. Die Vianellos zogen fix nach Grado. Und wie kamen sie überhaupt hierher?

»Die Familie stammt aus Venedig, handelte mit Versicherungen in Triest. Mein Großvater Tullio war Kürschner in Sagrado bei Görz. Im Krieg war er, obwohl Italiener, natürlich österreichischer Offizier«, erzählt Mario, der wieder einmal kurz Platz genommen hat in der Loggia. Und wenn er Zeit hat, dann ist er ein wunderbarer Geschichtenerzähler – auch dafür schätzen die Gäste ihren padrone. Von ihm erfahren wir auch, dass die Vianellos eine Villa in Triest besaßen, die Villa Lazarovich. Die wurde nicht nur zu Beginn des 19. Jahrhunderts von einem Cesare Faraone erbaut, dessen vielfache Nachfahrin heute noch öfter in der Reale zu Gast ist. Sondern ihr prominentester Bewohner war Mitte des 19. Jahrhunderts Erzherzog Ferdinand Maximilian. Der Bruder des Kaisers und damalige Oberbefehlshaber der k. u. k. Kriegsmarine erfüllte sich gerade seinen Traum vom Palast am Meer. Er mietete sich in der Villa Lazarovich in der Via Tigor ein, um während der Bauzeit seines Schlosses Miramare bei Triest in der Nähe zu sein. 1903 kaufte Tullio Vianello die Lazarovich-Villa.

Tullio also war im Krieg bei den Gebirgsjägern in Kärnten im Einsatz, was letztlich ein Riesenglück sein sollte für die Vianellos, für die Villa Reale und für ihre späteren Gäste. Denn wenn der Kürschner nicht gerade mit dem berüchtigten Bergvagabunden und Schriftsteller Julius Kugy in den Karawanken unterwegs war, dann war er auf Kurzurlaub im Gasthof Schöffmann am Ossiacher See. Der Gasthof hatte Kino, Tennisplatz, zweistöckige Badehäuschen – alles, was man zur Erholung von der Front brauchte. Und der Offizier Tullio Vianello verschaute sich in eine der Töchter des Hauses. »Die jüngste war die Hanni Schöffmann, und mit der ist mein Großvater dann nach dem Krieg hierhergekommen«, sagt Mario. Wieso gerade nach Grado? »Ich denke, er kannte den Maler Auchentaller, Grado war gerade wieder zu Italien gekommen, es war bekannt, dass manche Gebäude zum Verkauf standen.« Und tatsächlich klappte es mit dem Kauf der Villa und ein paar Jahre später, 1925, mit der Eröffnung des Hauses als Pension und Hotel.

Beim Namen Schöffmann hakt Marios Frau ein. »Die Schöffmann war diejenige, die das alles hier initiiert hat.« Schon wieder »die«, das Prädikat für eine ganz Große. »Sie hat das angefangen. Ganz am Anfang der Villa als Pension gab's hier österreichische Jause. Die Großmutter war eine hervorragende Köchin. Wir haben ein handgeschriebenes Kochbuch mit unzähligen Süßspeisenrezepten von ihr. Wenn man das heute liest! Unter sechs Eiern geht da nichts.« Sabine Vianello gerät ins Schwärmen: »Das ist heftig, aber ich habe fast alles nachgekocht, und es ist köstlich!«

Hanni Schöffmann hat also nicht nur den Hotelbetrieb der Villa Reale mitbegründet, in einer Zeit, als die Gäste schön langsam wieder nach Grado zurückkehrten. Sie hat vor allem den Ruf der Reale-Küche begründet, den Sabine Vianello als Herrin über Köche und Personal hochhält. Und so kommen nur Gäste des Hauses in den Genuss der alten Hanni-Schöffmann-Rezepte. Sie werden von der Hausherrin gehütet wie der Heilige Gral: »Ich hab' die Order: Die Süßspeisen bleiben im Haus.« Schon das alte Kochbuch der Hanni Schöffmann in Händen zu halten und durch die Seiten mit »Punsch Torte«, »Segediner Gollasch« und »Gerollter Nirnbraten« blättern zu dürfen, ist ein Privileg.

Im Zweiten Weltkrieg fungierte die Villa als deutsches Lazarett. »Aber der Deutsch sprechende Großvater und seine aus Österreich stammende Frau durften dableiben«, erzählt Mario. Als die Deutschen 1944 abzogen, kamen die Engländer und machten die Villa zum Ferienhaus für junge Offiziere. »Mit denen ist mein Vater Skifahren gegangen nach Cortina, als er aus dem Krieg zurückkam.« Noch viele Jahre später entdeckten die Vianellos auf dem Dachboden Kisten mit alten Uniformen und Rollstühle. Auf alten Möbelstücken, auf die penibel achtgegeben wird in der Villa, finden sich zum Teil immer noch Stempelaufdrucke mit »Villa Reale, Grado« – das diente im Krieg zur Vorbeugung gegen Diebstahl

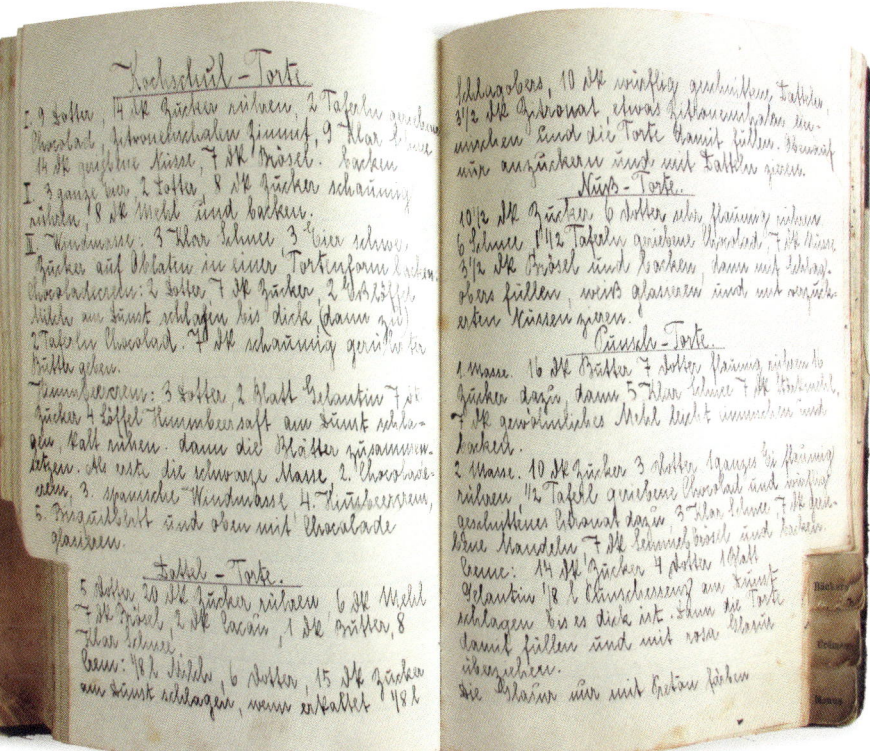

Das Kochbuch der Hanni Schöffmann: üppige Rezepte, von Sabine Vianello gehütet wie ein Schatz

und Plünderungen oder sollte zumindest helfen, geraubtes Gut später wiederzufinden.

Dass eine deutschsprachige Frau an der Seite eines Vianello das Haus führt, zieht sich seit drei Generationen wie ein Markenzeichen durch die Familiengeschichte. »Meine Mutter stammt aus Sachsen, wo die hübschen Mädchen auf den Bäumen wachsen«, erzählt Mario. Vater Giovanni diente im Krieg beim Militär in Meran, bildete als Skilehrer Soldaten aus, die nach Russland in den Krieg zogen, geriet aber 1943 als Widerständler gegen die Deutschen in deutsche Gefangenschaft. In Sachsen musste er in einer Fabrik Motoren für U-Boote herstellen – und lernte Gertraude Goetsche kennen, die dort Arbeitsdienst versah. Giovanni Vianello gelang später mit einem Freund die Flucht per Fahrrad durch

Deutschland nach Österreich und über den Großglockner nach Heiligenblut und zum Ossiacher See – »von dort telefonierte er der Traude nach Sachsen, dass sie noch lebten«. Nach Kriegsende machte sich Gertraude Goetsche auf den Weg. »Nach Berlin, dann mit dem Flugzeug nach München und mit dem Taxi zum Brenner. Dort hat sie Papa mit dem Fiat Topolino, der Giardinetta, abgeholt. Und alles war gut.«

Die »Tedesca«, die Deutsche, traf in Grado auf Schwiegereltern, die Deutsch konnten. Das trug zu ihrem Zuhause-Sein in neuer Umgebung bei. Noch ein Jahrzehnt war Tullio der Seniorchef im Haus, dann waren Giovanni (»Nino«) und Traude auf sich allein gestellt.

»Mein Mann und der Nino, die haben sich gut verstanden«, erinnert sich Helga Preinfalk, die seit 1960 alljährlich in der Villa Reale absteigt und inzwischen auch in der Loggia eingetroffen ist. Nino, so erinnert sie sich weiter, sei »so ein alter Monarchist« gewesen, der zu Kaisers Geburtstag am 18. August stets ein Monarchisten-Treffen in der Villa organisiert habe. Auch Ninos Mutter, die Schöffmann-Hanni, sei Monarchistin durch und durch gewesen. Einmal, lange nach Ende des Ersten Weltkrieges, so weiß es die Legende, habe sich die alte Vianello geweigert, das Turmzimmer zu verlassen, in dem sie wohnte – »bis es die Monarchie wieder gibt«. Aber vielleicht war es auch das Zimmer Nr. 5, denn die alte Dame sei für das Turmzimmer zu schlecht zu Fuß gewesen.

Fakt ist, dass Helga Preinfalk und ihre Tochter die Villa zu Zeiten erlebt haben, als, wie soll man sagen: der Komfort noch nicht ganz mit dem Anspruch einer Top-Herberge mithielt. »Wir haben noch das grüne Wasser erlebt, das aus den Wasserhähnen kam«, erzählt Tochter Ursula, die in der Villa Reale urlaubt, seit sie drei Jahre alt war. Und es gab Zeiten, da die Matratzen mit Seegras gefüllt waren. »Die Sabine hat dann langsam damit aufgeräumt«, sagen die beiden Stammgäste. Sabine bestätigt jedenfalls, dass die behutsame Renovierung und Erneuerung der Villa, die einst ohne Heizung und mit Etagen-Sanitäranlagen gebaut wurde, eine Lebensaufgabe ist. Auch wenn sie bei der Erinnerung an grünes Wasser Zweifel hat – das Wasser sei immer schon frisch aus dem Karst gekommen. »Mein großes Anliegen war, dass man die Originalmöbel erhält«, alles andere mache den Charme des Hauses kaputt. Und als man die alten Betten vor 20 Jahren endlich entsorgte, habe man »die Kopfteile abgeschlagen und an die Wand gedübelt, damit das erhalten bleibt«. Heute mischt die Villa alten Charme und standesgemäßen Komfort – und jeden Winter wird weiterrenoviert.

Fakt ist auch, dass Nino Vianello bei allen, die ihn damals erlebt haben, einen bleibenden Eindruck hinterlassen hat. Ein Charmeur und ein Geschichtenerzähler, immer um die Gäste herum, ohne aufdringlich zu sein. »Er hat sich dazugesetzt und geplaudert, und im nächsten Moment war er schon wieder weg.« Ein bisschen wie Fred Astaire habe er auf sie gewirkt, groß, schlank, immer gut gekleidet, erzählt Franziska Trost – auch sie ist Stammgast in der Villa, seit bald 35 Jahren. Und in Mario erkennt sie eindeutig Ninos Sohn. Die Kolumnistin einer Wiener Zeitung, für Jugend und Popkultur zuständig, ist viel gereist. Aber Grado und die Villa Reale sind für sie, die nicht einmal halb so alt ist wie Helga Preinfalk, »wie Heimkommen in ein Wohnzimmer. Als wenn wir vorgestern weggefahren wären«.

Die Journalistin war stets mit ihren Eltern und ihrer Schwester in Grado. Der Vater, Ernst Trost, außenpolitischer Journalist der alten Schule, hat viele historische Bücher verfasst und sich die Inspiration das eine oder andere Mal wohl auch im Sommerurlaub in der Villa geholt. Und wenn es neben dem Wohnzimmer-Gefühl und dem Wiedererkennen des Vianello-Stils noch eine Erinnerung gibt, die Franziska an die Villa hat, dann ist es die: »Der Hummer-Abend zum Abschied unserer Sommerferien. Ein optisches Prachtwerk! Und ein kulinarisches sowieso. Der Hummer, die Mayonnaise, die geschnitzten Karotten ...«

Da sind wir wieder am Anfang. Am Anfang des Kapitels, und in Wahrheit auch am Beginn der Geschichte Grados als Kur- und Seebad. Denn wie ist Franziska Trost in den frühen 1980er-Jahren

Die Villa Reale heute

nach Grado gekommen? »Meine Schwester Katharina hatte als Kind ein Bronchien-Problem. Unter großem Protest sind wir deshalb nach Grado gefahren, weil die Luft dort berühmt war und die Kuranstalt einen guten Ruf hatte – die Inhaliermaschinen schauen heute noch aus wie damals, wie im Ostblock.« Kurzum: Die Gesundheit beziehungsweise der Wunsch, gesund zu werden, stand wieder einmal am Beginn einer späteren Grado-Liebe.

Und wie ist Helga Preinfalk, die früher Sängerin im ORF-Chor war, nach Grado gekommen? Durch ihren Mann, den Chordirektor. »Das war 1952. Mein Mann, aber da waren wir noch nicht verheiratet, wollte mir Grado zeigen. Er kannte es gut, weil er als Bub von zehn Jahren wegen seines Asthmas von der Krankenkasse nach Grado geschickt worden war.« Der Bub logierte damals, 1925, natürlich noch nicht in der Villa Reale, die gerade zu der Zeit ihren

Pensions- und Hotelbetrieb aufnahm. Und das junge Paar wohnte bei seinem ersten Grado-Besuch auch woanders. »Wir haben Reiseschach am Strand gespielt und unsere Freiheit genossen«, erinnert sich Helga Preinfalk. Acht Jahre später führte sie die Hochzeitsreise nach Italien, und auf dem Rückweg bogen Helga und Gottfried Preinfalk nach Grado ab. »Nehmts euch doch ein Zimmer in der Reale«, hatte eine ORF-Kollegin empfohlen. Aber die Villa war voll, wic die Touristeninformation am Hafen beschied. Enttäuscht ging das Paar von dannen, als der Bursch vom Info-Büro ihm nachlief: »Halt, gerade ist ein Zimmer frei geworden.«

So begann vor 60 Jahren für Helga Preinfalk eine zweite Liebesbeziehung, die mit der Villa Reale. Und dass die andauert und sie Jahr für Jahr nach Grado führt, macht die alte Dame und ihre Tochter sichtlich sehr zufrieden und dankbar. Und Mario, der seine Stammgäste umsorgt wie einst sein Papa, auch. Denn, wie sagt doch seine Frau: »Die meisten Gäste sind Wiederholungstäter. Mit denen waren und sind wir befreundet.«

9   Der Fischerbub und das Eis

Einem kleinen Dorf im Friaul verdankt Grado gleich mehrere seiner Villen. Von denen es die meisten nicht mehr gibt. Wäre die Nichte Adele Bloch-Bauers nicht kränklich gewesen, gäbe es auch viele Kinderbücher nicht.

Der Zeigefinger ist immer in der Luft. »Ricordo«, sagt der alte Mann und schaut in die Ferne, die viel weiter ist, als das kleine Zimmer Platz bietet. »Ich erinnere mich.« Vor ihm auf dem Esstisch steht eine Schale mit Mortadella, in grobe Würfel geschnitten. Daneben Gläser mit Rotwein, gespritzt, wie man ihn hier trinkt, wenn es heiß ist – und es ist heiß an diesem Tag in Grado. In der kleinen Wohnung in der Via Pirano gibt es keinen Ventilator. Die Luft, die durch die offenen Fenster hereinkommt, bringt selbst am späten Nachmittag keine Kühlung. »Ricordo«, sagt Erminio Bressan unverdrossen, und wenn er lange genug mit dem Zeige-finger in der Luft gerührt und die Ferne fixiert hat, erinnert er sich tatsächlich an damals, als er als kleiner Bub in Grado unterwegs war.

Zum Beispiel während des Krieges, des zweiten großen im vori-gen Jahrhundert. Bressan stammt aus Aiello im Friaul. Enzo Bear-zot wurde dort geboren, der Fußballtrainer, der 1982 die Squadra Azzurra zum Weltmeistertitel führte. Sonst gibt es nicht viel zu wissen über das 2000-Seelen-Dorf, außer dass es bei Palmanova liegt, dort, wo man heute die Autobahn verlässt, wenn man nach Grado will. 25 Kilometer sind es bis zur Küste. Diese Strecke hat Bressan als kleiner Bub zu Fuß und mit dem Rad, auf einem Karren oder dem Rücksitz eines Mopeds zurückgelegt und dann auf einem Boot – die Brücke über die Lagune gab es noch nicht. Als es sie dann gab, kam bald besagter Krieg. Der Vater diente in der Armee und saß 1942 im Turmzimmer der Ville Bianchi. Das war ein idea-ler Ausguck, um das Meer zu kontrollieren. Die Alliierten waren zwar noch weit weg und sollten erst ein Jahr später in Sizilien landen, aber man wusste nie. Der Sohn, inzwischen zwölf, brachte seinem Papa und den anderen Soldaten, die gerade Dienst taten in den Villen, Wurst und Brot und Bier aus seinem Heimatdorf.

Erminio schneidet etwas von der neuen Wurst ab, die seine Tochter mit ein bisschen Käse und Oliven auf den Tisch gestellt hat, ehe sie sich wieder dazugesetzt hat. Roberta Bressan ist Historikerin und Fremdenführerin in Grado. Sie saugt Geschichten wie die ihres Vaters auf wie ein Schwamm – auch wenn sie diese vermutlich schon einige Male gehört hat. Sie sammelt historische Kleinode da und Erzählungen dort, und aus den vielen Geschichten formt sie eine Grado-Geschichte, die so nirgendwo geschrieben steht.

»Ricordo«, sagt der Vater wieder und erinnert sich daran, dass sein Vater in den Villen mit den beiden Schwestern, »den Baronessen«, wie er sagt, in fast freundschaftlichem Kontakt stand. Längst hatten die Bianchi-Schwestern den Pensionsbetrieb einstellen müssen, die Gebäude waren vom Militär requiriert. Aber nach dem Rechten sahen sie in den Villen allemal.

Einmal kamen »die große und die kleine Schwester, sie sind immer mit dem Rad gefahren,« in den Kriegstagen bis nach Aiello. Baron Teuffenbach, der in dem Dorf residierte, hatte sie eingeladen. Seine Villa, ein ehemaliger Bauernhof, war durchaus imposant – nur hatte er rein gar nichts zum Essen anzubieten. Also schauten Marie und Louise Bianchi kurzerhand beim Bauern Bressan vorbei, der die Damen auf eine Salami einlud. Die Baronessen nahmen das vom jungen Erminio Kredenzte, so erinnert sich der Bub von damals, wie ein Festessen an.

Erminio erinnert sich auch an einen seiner Jobs 20 Jahre später: Als Getränke-Lieferant (»Gösser-Bier«) war er in seiner Region unterwegs und weithin bekannt. Er belieferte auch die nach dem Krieg längst wieder erblühten Bianchi-Villen. »Wie ich hineingehe ins Büro, sagt Baroness Marie, die Kleine, wie immer: ›Buongiorno, Herr Bressan‹, und gibt mir das Geld. Aber diesmal gibt sie mir dazu auch noch einen Umschlag. ›Das ist für deinen Vater, in Erinnerung an die schönen Zeiten‹, sagt sie dazu. Und wissen Sie, was drin war? Ein Bild vom Kaiser Franz Joseph und ein güldener Gulden.«

Beim Stichwort Franz Joseph beugt sich der Dritte am Küchentisch aus dem Halbschatten im Raum vor. »Die Monarchie ist noch so lange in den Köpfen gewesen, und in den Herzen«, sagt Bruno Scaramuzza, der bisher geschwiegen hat. Wenn Roberta Bressan ein wandelndes Lexikon ist, dann ist der Nachfahre der Gradeser Scaramuzza-Dynastie eine ganze Generation Brockhaus, ein Signor Google, was Grado betrifft. Beim Stichwort Kaiser fallen diesem Grado-Professor gleich noch andere Villen ein, die in der Kaiser- und Kurbadzeit auf der Insel entstanden sind, und er kramt – »ricordo, ich erinnere mich auch« – aus seiner Tasche ein Buch hervor. Es ist ein Kinderbuch mit einer hübschen Zeichnung auf dem Buchdeckel: ein kleiner Bub, eine Frau, die mit ihm spricht, auf einem großen Platz, ein Kirchturm mit einem Engel auf der Spitze – ganz offensichtlich Grado.

»Das ist von Bettina Ehrlich«, sagt Bruno Scaramuzza, und so wie er es sagt und wie er das Buch hält, ist das Buch mehr als nur eine Erinnerung. Bettina Ehrlich ist 1903 geboren, und als Bruno Scaramuzza sie zum ersten und einzigen Mal – vielleicht – trifft, sind wir in den 1950er-Jahren. Da ist er gerade einmal zehn oder elf Jahre alt. Aber der Reihe nach.

Bettina Ehrlich, mit früherem Namen Bauer, stammte aus der großbürgerlichen Wiener Familie Bauer: Vater Eugen war wohlbetuchter Generaldirektor des Westböhmischen Bergbau-Aktien-Vereines, »der Leiter der Minen in Österreich«, wie Scaramuzza sagt. Mutter Lily Mautner war Malerin. Und die Schwester des Minendirektors und damit Bettina Bauers Tante war keine Geringere als Adele Bloch-Bauer – Bankdirektors-Tochter, Zuckerfabrikanten-Gattin, Salondame, Muse und Model für den Meister der Wiener Secession, Gustav Klimt. Sie ist verewigt in seinen wohl berühmtesten Werken, Adele und Judith. Der Weg ins Künstlerleben war der Nichte Adele Bloch-Bauers also schon buchstäblich in die Wiege gelegt.

Klein, weiß und elegant: die Villa Bauer (rechts vorne). Hier wuchs Bettina Ehrlich, die Nichte der Adele Bloch-Bauer, auf.

»Die kleine Bettina war von Geburt an kränklich, wie Kinder damals es oft waren«, erzählt Scaramuzza, und die Bressans lauschen gespannt. So oft hat Freund Bruno diese Geschichte offenbar noch nicht erzählt. »Die Familie ist daher schon mit der ganz kleinen Bettina nach Grado gekommen, wo die Luft ja den Ruf hat, heilend zu wirken. Aber nicht nur das: Eugen Bauer hat ein Stück Grund, ganz in der Nähe, wo heute das Hotel Astoria steht, erworben und dort 1905 für seine Tochter eine Villa errichten lassen. Die Villa Bauer.«

Fortan verbrachte Bettina Bauer viel Zeit ihrer Kindheit in der elterlichen Genesungs-Villa in Grado, vis-à-vis der Villa Marchesini und des späteren Hotels Zipser. Kein schlechter Platz, um heranzuwachsen und zu gesunden. Sie gesundete. Und: Die Aufenthalte an der oberen Adria sollten ihre spätere Arbeit stark beeinflussen.

Zunächst aber studierte das hübsche Mädchen in den 1920er-Jahren an der Kunstgewerbeschule in Wien. Sie war befreundet mit Heinrich Schnitzler und ebenso mit dessen Vater, dem Arzt und

Schriftsteller Arthur Schnitzler. 1930 heiratete die junge Künstlerin den Bildhauer, Zeichner und Radierer Georg Ehrlich. »Bettina, die ebenso schön ist wie sie begabt ist, gleichermaßen als Malerin und Autorin«, schrieb eine Kunstkritikerin zu dieser Zeit, »Bettina verbindet die Weitherzigkeit der Bohemienne mit dem Lebensstil einer Frau von Welt. Sie ist eines der seltenen Wesen, die leuchten, gleich in welchem Kreise sie sich befindet.«

Schon früh befasste sich Bettina Ehrlich neben der Malerei mit dem Schreiben und Illustrieren von Kinderbüchern. Einen Teil davon verfasste sie noch in Wien und auf Reisen nach Italien, einen Teil dann in London, wohin sie mit ihrem Mann 1938 emigrieren musste. Sie konnte damals fast alle Werke ihres Mannes Georg über den Kanal nach England retten. Nur ihre eigenen Bilder und Skizzen ließ sie zurück. Sie sind zum Gutteil verschwunden.

Im Zweiten Weltkrieg wurde die Villa, wie viele andere in Grado auch, zunächst von den Italienern, dann von den Deutschen besetzt und später von den Amerikanern vereinnahmt. Nach dem Krieg diente sie noch Jahrzehnte der italienischen Polizei als Kommandantur – so wie sie zuvor der deutschen Wehrmacht als Kommandantur gedient hatte.

In vielen der rund 20 Kinderbücher, die Bettina Ehrlich verfasst hat und die *Pantaloni*, *Ein Tag in Venedig* oder *Der magische Weihnachtsbaum* heißen, tummeln sich Fantasiegestalten wie Faune und Nixen. In den meisten ihrer Bücher gibt die Verfasserin das italienische Alltagsleben in Wort und Bild wieder, meist wohl so, wie sie es in Grado erlebt hat.

Und einmal, einmal hat er sie vielleicht sogar gesehen, die Bettina Ehrlich. Glaubt Bruno Scaramuzza, der schon 15 ihrer Bücher in Antiquariaten in Italien, Österreich und England aufgestöbert hat (»fünf oder so fehlen mir noch«). Denn als er ein Bub war, »da bin ich genauso wie der Bub in dem Buch auf dem Platz bei der Sant'Eufemia-Kirche gestanden«. Er habe mit anderen Buben den Malern und Zeichnern, die Grado gerne bevölkerten, immer auf die eine oder andere Art geholfen, ihnen ein Motiv gezeigt, ihnen

Die Basilica Sant'Eufemia mit dem Engel auf der Spitze ziert das Cover von Bettina Ehrlichs Kinderbuch *Sardinen und der Engel* (links). Gradeser Buben verdienten sich als Helfer für Maler und Zeichner oft ein Eis – einer davon ist hier verewigt.

etwas gebracht, das sie brauchten. »Und der Preis war oft ein Eis, so wie im Buch.« – Bruno Scaramuzza schlägt das Buch auf, *Sardinen und der Engel* heißt es. Er zeigt die Seite mit Bettina Ehrlichs Zeichnung vom Fischerbuben in der Geschichte, der ein Eis schleckt. »Vielleicht bin das ja ich, und das Eis war von ihr.«

»Dieses Buch habe ich sehr lieb«, murmelt der Mann dann noch, ehe er sich in den Halbschatten des Zimmers in der Via Pirano zurücklehnt.

Ein wunderbares Porträt der vierjährigen Bettina Bauer ist übrigens im Wiener Belvedere zu Hause – der Maler Max Kurzweil hat es gemalt. Er war ein reger Grado-Besucher und Freund der Familie, der Bettinas Mutter immer wieder Malunterricht gab. 1907 porträtierte er Bettina und ihre Schwester Mira. Wo? Natürlich in der Villa Bauer.

Beim Stichwort »Villa Bauer« meldet sich wieder der alte Bressan zu Wort: »Die Maurer und Handwerker, die die Villen in Grado gebaut haben, kamen alle aus dem Friaul, aus Görz und aus …«, er macht eine erwartungsvolle Pause, schaut in die Runde und lächelt, »… und aus Aiello. Von dort hat mein Onkel Mario sie mitgebracht.« Gegen diesen Stolz verblasst sogar der Ruhm eines Fußballtrainers, der Italien zum Weltmeister gemacht hat. Bressan erzählt, dass sein Onkel an mehreren Villen als Schmied gearbeitet hat. Vor allem an der Villa Imperiale, die Wiener Sardinenfabrikanten 1911 errichten ließen und die heute Reale heißt. Und an der Villa Zipser, einem damals wunderschönen Hotel, das der Dottor Guido Zipser 1913 unbedingt am 1. Mai eröffnet haben wollte – umso mehr Maurer schaffte Bressans Onkel aus Aiello herbei, damit der Termin auch hielt. Und er hielt, dem kleinen friulanischen Städtchen und seinem Sohn sei Dank.

Die Villa Bauer gibt es übrigens schon lange nicht mehr. So wie die meisten anderen Villen auch, die zwischen der Wende zum 20. Jahrhundert und dem Beginn des Ersten Weltkrieges in Grado entstanden sind. Bruno Scaramuzza hat sie alle penibel aufgelistet. Die Villa Marchesini, die Villa Marocco, die Villa Francesca, die Salvore, die Arena, die Sofia und, und, und: alles bauliche Juwele, die meisten abgerissen. Heute stehen an ihren Plätzen zumeist gesichtslose Wohnhäuser.

An den Abriss einzelner Villen erinnert sich Bressan noch gut. Weil die Menschen, auch viele Baumeister und Architekten, herbeiströmten vor 60 Jahren, als etwa die Villa Zipser abgetragen wurde. »Alle wollten sehen, wie tief die Fundamente seinerzeit in den Sand und das aufgeschüttete Land gebaut wurden, wie viel Zement verwendet wurde – das war sechs, sieben, acht Meter tief, unglaublich!«

Wie es zu diesem Frevel kommen konnte? Nach dem Zweiten Weltkrieg und mit dem Wiederaufleben Grados als Badeort

TELEPHON 20   HAUS DR. ZIPSER   GRADO

Die Pension Zipser, knapp vor dem Krieg erbaut, mit 40 Zimmern eines der größeren Häuser

brauchte es Hotel- und Wohnraum, der Wert von Jugendstil-Schmuckstücken wurde im beginnenden architektonischen Aufbruch nach dem Krieg kaum erfasst. Den Höhepunkt der Abrisstätigkeit erlebte Grado aber erst in der Ära Bettino Craxis in den 1980er-Jahren, in der Zeit jenes sozialistischen Ministerpräsidenten, der zum Symbol für ungenierte Bereicherung und Korruption sowie eine galoppierende Verschuldung Italiens werden sollte – und sich seiner späteren Verurteilung zu zehn Jahren Haft durch Flucht nach Tunesien entzog. »Alles abreißen, alles neu bauen, bauen, bauen: Das war die Devise unter Craxi. Am Ende der Zeit Craxis hatten wir in Italien doppelt so viele Schulden wie am Beginn und in Grado keine alten Villen mehr«, schimpft Bruno Scaramuzza. »Der historische Wert der Gebäude war den Leuten immer schon und damals besonders egal.«

Obwohl ein Rückblick zeigt, dass der Wert auch zu jenen Zeiten nicht erfasst wurde, als die Jugendstil-Juwele im Geiste der Wiener Secession gebaut wurden. Schließlich waren sie damals ja auch neu. Der Kursalon, das Café Secession und die verschiedenen Villen ließen das *Wiener Tagblatt* 1906 toben: »Die Einfälle der Langobarden haben der Stadt Grado nicht so viel Schaden zugefügt, wie die sonderbaren Einfälle der Secessionisten.« Heute fragt man sich eher, was für sonderbare Einfälle man in den 1980er-Jahren hatte – angesichts des Betonziegels des neuen Hotel Zipser etwa, den der Architekt Marcello d'Olivo zwischen Meer und Altstadt setzte. Es hätte eigentlich nur der erste Schritt zu einer Betonziegel-Kette sein sollen, die das Gesicht Grados auf alle Zeiten komplett verändert hätte. Das wurde von den Stadtvätern dann doch verhindert.

Soll heißen: Grado ist das Schicksal von Lignano oder Jesolo und anderen Adria-Bettenburgen erspart geblieben. Architektonische Schandflecken wie das erwähnte Baumonster sind spärlich gesät, und neben der pittoresken Altstadt gibt es noch genügend anschauliche Bausubstanz aus noch länger vergangenen Zeiten. Aber von den Villen, an denen Erminio Bressans Onkel geschmiedet und die Bruno Scaramuzza bis zur Zimmerzahl alle im Kopf hat, sind als Pensions- und Hotelbetrieb nur noch die Ville Bianchi, die Villa Erica, die Villa Reale und die später errichtete Villa Bernt übrig.

10   Rückzugsort

Was die Villa Erica mit der idyllischen Lagune zu tun hat,
in der nicht nur Pier Paolo Pasolini einen Film drehte, guter
Fisch serviert wird und kleine casoni vom früheren
Haupterwerb der Gradeser zeugen.

Direkt gegenüber dem Haupteingang der fünf stattlichen Ville
Bianchi im Viale Dante Alighieri steht ein gesichtsloses
Wohnhaus. Links die schmucke Villa Erica, ein Stückchen weiter
rechts die verspielte Villa Reale, aber hier: eines von vielen Häusern,
wie sie in Grado in der zweiten Hälfte des 20. Jahrhunderts errichtet
wurden, teils mit Wohnungen, teils mit Ferienappartements. Die
Bäume in der Fußgängerzone verdecken die oberen Stockwerke ein
bisschen, und der durchschnittliche Grado-Besucher geht ohnehin
achtlos an dem Bau vorbei. Der ganz junge Besucher nicht. Denn im
Erdgeschoß an der Ecke befindet sich ein Spielzeuggeschäft. Und
nicht irgendeines: Es ist eines von zwei richtigen Spielzeuggeschäften
in Grado.

Schwimmreifen und Plastikkrokodile verkauft schon jeder
Zeitungsstand. Aber Spielzeug über Spielzeug über Spielzeug, das
gibt es nur hier. Generationen von Urlauberkindern haben sich,
meist schon am ersten Ferientag, an den großen Auslagenscheiben
die Nasen platt gedrückt, um zu sehen, was es in diesem Jahr
Neues gibt. Von Modellbaukästen über Waveboards, von fast
waffenscheinpflichtigen Spritzpistolen bis zu Legionen von kleinen
Plastik-Soldaten in durchsichtigen Plastiksäcken – deutsche Land-
ser, Cowboys und Indianer sind eine italienische Spielzeugspeziali-
tät, ideal für den Strand (wo die Kämpfer dann auch nach und nach
verloren gehen). Eltern und Großeltern haben hier Stunden mit
Warten zugebracht, bis die Kleinen sich für ein Stück entschieden
haben. »Biiitte, ausnahmsweise«, weil ja Urlaub ist. Und in den

Wo einst die Villa Alga stand, findet sich heute der Sehnsuchtsort aller kleinen Grado-Besucher: das wunderbare Spielzeuggeschäft.

Köpfen der Kinder wächst die Vorfreude auf den nächsten Grado-Urlaub weniger wegen des Strandes, wie die Eltern glauben mögen, als dank der Erinnerung an das Spielzeuggeschäft im letzten Jahr.

Absolut nichts erinnert hingegen daran, dass an der Stelle des gelb-weißen Wohnhauses vor mehr als einem Jahrhundert eine weitere schmucke Villa stand: Die Villa Alga, ein schlanker dreistöckiger Bau, der die Ville Bianchi vis-à-vis höhenmäßig in den Schatten stellte. Schon um die Wende zum 20. Jahrhundert wetteiferten die Architekten um schöner/höher/beeindruckender. 16 Zimmer bot die 1905 von den Brüdern Marchesini errichtete Villa an, und sie gehörte zu den ersten in Grado – gerade einmal ein Dutzend gab es zur Zeit ihrer Entstehung. Auch für die Villa Alga musste erst Land aus der Lagune gewonnen und aufgeschüttet

Die Brüder Marchesini ließen 1905 die Schwestervillen Erica (links) und Alga (rechts) errichten.

werden, die Ville Bianchi lagen zu der Zeit noch zwischen Meer und Lagune beziehungsweise Sumpf.

Die Villa ist, wie so viele in Grado, dem späteren Bauboom und dem sorglosen Umgang der Gradeser mit ihrer Geschichte und ihren Monumenten zum Opfer gefallen. Aber wie sie aussah, lässt sich mit einem Blick ans andere Ende des Häuserblocks am Viale Dante Alighieri ermessen. Dort, wo sich die Straße mit dem Platz Giardini Marchesan und seinen Wasserspielen zum Meer hin öffnet, steht bis heute das Hotel Villa Erica. Sie ist das Schwesterhaus der Villa Alga.

Die Villa Erica strahlt mit ihren Markisen und Terrassen etwas vom Glanz jener Zeit aus, als das Bürgertum der Monarchie das Seebad Grado als Sommerfrische für sich entdeckte. Zwei der sechs Brüder Marchesini hatten zum Glück gleich den Bau von zwei Villen in Angriff genommen. Eine blieb bestehen. Auch die Villa Erica verfügte über 16 Zimmer und bald elektrisches Licht, das im Jahr 1905 in Grado Einzug hielt, zunächst mit Einführung der Stadtbeleuchtung, dann auch nach und nach in den Wohnungen,

Pensionen und Hotels. Die Villa galt in ihrem Entstehungsjahr als eines der modernsten Häuser des Seebades.

Just das Entstehungsjahr der beiden Villen ist auch jenes Jahr, in dem die Allmacht der Großfamilie Marchesini in Grado ein vorläufiges Ende nahm. Sie hatte den Auchentallers aus Wien entscheidend beim Fußfassen und bei der Errichtung der Pension Fortino geholfen. Sie hatten Villen gebaut wie die Villa Marchesini oder die Villa Dalia. Nicolo und Giovanni Marchesini widmeten sich der Errichtung der Villen Alga und Erica. Es gab kaum eine Entscheidung in Grado, die ohne den Sanktus und den Willen der Marchesinis getroffen wurde. Aber der Gemeinderat wurde wegen genau dieser zu großen Durchdringung durch die Marchesinis aufgelöst, Bürgermeister Giacomo Marchesini musste gehen. Das brachte Veränderungen im Kurort und Streit zwischen alteingesessenen Gradeser Familien mit sich. Wie so oft ging es um mehr Fortschritt oder weniger, um mehr Tourismus oder Jetzt-ist-es-genug. Die großen Familien in Grado überlebten aber jedes Mal auch das. Keine fünf Jahre später sollten die Marchesinis neuerlich und später noch oft den Bürgermeister stellen. Aber das ist eine andere Geschichte.

Die Villa Erica jedenfalls blieb ungeachtet der Wirren für lange Zeit im Besitz des Nicolo Marchesini und seiner Frau Elodia (einer geborenen Borghese). Erst in den 1980er-Jahren wurde sie an Mario Dovier verkauft, ebenfalls Träger eines alteingesessenen Gradeser Namens. Den Doviers brachte die Villa dem Vernehmen nach aber kein Glück. Vielleicht wurde auch einfach die Renovierung zu teuer, über Details will man nicht sprechen in Grado. Die Doviers und die Villa Erica sind, in einem Atemzug genannt, ein bisschen ein Tabu. Jedenfalls ging das Haus verloren, beziehungsweise musste es neuerlich verkauft werden. Heute gehört es einem Möbelfabrikanten und Schlossherrn in Capriva del Friuli im Collio.

Geführt wird die Villa Erica von Angela Nadalin und ihrem Mann, dem früheren Musiker Carlos Werneck, der auch für die Dependance, die Villa Bernt, zuständig ist. Und die ebenso rührige wie elegante Hotelbesitzerin führt uns erzähltechnisch endlich in die Lagune. Indirekt. Denn die Villa Erica, einer der letzten Zeugen der großen Villen-Ära Grados, und Angela selbst sind Darsteller dort – zumindest in einem Film gleichen Namens, *Laguna*.

Jetzt braucht es doch noch einen Einschub: die Lagune. Das ist jenes Gebiet, das zwischen der Insel Grado und dem Festland liegt. Es besteht aus weiten Wasserflächen, unzähligen Kanälen und fast 100 Inseln und Inselchen. Auf den meisten von ihnen ragt zwischen Schilf und Bäumchen ein casone hervor, eine der alten Fischerhütten, die der Lagune ihren besonderen Charakter verleihen. Über 17 Kilometer erstreckt sich das Gebiet, durch lange schlanke Inseln und Sandbänke vom Meer getrennt, vom Osten Grados bis zum Ende der Insel Anfora im Westen. Fast 100 Quadratkilometer ist die Lagune groß. Im flachen, salzhaltigen Wasser spiegelt sich die Sonne zu jeder Tageszeit in einem anderen Licht, fast im Stundentakt wechseln die Nuancen und die Farben. Möwen, Reiher und Enten sind nur drei von Hunderten Vogelarten, die hier zu Hause sind. Wer mit dem Auto auf der Brücke von Belvedere nach Grado rollt, die die Lagune in einen Ost- und einen Westteil teilt, beglückt, sein Urlaubsziel erreicht zu haben, die Fenster offen für den ersten Geruch, der kann nur erahnen, was für ein Lebens- und Erlebensraum das ist. Die Lagune muss man hören, ihre Stille vor allem. Man muss sie schauen und man muss sie riechen. Hören, schauen, riechen, das ergibt hier eine Dreifaltigkeit des Staunens: So schön kann es sein auf dieser Welt.

Das Idyll war nicht immer eines. Und die Lagune war nicht immer eine Lagune. Wo heute Wasser ist, über weite Strecken kaum mehr als einen Meter tief, lag einst eine unwirtliche Sumpflandschaft, die erst zu Zeiten der Römer durch Kanäle trockengelegt wurde. Später wurden die Kanäle vernachlässigt, die Erosion und der steigende Meeresspiegel taten über die Jahrhunderte das Ihre, die Lagune entstand. Aber auch als sie sozusagen »fertig« war, war sie für die meist temporären Bewohner – Fischer aus Grado – alles andere als das Paradies. Das Leben in den casoni, den heute so

Fischerhütten und Netze in den Kanälen der Lagune (links). Casoni, die traditionellen schilfgedeckten Fischerhütten, finden sich noch auf vielen Inseln der Lagune.

idyllisch anmutenden Fischerhütten aus Stroh, Schilf und Lehm, war mühsam, nicht nur der Stechmückenplage wegen.

Dennoch zog es zu Beginn des vergangenen Jahrhunderts neue Menschen in die Lagune. Auch solche, die nicht vom Fischfang leben mussten. Oder die der Entenjagd nachgingen und sich dafür mit einem drei Meter langen Gewehr, eigentlich einer Art Kanone, dem sciopeton, und Kilos von Schrotkugeln in ein kleines Boot legten und auf den besten Schuss warteten. Emma Auchentaller, die Gründerin und Besitzerin der Pension Fortino, war so eine »Zugereiste«. Die geschäftstüchtige Frau, die schon kurz nach der Eröffnung ihres Hauses ans Expandieren dachte, in Grado aber bald an ihre Grenzen stieß, entdeckte in der Lagune die kleine Insel Morgo. Die Fischerinsel und eine danebenliegende Sandbank ließ Emma Auchentaller von einem Seebad und Kurgästen auch an diesem Fleck Grados träumen. Schlussendlich aber blieb es beim Kauf der Insel und der Errichtung des »Peterhofes« – einem grandiosen

Entenjagd mit der langen Schrotflinte, dem sciopeton, in der Lagune

Rückzugsort für die Wiener Familie von den täglichen Strapazen in ihrem Beherbergungsbetrieb und ein landwirtschaftlicher Ort, von dem aus das Fortino mit Gemüse versorgt wurde.

»Ich habe eine große Sympathie für die Atmosphäre der Lagunenlandschaft – die Inseln und Kanäle sind zauberhaft.« Wenn die warme Stimme der Erika Pluhar das sagt, ist das eine gesungene Hymne und noch einmal eine Adelung für die Lagune von Grado. Zumal die Schauspielerin mit Urlaub hier wenig am Hut hat: »Wenn, dann in Portugal. Aber hie und da schnell ans Meer, nach Duino zum Beispiel, das mag ich. Ich habe die Gegend hier schon sehr gerne.« Über Freunde, die schon über Jahre in Grado wie zu Hause waren, lernte auch sie das Seebad und vor allem die Insel Anfora in der Lagune kennen. Und das gab den Anstoß zu dem Film *Laguna*, für den Erika Pluhar das Drehbuch schrieb und Regie führte.

In dem 2013 entstandenen Film geht es um ein Mädchen, gespielt von Anna Dangel, das mit ihrer Großmutter (Erika Pluhar) und ihrem Cousin nach Grado kommt und leidet: Der Cousin, in den sie verliebt ist, flirtet anderwärts. Die Oma hat an ihrer pummeligen Enkelin ständig etwas auszusetzen. Nur die Hotelbesitzerin in Grado erkennt ihre Schwermut und nimmt sie auf die Insel Anfora mit. Dort beginnt sie zu schreiben, zu malen und zu fotografieren. Ihre Gefühle spricht sie auf Tonband, bis eines Tages ein Boot voller junger Leute landet und eine Reihe von Verstrickungen beginnt … – Die Hotelbesitzerin heißt übrigens Angela. Und es ist – erraten! – die wirkliche Angela aus dem Hotel Erica. Dort wurden auch die Anfangsszenen des Films gedreht, und Angela spielte sich selbst. »Das hat sich«, sagt Erika Pluhar, »einfach so ergeben.« Die Namensgleichheit der Pluhar und des Hotels, in dem sie seither immer wieder abgestiegen ist, »ist natürlich Zufall«. In Wahrheit, so heißt es, sei die Villa Erica von ihrem Erbauer nach dem Heidekraut Erica benannt worden.

Laguna ist nicht der einzige Film, der in der Lagune von Grado entstanden ist. Einer der berühmtesten stammt aus der Hand des italienischen Jahrhundert-Regisseurs Pier Paolo Pasolini mit der Jahrhundert-Primadonna Maria Callas in der Hauptrolle: *Medea*, die auf der Euripides-Sage basierende blutige Tragödie zwischen dem Griechen Jason und der von der Callas verkörperten Priesterin Medea, gedreht 1969.

Giuseppe Zigaina, neorealistischer Maler und Essayist aus dem nahen Cervignano, hatte seinem Freund Pasolini viele Jahre zuvor die Lagune von Grado gezeigt und schmackhaft gemacht. Die beiden kannten einander seit 1946: Zigaina, der Friaul-Vergötterer, und Pasolini, der teilweise im Friaul aufgewachsen war und in Casarsa della Delizia seine Schulferien verbracht hatte. Später war er dort auch als Volksschullehrer tätig. Zigaina und Pasolini verband eine künstlerisch-existenzielle Freundschaft. Der große PPP, wie er in Italien genannt wird, war begeistert von der Lagune. Und wählte 20 Jahre später die Insel Safon für die Anfangsszenen seines Medea-Projektes. Die Gemeinde Grado stellte ihm die mota (Insel) mitsamt dem casone darauf zur Verfügung. Die Beziehung der großen Diva Maria Callas zu Pier Paolo Pasolini war damals übrigens eine international viel beachtete: Die Callas war gerade von ihrer großen Liebe Aristoteles Onassis vor den Kopf gestoßen worden, der kaum ein Jahr davor überraschend nicht sie, sondern die Kennedy-Witwe Jacky geheiratet hatte. Und der homosexuelle, gleichwohl mit vielen Frauen innig verbundene Pasolini durchlebte eine der heftigsten und intensivsten Phasen seines Lebens, sechs Jahre vor seinem rätselhaften Tod. Um den ranken sich bis heute unendliche Mythen, die Vermutungen reichen bis hin zum möglicherweise selbst gegebenen Auftragsmord, also bestellten Selbstmord. Giuseppe Zigaina hat in seinem Buch *In die Lagune* nicht nur eine Ode auf die Landschaften von der Lagune über Aquileia bis Cervignano gesungen. Er hat auch über seinen Freund Pasolini, die Callas, deren Liebe und das Missverständnis zwischen den beiden geschrieben.

Die »Graisani de Palù«, der Fischerverein in Grado, hat den casone des Pasolini übrigens wiederaufgebaut. Sie sorgen für den Erhalt der Insel, die auch ein kleines Museum beherbergt und als Veranstaltungsort genutzt wird. Ein Wiederaufbau, der auf der Insel Anfora, dem Schauplatz des Films *Laguna*, nicht notwendig ist. Der Film spielt auch im »Ai Ciodi«, einem Fischrestaurant auf der Insel Porto Buso gleich daneben, und das ist sehr lebendig. Die Trattoria des Mauro Tognon, der schon die Film-Crew verköstigt und zum Teil beherbergt hat (auf dem Inselchen gibt es auch ein paar Zimmer), ist schon lange kein Geheimtipp mehr für exzellenten Fisch aus Lagune und Meer. Unter den Schatten spendenden Bäumen lässt es sich auf den einfachen Tischen mit karierten Tischtüchern vortrefflich speisen, und die Insel ist mit dem Ausflugsdampfer von Grado aus gut zu erreichen.

Wer den Charme der Lagune, dem nicht nur Emma Auchentaller, Erika Pluhar oder Angela Nadalin aus der Villa Erica erlegen sind, auf eigene Faust erkunden will, der kann das übrigens auch tun. Bei »Nautica Malusà« am Nordhafen Grados zum Beispiel kann man »Amusante Boote für Exkursionen in der Lagune ohne patent« mieten »Und Einsache anleitung für meherere Personen«

– so liest sich die hübsche Übersetzung in der kleinen Hütte des Vermieters für das, was auch nur in Italien möglich ist: ein Motorboot, noch dazu ein ganz schön flottes, ohne Bootsführerschein ausborgen zu können. Wer dann die »Einsache anleitung« genossen und einen Plan der Lagune ausgehändigt bekommen hat, braucht nicht einmal backbord und steuerbord zu kennen und kann schon eintauchen in die Welt der 100 Inseln. Der kann sich – verzeihen Sie den touristischen Ausflug – im Westteil der Lagune rechts halten und über freies Wasser und dann enge Kanäle bis nach Aquileia fahren. Oder einfach gen Westen tuckern, geleitet von piloni, dicken Pfählen, oder briccole, wenn es drei zusammengebundene sind. Die Pfähle markieren die Wasserstraßen, verständlich auch für den nautischen Laien. Hie und da weist ein Wegweiser nach »Venezia« oder »Lignano«, aber so weit reicht der Sprit ohnehin nicht.

Es empfiehlt sich übrigens dringend, in den Wasserstraßen zu bleiben, so verlockend die weiten Wasserflächen der Lagune abseits auch sein mögen. Denn sie ist über weite Strecken so seicht, dass Seegras und Außenbordmotor gerne eine Einheit bilden, die da heißt: kein Weiterkommen.

Zwischen den Pfählen aber, auf denen Möwen sitzen wie vom Tourismusverband entsandt, kann nichts passieren. So kommt man, vorbei an verlassenen casoni, versponnenen Schilfgürteln und zum Teil wieder bewohnten Inseln, auch zum »Ai Ciodi«. Oder, ein Stückchen vorher, zum »Ai Fiuri di Tapo« – ein bisschen kleiner, ein bisschen intimer (hier legt kein Ausflugsschiff an), und die pesce e carne alla brace, Fisch und Fleisch vom Grill, sind nicht minder schmackhaft. Im Gegenteil: Die Frutti di mare, die Jakobsmuscheln oder der gegrillte Oktopus, die Andrea und seine Frau Ornella hier servieren, schmecken vermutlich nirgendwo besser, an kaum einem Ort sitzt es sich entspannter. Und am kleinen Kai vor dem Gastgarten wartet das »eigene« Boot, um danach um Anfora herum an den meerseitigen Strand zu fahren und Anker zu werfen. Was man in den Sonnenschirmreihen von Grado nicht für möglich hält, gibt es hier: menschenleeren Sandstrand, so weit das Auge reicht, mit karibisch klarem Wasser und Riesenmuscheln.

Übrigens: Vor Rückgabe des Bootes ist an der Bootstankstelle im Hafen zu tanken. Mit der Schwierigkeit, dass der Tankwart meist auf Pause ist. Sollten Kinder mit an Bord gewesen sein, gibt es zurück in Grado dann nur einen Weg: zur ehemaligen Villa Alga. Vorbei an der Villa Erica kann man Angela zuwinken, die an der Rezeption steht oder mit Gästen auf der kleinen Terrasse davor plaudert. Und im Spielzeuggeschäft im Erdgeschoß des gesichtslosen Wohnhauses nebenan ist der kindliche Wunsch mit Sicherheit der nach einem kleinen Boot. Ferngesteuert oder nicht. Jedenfalls aber »ohne patent« und für »meherere Personen«.

11 Ohrringe und andere Beweise

Über bekannte und heimliche Affären, tragische Liebschaften und erheiternde Gspusis in Grados Villen. Und über ein Buch, das zum gefragten Strand-Utensil wurde und ein Sittenbild seiner Zeit zeichnete.

Bei Grado sah ich zum ersten Mal das Meer, noch dazu in den Armen eines Mannes, mit dem ich eine kurze Affäre hatte. Ich hatte ein paar solche Affären […], aber sie bedeuteten mir nichts. Auf Gefühle wollte ich mich nicht mehr einlassen, aber als Frau bestätigt zu werden, das brauchte ich ab und zu.«

Affären können ja vieles sein: flüchtige Begegnungen, wilde Romanzen, innige Lieben, verhängnisvolle Liaisonen, Ausbruch aus dem Alltag oder nur Bestätigung, dass man noch einer Affäre wert ist – so wie Erika Pluhar das in ihrem Roman *Reich der Verluste* so wunderbar formuliert. Die zitierten Sätze lässt sie Magda sagen beziehungsweise schreiben. Sie hat sich nach diversen Schicksalsschlägen auf eine Mittelmeerinsel zurückgezogen und schreibt Briefe ihres Lebens an Maria, ihre Hausmeisterin in der Stadt. Sie streift darin auch Grado, so wie Erika Pluhar in ihrer Arbeit immer wieder Grado streift.

Empirisch ist es natürlich nicht erwiesen, dass es in einem Ferienort und Seebad mehr Amouren und Seitensprünge gibt als anderswo auf der Welt. Aber Meeresluft und sommerliche Freizügigkeit, die Entspanntheit des Urlaubs und das Fern-der-Heimat-Sein können da und dort schon Gefühle auslösen, erlaubte oder unerlaubte – oder auch mitgebrachte, sprich: eine Liaison. Das war schon vor mehr als einem Jahrhundert so, als Wiener Großbürger mit ihren Geliebten ein Versteck in Grado nahmen. Oder als Damen der besseren Gesellschaft allein mit ihren Kindern ein paar Sommerwochen in dem Seebad verbrachten und der Liebhaber

Station Balnéaire de **Grado** PRÈS DE TRIESTE
le Paradis des Enfants

Ein Paradies für Kinder, so wirbt diese Postkarte auf Französisch. Für Liebende aber offensichtlich auch.

sich in der Nachbarvilla einquartierte. »Es gibt keine Frauen in Grado, es gibt nur Mütter«, heißt es in einem alten Zeitungsbericht aus dieser Zeit. Für die wurden sogar Casino-Nachmittage mit Kaffee und Kuchen organisiert, weil die Damen mit ihrem Nachwuchs am Abend natürlich keine Zeit hatten. Aber Zeit war dann ja vielleicht manchmal doch.

»Liebesgeschichten haben wir mit Sicherheit genug«, sagt Sabine Vianello aus der Villa Reale, ohne auch nur eine der Geschichten im Detail erzählen zu wollen – man ist diskret, versteht sich. »Aber da passieren dann schon so nette Sachen wie die, dass man bei Gästen nach der Abreise anruft, um zu sagen, dass die Frau ihre Ohrringe im Zimmer vergessen hat und wie man ihr die nun zukommen lassen kann? Und dann erfährt man, dass das gar nicht die Ohrringe der Frau gewesen sind, weil die war ja gar nicht mit in Grado – aber sie ist blöderweise gerade am Telefon!«

Marie Therese di Rossetti wiederum erinnert sich an die Juli-Jugend und die August-Jugend, so wurden die jungen Gäste in den Ville Bianchi je nach Anreisezeit genannt, »da waren schöne Mädchen und schöne Burschen da. Da haben sich einige gefunden – in den Nachtkasterln haben wir dann immer die Liebesbriefe entdeckt, die vergessen wurden.« Diese Ferien-Liaisonen waren aber höchstens in den Augen der Erwachsenen verboten.

Es haben sich aber auch heftige Szenen in den Ville zugetragen: »Der Nobelpreisträger, dieser französische Schriftsteller mit dem russischen Namen, er fällt mir jetzt nicht ein«, beteuert die Rossetti im Namen der Diskretion, »der war Stammgast bei uns. Er ist einmal mit einem befreundeten Ehepaar gekommen. Eines Abends gerieten sie in Streit: Die Männer waren eifersüchtig wegen der Frau, gerieten aneinander und sind im Speisesaal, außer sich vor Zorn, vor allen anderen Gästen mit Messern aufeinander losgegangen. Da mussten wir die alle rauswerfen.«

Eine der schicksalhaftesten Affären mit tragischem Ausgang wird dennoch mit Namen kolportiert. Sie soll sich just in einer der beiden altösterreichischen Pionierfamilien in Grado zugetragen haben. Nicht in der der Bianchi, sondern in der der Auchentallers.

Emma Auchentaller, die energiegeladene und lebensfrohe Gründerin der Pension Fortino, und ihr Künstler-Gemahl Josef Maria, der Wiener Secessionist, hatten sich ganz dem florierenden Hotelbetrieb verschrieben – Emma mit all ihrer Kraft und allen Sinnen, Josef Maria eher zwangsläufig als treu ergebener Ehemann, der seine Karriere mehr oder weniger an den Nagel hängte. Die Energie, die Emma Auchentaller in ihr »Kind«, die Pension, investierte, forderte auch ihren Tribut: Sie erkrankte mehrmals »schwer und unerklärlich«, wie Egyd Gstättner in seinem Buch *Das Geisterschiff* den Gradeser Dichter Biagio Marin erzählen lässt: »Ausgerechnet ein junger Arzt aus dem Hospiz brachte Emma Auchentaller nach und nach ins Leben zurück. Zu seiner Behandlungsmethode gehörten Spaziergänge, Tennisstunden, Reitstunden, Erdbeeressen, Lambruscotrinken – und noch etwas mehr. Die Hotelchefin Emma Auchentaller ließ sich auf eine Affäre mit dem jungen Doktorchen ein.«

Stimmt schon, *Das Geisterschiff* ist ein historischer Roman, bei dem Realität und Fiktion aufeinandertreffen. »Aber eine Affäre der Emma Auchentaller, die ist mehr oder weniger verbürgt«, sagt der Kärntner Autor. »Wie weit der Josef Maria Auchentaller das mitgekriegt hat, ist historisch nicht belegt – ich hab's so dargestellt, als wüsste er das ohnehin, nimmt's aber hin, um des lieben Friedens willen. Es war tatsächlich ein junger Kurarzt, der mit ihr Tennis gespielt hat und Reiten gegangen ist – Ergo-Therapie und Tennis-Therapie und Erotico-Therapie. Und in den sich auch die Tochter Maria Josepha verschaut hat.«

Denn auch Maria Josepha, wegen deren Kränklichkeit die Auchentallers einst nach Grado gezogen waren, war im Alter von 22 noch blass und kränklich. Sie kam, so lässt Gstättner in seinem Roman Biagio Marin erzählen, ebenfalls in Behandlung zu besagtem Kurarzt. Und der unterhielt angeblich eine zweite Affäre mit einer Auchentaller: Mutter und Tochter, das schmeichelte der Männlichkeit des Schwerenöters. Ganz Grado soll von einer oder beiden Liebschaften gewusst haben, nur Mutter und Tochter wussten von der Amour der jeweils anderen selbstverständlich nichts.

Tragischerweise, so geht die Geschichte, erwischte die Tochter die Frau Mama in flagranti mit ihrer beider Liebhaber. Maria Josepha starb kurz darauf im Juli 1914 an einer Überdosis Tabletten – absichtlich oder ein Unfall, das wurde nie geklärt.

Bruno Scaramuzza, wandelndes Grado-Lexikon und Besitzer des größten Archivs von Grado-Historien, kennt die Geschichte auch. Er zweifelt aber daran, dass es sich bei dem Liebhaber um einen jungen Kurarzt gehandelt hat – die Fama spricht vom Assistenten des polnischen Arztes Moritz Oransz, der in Grado die Sandkuren eingeführt und die Kuranstalt »Alla Salute« gegründet hatte. Ein Haus übrigens, das für die Auchentallers gehörige Konkurrenz bedeutete und ein jüdisches Publikum nach Grado brachte, das bei manchen Altösterreichern und auch bei Emma Auchentaller nicht wohlgelitten war. Daher: Eine Affäre mit einem Assistenzarzt aus diesem Haus? »Nein, nein«, sagt Scaramuzza, »das war weder der Oransz noch sein Assistent, es war auch nicht der Dichter Marin, wie manche glauben, der war fast ein Vierteljahrhundert jünger als die Auchentaller. Es war …«, Scaramuzza macht eine bedeutungsschwere Pause, »der Advokat Antonio Marchesini«. Ein Sohn des Bürgermeisters von Grado aus der Reihe jener Marchesini-Brüder, die den Auchentallers beim Fußfassen in Grado so geholfen hatten. »Der war auch fast 20 Jahre jünger als sie, und in den war auch die Tochter verliebt.« Ausgang der Doppelaffäre: derselbe.

Weniger tragisch, aber auf andere Weise schicksalhaft verlief eine Affäre, die in den 1930er-Jahren auch ins Küstenland führte. Nora Gregor, in Görz geborene Burgschauspielerin und Stummfilm-Star mit Hollywood-Karriere, verbrachte seit ihrer Kindheit viele Urlaube in dem Seebad an der Adria. Man wohnte in der Villa Reale. Die anmutige Künstlerin mit der ausdrucksstarken Stimme

lieferte lange Zeit keinen Stoff für die auch damals schon sensations-
gierige Klatschpresse. Das sollte sich ab 1933 ändern, als sie sich auf
ein Verhältnis mit dem damals noch verheirateten Heimwehr-
führer und Dollfuß-Vizekanzler Ernst Rüdiger Starhemberg ein-
ließ. Hans Kitzmüller, friulanischer Publizist und Herausgeber, hat
Gregors Leben im Tatsachenroman *Weit weg von Wien* nach-
gezeichnet. Er hat auch einen damals in Wien kursierenden Witz
wiedergegeben, den der legendäre Opernführer Marcel Prawy
gerne erzählte. Die Schnurre spielte auf die Gewohnheit der Gregor
an, auf der Bühne freizügig ihr Dekolleté zu präsentieren, sowie auf
die schlechte Akustik im Burgtheater. Zwei Männer auf dem Steh-
platz unterhalten sich: »Verstehst du den Werner Krauß?« – »Kein
Wort!« – »Verstehst du den Raoul Aslan?« – »Kein Wort!« – »Verstehst du die Gregor?« – »Kein Wort. Ich verstehe nur den Fürsten
Starhemberg.«

Der Austrofaschist Starhemberg ist bis heute eine der
umstrittensten politischen Persönlichkeiten der Ersten Republik,
deren Geschicke er zehn Jahre lang mitprägte. Für die einen war er
der »Arbeitermörder vom Februar 1934«, für die anderen ein (kurz-
zeitiges) Bollwerk gegen den Nationalsozialismus. Nora Gregor
jedenfalls liebte den Fürsten, der den Untergang des Habsburger-
reiches nie verwinden konnte, vielleicht liebte sie auch Glanz und
Macht. Im Oktober des Bürgerkriegsjahres 1934 brachte Nora
Gregor einen gemeinsamen Sohn zur Welt, man reiste auch gemeinsam nach Italien. Am 2. Dezember 1937, die Ehe Starhembergs mit
Marie Elisabeth Salm-Reifferscheidt-Raitz war inzwischen durch
den Heiligen Stuhl unter großem Aufsehen annulliert worden,
wurde geheiratet. Das Paar emigrierte in die Schweiz – beziehungsweise wurde es während eines ausgedehnten Urlaubs vom sogenannten »Anschluss« Österreichs an das Deutsche Reich über-
rascht. Von der Schweiz ging es weiter nach Frankreich, wo die
Gregor mit dem großen Jean Renoir noch den Film *La règle du jeu*
drehte. Nach Ausbruch des Zweiten Weltkrieges flüchteten sie nach
Argentinien und später, nach der Scheidung vom Fürsten, reiste

Nora Gregor nach Chile, wo sie noch den Film *Die Mühle der Anden* mit dem Regisseur Jacques Rémy drehte. Sie starb 1949 in einem Hotelzimmer im chilenischen Seebad Viña del Mar – Herzinfarkt oder Freitod, auch bei Nora Gregor wurde die Todesursache nie geklärt. Das geliebte Seebad Grado und die Villa Reale sah sie nie wieder.

Und sonst? Weitere Affären in den Gradeser Villen? Da schmunzeln die vier alten Damen im Lesezimmer der Ville Bianchi und zwinkern einander zu: »Lesen Sie das Buch vom Grafen Spiegelfeld. Da kommt eine lange Geschichte vor, die auch hier spielt«, sagen sie fast gleichlautend. »Ein entzückendes Buch über seine Familie. Und über die Villen.«

Ob erfunden oder nicht, auch der Keim für die Erlebnisse der Maria Mühlheim, der Protagonistin des Romans, wurde in Grado gelegt: just in den Ville Bianchi, unter den gestrengen Augen der beiden Baronessen, die die Pension über Jahrzehnte führten. Für Gesprächsstoff unter den Stammgästen aus Österreich, die einander Jahr für Jahr wie zufällig in den Ville Bianchi wiedertrafen, sich einen Sonnenschirm am Strand teilten oder gemeinsam einen Aperitif vor dem Essen nahmen, war gesorgt. Der kleine Skandal war bei Erscheinen des Buches von Gisbert Spiegelfeld 1993 vorprogrammiert. Allzu viele Parallelen zu lebenden Gästen waren nicht rein zufällig. Obendrein entpuppte sich der Autor als detailgetreuer Kenner, möglicherweise Intimus des Hauses – Stammgast über viele Jahre war er jedenfalls.

Im Roman *Die bunten Jahre der Maria Mühlheim* schildert Gisbert Spiegelfeld, selbst von Adel und Bewohner des Schlosses Oberkindberg in der Steiermark, jedenfalls die fatale Amour der Maria mit dem wesentlich älteren Niki. Er beschreibt den verschlungenen Lebenspfad der Halbjüdin Maria Mühlheim, deren wohlhabende Familie um den Adelstitel betrogen wurde, die sich just in den verarmten und ebenfalls vom Schicksal gebeutelten Grafen Nikolaus Orlitzky aus dem rivalisierenden Familienclan verliebt. An seiner Seite sieht sie zum ersten Mal das Meer und ver-

Freizügig im Wasser war selten, Schauplatz von Affären und Liebschaften war Grado aber durchaus.

bringt bitterschöne Tage in der Pension »Ville Rossi«. Die Baroness Rossi, zwei unverehelichte Jugendfreundinnen seiner Mutter, beschreibt der Graf der jungen Geliebten gegenüber als außerordentliche Persönlichkeiten von vollendeter Liebenswürdigkeit, die als Rotkreuz-Schwestern gedient haben und hochdekoriert waren. Seine Schilderungen der Familie Bianchi, pardon: Rossi, lesen sich zum Teil wie Hochglanzmarketing für die Villen in Buchform.

»Ihr Vater, Sproß einer altösterreichischen Offiziers- und Beamtenfamilie, hatte als erster die Zukunftsaussichten erkannt, die die nicht weit von seinem Besitztum liegende Laguneninsel Grado mit ihrem uralten und reizvollen Fischerstädtchen im damals aufkommenden Fremdenverkehr erwarten durfte«, schreibt Spiegelfeld an einer Stelle. Rossetti habe sein gesamtes Vermögen riskiert bei der Bohrung eines Brunnens und damit die »segensreiche Geburtsstunde« des Seebades Grado mitbegünstigt.

Spiegelfeld beschreibt den Untergang des Kaiserreichs und mit ihm das Ausbleiben der wohlhabenden Stammgäste und deren Sommerfrische. Und wie die »Tanten Louise und Mary«, wie er sie nennt, später unbeirrt die Villen weiterführen und die Saison stets ausgebucht ist. »Es schien ihnen durchaus nicht erforderlich, irgendetwas an dem Zustand ihres Betriebes zu ändern und noch Kosten dafür aufzuwenden, solange er den Erwartungen ihrer Gäste zu entsprechen schien. Denn das muß gesagt werden: Die verehrungswürdigen Schwestern Rossi waren sparsam, sparsam bis zur Knausrigkeit. In ihrem Pensionsbetrieb führten sie ein eisernes Regiment.«

Den Winter, so Spiegelfeld, hätten die alten Damen im Nonnenkloster am Rande der Altstadt zugebracht, wo sie dringende Arbeiten für die kommende Saison der Ville Rossi verrichteten: »Mit höchster Präzision zerschnitten sie Stöße von alten Zeitungen zu Unmengen von Toilettenpapier, oder sie fädelten bunte Glasperlen auf lange Schnüre zum Schmuck der elektrischen Deckenlampen in den Gästezimmern.«

Das Buch strotzt nur so von Andeutungen und Feinheiten, die den Kennern der damaligen feinen Gesellschaft Aufschluss darüber gaben, wer hinter den Pseudonymen stecken mochte. Und die mehrfache Betonung des Autors, dass es sich um einen zeitgeschichtlichen Roman handle, trägt das Ihre dazu bei, dass gerade unter den Sommergästen der Ville Bianchi das Buch eine Zeit lang beliebtes Strandutensil war.

Spiegelfeld beschreibt die »Tanten« auch als gestrenge Wächterinnen der allgemeinen Sitten. »Neulinge«, die sich erst seit zwei oder drei Jahren zu den Gästen zählen durften, mussten auf der Hut sein, durch Lärmen oder spätes Heimkommen bei den Damen nicht in Ungnade zu fallen. Dies konnte einen »ungünstigen Vermerk« zur Folge haben: »Vermerke, die unter schwerwiegenden Umständen bei der Zimmerbestellung im nächsten Jahr eine höflich-bedauernde Antwort auslösen konnten.«

Die kann freilich auch kommen, wenn der Anstand verletzt zu werden droht: »Auch war allgemein bekannt, dass die Ville Rossi leider ausgebucht waren, wenn es sich bei der Anfrage um ein Doppelzimmer um ein Paar handelte, dem Trauring und kirchlicher Segen mangelte. In solchen, allerdings höchst seltenen Fällen mangelte es der Antwort auch am höflich-bedauernden Ton.« Selbst Brautpaare in spe werden in Einzelzimmern in unterschiedlichen Villen untergebracht.

Maria Mühlheim rechnete jedenfalls mit einem frostigen Empfang durch die sittsamen Baronessen. Sie bezog ein Zimmer in der Villa Marina mit Blick aufs Meer und ahnte nicht, dass ihr Graf auch in der Villa Marina untergebracht war. »Dann begriffen wir: Jede der beiden Tanten hatte die andere überlistet, indem sie ihrem Protegé ein meerseitiges Zimmer in der besten Villa zugeschanzt hatte. Niki das eine, weil Tante Louise ihn so blaß und der Seeluft bedürftig gefunden hatte, mir das meine, weil Tante Mary es nicht fassen konnte, daß ich noch nie das Meer gesehen hatte. Sie ahnten nichts von der Rolle, die der Verbindungstüre zwischen den Zimmern zufallen sollte.« Was für ein Skandal! Oder doch nicht?

In Mariazell wurde im Roman folglich geheiratet. »Am nächsten Tag schrieben wir einen gemeinsamen Brief an die beiden Tanten, in dem wir ihnen alles gestanden und für das Glück dankten, das sie so sehr gefördert hatten. […] Noch vor Weihnachten traf ein Päckchen ein. Es enthielt zwei blaue Babyjäckchen. Zwei blaue! Und ein Gebetsbild der Madonna aus dem Dom.«

Dass die Amour ausgerechnet in den Villen dank einer Verbindungstür noch gefördert wurde und letztlich zu einer Ehe führte, hat den vier Damen im Lesezimmer der Villen jedenfalls zum königlichen Amüsement gereicht. Die Beschreibungen des Alltags in den Rossi-, recte, Bianchi-Villen auch. Der Contessa Marie Therese Rossetti dagegen gar nicht. Die Nachfahrin der Bianchi-Dynastie wird ungern auf das Werk von Gisbert Spiegelfeld angesprochen: »Alles erfunden und erlogen!«, ist ihr knapper Kommentar. Aber vieles ist doch wie eins zu eins aus dem Leben der Ville Bianchi gegriffen? »Ja, es ist ein Schlüsselroman. Und wer die Leute in den Ville kennt, Gäste und Personal, der weiß genau, wer gemeint ist. Aber es ist doch sinnlos, das in einem Roman zu schreiben.«

Ihr Bruder sieht das lockerer. Vielleicht auch, weil Gisbert Spiegelfeld mit den Bianchi entfernt verwandt war. »Da stimmt viel, so prüde war das damals. Als zum Beispiel der Bruder von Niki Lauda einmal mit seiner 17-jährigen Freundin kam, sagte meine Mutter: ›Die sind unverheiratet, die können nicht bei uns wohnen‹, – obwohl die Laudas früher Stammgäste waren«, erzählt Ferdinand Bianchi. Er weiß noch, wie er selbst einmal einen Gradeser Stadtpolizisten bei einem »Gspusi« in den Villen »ertappte«: »Der vigile hat immer einen Gast, ein junges Mädchen, in der Villa Adria am Strand besucht, im Erdgeschoß. Irgendwann bin ich zufällig vorbei, er fühlt sich ertappt. Er flüchtet über die Terrasse, stolpert, stürzt ungeschickt auf seine Nase und läuft in heller Panik davon.« Die Rache folgte auf dem Fuße: »Zwei Tage später fahre ich um elf am Abend mit dem Auto aus dem Garten der Ville, passt mich genau dieser Polizist mit der angeschlagenen Nase ab. Er hält

Die bagnini, die
Strandaufseher auf
dem Salvataggio-
Stuhl, haben Kult-
status.

Das Rettungsboot
kommt eher selten
zum Einsatz – da
blieb immer schon
Zeit, nach schönen
Urlauberinnen
Ausschau zu
halten.

mich auf und gibt mir eine Strafe, weil ich angeblich zu schnell gefahren bin – was gar nicht geht, wenn ich aus dem Garten rauskomm'.«

Besondere Attraktivität haben wohl in jedem Badeort die Bademeister. Auch in Grado gibt es natürlich bagnini, die Aufseher am Strand. In den 1960er-Jahren war Pietro der Star unter den bagnini, »der war schon uralt, aber hat in der Mittagspause immer die deutschen Mädels umgarnt«, erinnert sich Baron Bianchi. Die wahre Strandlegende Grados aber war Nino Corado, seines Zeichens Schwimmlehrer. »Beim Haupteingang links hat er seinen Stand gehabt, da stand er, tiefbraun gebrannt, und hat die ausländischen Mädchen zum Schwimmenlernen überredet. Und jeden Abend kam er dann auf der Hauptallee entlang der Cafés stolziert, jedes Mal mit einer anderen am Arm. Und er hat es genossen, wenn die Leute in den Cafés staunten: ›Schau her, der Nino hat schon wieder eine!‹«

Diese Affären, wenn es denn welche waren, wurden jedenfalls definitiv nicht versteckt. Nino starb später, trotz seines Glücks bei den Frauen, verarmt in einem Altersheim.

12   Feiern im »Saint Tropez« der Adria

Grado war nicht nur nach der vorletzten Jahrhundertwende
mondän – von der Callas bis zu großen Fußballstars verstanden
es Gäste auch später, in der Villa Bernt gut zu essen und
zu tanzen.

Fische, was sonst? Gianni Maran malt Fische. Auf kleinen
und auf großen Leinwänden, einzeln oder im dichten
Schwarm, bunt und in manchmal geometrisch-strenger und doch
spielerischer Anordnung schwimmt seine »pesca miracolosa«, sein
»wundersamer Fischfang«, wie er seine Kunst selbst nennt. Der
Maler mit dem leichten Spitzbart und dem breiten Lächeln ist Grados berühmtester lebender Künstler. Dass sein Name an den Dichter Biagio Marin erinnert, auf den die Gradeser besonders stolz
sind, ist ein netter Zufall. Seine Bilder präsentiert er auf Vernis-
sagen von Wien bis Buenos Aires und Sidney, seine Kurzfilme sind
über Grado hinaus bekannt. Am liebsten aber sitzt er in seiner kleinen Galerie in der Altstadt von Grado. Noch lieber davor: In der
Calle Maran vor der Nummer 2 stehen dann ein kleiner Tisch und
zwei Sessel, und wenn die Sonne schon tiefer steht und die Stein-
häuser rundum Schatten werfen, trifft Gianni Freunde. Wie zum
Beispiel Alessandro Furlanut, den guten Kumpel aus der Blütezeit
der Villa Bernt. Im milden Abendlicht und bei einem Glas Prosecco plaudern die beiden Männer über dieses und jenes.
    Zunächst über das: »Weißt du noch, der große Industrielle aus
Verona, der wegen der Sandbäder hier war und in der Villa Bernt
gewohnt hat?«, fragt Alessandro. Gianni weiß es, und er weiß auch,
worauf sein Freund hinauswill. Er ergänzt: »Und die berühmte
Schweizer Juwelierin in der Villa Erica? Natürlich weiß ich noch,
aber wir nennen keine Namen.« Denn schon sind wir wieder bei
einer Affäre gelandet. Die Dame in der Villa Erica war anderweitig

verheiratet, aber mit dem Industriellen, der seine Sommerfrische nur zwei Häuserblöcke weiter in der Villa Bernt verbrachte, in eine kleine amore verstrickt. So viel können die beiden Freunde verraten. »Er hat sich in die Juwelierin verliebt – diamonds are nicht nur a girls best friend«, sagt Alessandro lachend. Der Ehemann der Dame, der in Grado wohlbekannt war, durfte natürlich nichts von dem schweizerisch-italienischen Verhältnis wissen. Wie also vorgehen in Grado, wo mehr Augen und Ohren sind, als man glaubt – und nicht alle so diskret sind wie unsere beiden Erzähler? Ganz einfach: Der junge Gianni Maran brachte das Liebespaar hie und da mit dem Boot auf eine der kleinen Inseln in der weitläufigen Lagune von Grado. Die Fischerinsel war ein kleines Hideaway der Villa Bernt, wie man heute sagen würde, und gehört Alessandros Bruder Carlo Furlanut. Das kleine ehemalige Fischerhäuschen dort wurde zum Liebesnest des Veroneser Magnaten und der prominenten Schweizer Schmuckhändlerin. »Ich lieferte dann mit dem Boot das Essen, man hat ja zwischendurch auch Hunger«, lacht Gianni. »Und das Essen hast du aus der Küche der Villa Bernt gebracht«, sagt Alessandro und lacht herzlich mit.

Die Männer trinken einen Schluck, und dann erzählen auch sie von den starken Frauen, die Grado »gemacht« haben. So wie die Emma Auchentaller mit ihrer Pension Fortino oder die beiden Baronessen in den Ville Bianchi. Sie erzählen von Olga Bernt und Fausta Levrino, die zwei entschlossenen Frauen, ohne die es die Villa Bernt in Grado nicht gäbe.

Das schmucke Haus liegt zwischen dem Meer und der Lagune gleich ums Eck von der Villa Reale. Auch dort gab es früher nur Sumpf und Wasser, später aufgeschüttetes Land. Beide Männer verbindet eine lange und illustre Geschichte mit dem Haus, in dem Filmemacher, Politiker und Sportgrößen über die Jahrzehnte ein und aus gingen.

Die Villa stammt aus dem Jahr 1927. Damit passt sie auf den ersten Blick gar nicht so recht in die Reihe der altösterreichischen Villen aus der k. u. k.-Zeit. Dass sie dann doch passt, liegt an Olga

Alte Ansicht der Villa Bernt, Unterkunft der Schönen und Reichen und Schauplatz rauschender Feste

Bernt, der Namensgeberin des Hauses. Die geschäftstüchtige Frau stammte aus Ungarn, ursprünglich Österreich-Ungarn. Ihr Mann Guglielmo, ein General in der österreichisch-ungarischen Armee, kam aus Gorizia, dem heutigen Görz, wo das Paar lange Zeit lebte. Die beiden besaßen aus der Zeit vor dem Ersten Weltkrieg noch ein Grundstück in Grado. Und jetzt, fast ein Jahrzehnt nach dem Krieg, schien die Zeit reif für den Plan der Olga Bernt, genau an diesem Platz eine Villa errichten zu lassen – das Seebad nahm gerade wieder einen Aufschwung, die Gäste kehrten langsam zurück an die obere Adria, und das Geschäftsmodell Hotel-Pension klang vielversprechend.

Zum Architekten für ihr Projekt nahm sich die Bernt keinen Geringeren als einen begnadeten Könner aus der berühmten Architekten-Familie Mayreder in Wien – Julius Mayreder hatte zu Beginn des Jahrhunderts das Fortino für die Wiener Fabrikantentochter Emma Auchentaller entworfen. Sein Bruder Karl, Mitglied des Wiener Künstlerhauses und bis zum frühzeitigen Ruhestand Rektor der Technischen Hochschule, entwarf die Villa Bernt. Gleich vis-à-vis entstand für andere Auftraggeber die ident aussehende Villa Raunia, die es heute längst nicht mehr gibt. In Wien war Karl Mayreder für etliche Städtebauprojekte und Gebäude bekannt, unter anderem für die Errichtung der Zacherlfabrik, das so orientalisch anmutende Verwaltungsgebäude der früheren Insektenvernichtungsmittelfabrik in der Nusswaldgasse in Wien Döbling.

Die Villa fungierte von Beginn an als Pension. Das war in der Zwischenkriegszeit trotz der Hoffnung auf den sich abzeichnenden Aufschwung nicht immer ein leichtes Unterfangen. Die Gäste aus der Hochzeit des Kur- und Seebades kamen zwar zurück an die altösterreichischen Gestade, neue Gäste aus Italien kamen dazu, aber nur langsam. Und das neue Haus musste erst von sich reden machen. Geführt wurde es von Olga Bernt, der energischen und ideenreichen Hausherrin, und ihrer Tochter Carmen. Die anderen Töchter begannen derweil, sich anderwärtig einen veritablen Namen zu machen: Silvia als Bildhauerin, sie ging später nach Paris. Und Alma als Tänzerin, mit einer renommierten, nach ihr benannten Tanzschule in Venedig. Wenn die drei Schwestern gemeinsam in Grado waren, blieb das kaum jemandem verborgen. »Die Schwestern Bernt«, erzählte eine Görzerin nach dem Tod der 97-jährigen Alma im Jahr 2010 der Zeitung *Messagero Veneto*, »waren für ihre Attraktivität und Exzentrik gefeiert. Sie waren in einer bestimmten Art und Weise gekleidet, ritten Pferde und waren für diese Zeiten sicherlich sehr aufgeschlossen.« Kein Wunder, dass die Bernts in den 1930er-Jahren rasch zu einem Begriff in Grado wurden und die Villa desselben Namens auch.

Aber der wirkliche Durchbruch für das Haus kam in den 1960er-Jahren. Da trat Fausta Levrino auf den Plan. Die Levrinos stammten ursprünglich aus dem Piemont. Fausta, die Mutter Alessandro Furlanuts (des Gianni-Maran-Freundes aus der

Calle Maran 2), war Besitzerin eines Campingplatzes bei Grado und eines Restaurants in Redipuglia, keine 20 Minuten entfernt – jenes Redipuglia, in dem sich das größte Kriegerdenkmal Italiens für die 100 000 Gefallenen des Ersten Weltkrieges befindet. Fausta Levrinos Traum: ein Hotel im Seebad Grado, das nach der Durststrecke nach dem Zweiten Weltkrieg neuerlich einen bemerkenswerten Aufschwung erlebte. Sie kaufte die Villa Bernt.

»Wir waren das erste 4-Sterne-Hotel in Grado«, erzählt Alessandro. Er arbeitete bald in der Villa seiner Mutter mit, so wie auch sein Vater, der Maître des Hauses war. »Wir waren das erste Hotel, das jeden Abend Buffet-Dinner hatte.«

Die Villa, die 1977 rundum renoviert wurde, war tatsächlich vor allem für ihre Küche berühmt. Die Tische bogen sich allabendlich unter Köstlichkeiten wie »Barboni alla gradese« – eine »specialità austriaca«, wie auf der Speisekarte stand, mit roter Meeräsche, die es heute in den Gewässern vor Grado längst nicht mehr gibt. »Meine Mutter war immer interessiert, neue Sachen zu entdecken«, erzählt Alessandro. Die Küche mit ihren aufwendig präsentierten Speisen war das Um und Auf.

Bald schon geriet die Gästeliste der Villa Bernt zu einem regelrechten Who's who. Zunächst kamen mehr Besucher aus Österreich und Deutschland, dann kamen mehr VIPs aus Italien. Politiker wie die damaligen italienischen Ministerpräsidenten Giulio Andreotti und Ciriaco De Mita stiegen in der Villa Bernt ab, wenn die Democrazia Cristiana ihren Parteikongress in Grado abhielt. Wegen der Küche, und weil die Villa an der Ecke Via Colombo und Via Giosuè Carducci sicherheitstechnisch für die Carabinieri gut überschaubar war.

Fußballstars von Luigi Riva bis Gianni Rivera, von Fabio Capello bis Dino Zoff nahmen Sandbäder am Strand. Jener Luigi Riva übrigens, der mit Cagliari 1970 italienischer Meister wurde, der als einer der weltbesten Stürmer seiner Zeit galt und den der österreichische Abwehrspieler Norbert Hof, ein bekannt harter Knochen, bei einem Zusammenprall im Wiener Stadion mit einem

Schien- und Wadenbeinbruch ins Spital schickte. Dass Norbert Hof, nach seinem Karriereende Besitzer eines italienischen Eissalons nahe der Börse am Wiener Schottenring, und Luigi Riva später einander freundschaftlich in Grado wiedertrafen, ist nicht verbürgt. Dass die Fußballstars der grün-weiß-roten Tricolore zum Auftanken im Gradeser Sand lagen, schon. Wobei das Sandbad auch damals nicht am öffentlichen Strand genommen wurde, sondern in der abgegrenzten Badeanstalt. Lediglich für Fotos für die Yellow-Press buddelte man sich direkt am Meer in den Sand ein.

So ein Sandbad ging damals übrigens kaum anders vonstatten als heute oder schon ein knappes Dreivierteljahrhundert davor. Damals war es vom polnischen Arzt Moritz Oransz in Grado erfunden worden. »Psammotherapie« wird die Sandbad-Therapie genannt. Sie gelangt zur Vorbeugung von Arthrose zur Anwendung und wird auch bei posttraumatischen Behandlungen nach Verkehrsunfällen und Sportverletzungen eingesetzt. Oder einfach nur zur Muskelentspannung. Die »Schwitzdauer« richtet sich nach Alter, Gewicht und Konstitution des Sandbadenden und beträgt sechs bis zwölf Minuten. Eineinhalb bis zwei Liter Wasser verliert man, eingegraben im Sand, dann wird 15 Minuten, eingewickelt in ein weißes Tuch, nachgeruht.

»Wenn die 65 Grad, die es für ein wirkliches Sandbad braucht, erst um zwei am Nachmittag erreicht waren, weil die Sonne am Vormittag zu schwach war, dann mussten wir mit dem fertigen Mittagessen eben auf die Fußballer warten«, erinnert sich Alessandro Furlanut an die erzwungene Geduld in der Küche der Villa Bernt und an die Zauberei, das Essen dann scheinbar frisch auf den Tisch zu bekommen. Stars sind damals schon Stars gewesen, mit den dazugehörigen Allüren.

500 bis 1000 Sandbäder wurden damals pro Tag genommen. Heute sind es so viele in einem Jahr, murren Gradeser, die nicht verstehen, warum die Stadt nicht mehr aus ihren Einzigartigkeiten macht.

Grado - Sabbiature - Reparto uomini

Grado war seit jeher berühmt für seine Sandbäder: sechs bis zwölf Minuten eingegraben bei 65 Grad – gesund!

Es war jedenfalls die Zeit, in der Grado als das »Saint Tropez der oberen Adria« bezeichnet wurde. Als das Flanieren in großer Garderobe – die Damen im eleganten Kleid und Hut, die Herren im Sommeranzug oder Smoking mit Fliege – wieder als schick galt. So wie schon mehr als ein halbes Jahrhundert zuvor, als der Adel und das gehobene Bürgertum zwischen den Ville Bianchi und dem Fortino sowie entlang des Strandes und der Kurkapellen promenierten – weil es schick war, und weil man gesehen werden wollte. In dieser Zeit des neuen »Saint Tropez« in den 1970er- bis Ende der 1980er-Jahre wurde die Villa Bernt dann selbst zum Zentrum dieses Schicks, zumindest einmal im Jahr: Der »Gran ballo in maschera«, der große Maskenball, wurde zum Fixpunkt im mondänen Gradeser Sommer. Prominenz und solche, die sich dafür hielt, Stammgäste und Filmstars, Autoren und Musiker, Kurgäste, die irgendwie zu einer Einladung gelangt waren, warfen sich für einen Abend

Maskenball in der Villa Bernt in den 1980er-Jahren – die Kostüme kamen aus dem Teatro La Fenice in Venedig.

noch einmal extra in Schale. Die Kostüme für das pompöse Fest, dem halb Grado zumindest als Zuschauer beiwohnte, wurden nicht von irgendeinem Verleih gestellt. Sie kamen vom Teatro La Fenice, dem Opernhaus von Venedig. Die Gäste schritten am Abend des Balles über die Promenade und den Dante Alighieri zur festlich illuminierten Villa Bernt, kräftig bestaunt von den übrigen Sommergästen, wie sich Gianni Maran erinnert. Er war als damals gerade 30-Jähriger immer mit dabei. Das Fest, auf das so mancher andere Hotelier Grados ein wenig neidvoll blickte, diente auch noch der guten Sache: Der Erlös kam nämlich der italienischen Gesellschaft für Krebsforschung zugute.

Die kleinere Version des Maskenballs waren die allwöchentlichen Dinner-Partys in den 1980er-Jahren in der Villa Bernt. Auch für die warf man sich in Schale, und Gianni Maran war oft dabei. »Wir hatten viel Spaß. Wir liebten die Villa auch, weil sie ein Haus ständiger kultureller Aktivitäten war«, erzählt Gianni bei der zweiten Flasche Prosecco vor seiner Galerie in der Gradeser Altstadt. Im selben Jahr, in dem der erste Maskenball stattfand, führte Maran Regie bei einer viel beachteten Lesung des Gradeser »National-helden« und Dichters Biagio Marin (»Not(t)e di parole«) in der Villa Bernt. Jener Biagio Marin, der im österreichisch-ungarischen Grado geboren wurde, in Görz zur Schule ging, in Wien Philosophie studierte und im Ersten Weltkrieg in Italiens Armee kämpfte. Der zudem Direktor der Bäder- und Kurgesellschaft in Grado und Lehrer für Literatur, Philosophie und Geschichte in Triest war. Und der unendlich viele Gedichte über Grado, die Landschaft und das Meer verfasste – auf Gradesisch. Den Dichter, der 1981 auch für den Nobelpreis nominiert war, präsentieren zu dürfen, das war für den jungen Künstler Maran eine Riesenehre.

Später durfte Gianni Maran sich selbst präsentieren: bei der Vorstellung seines Films *Ala de vita*. Der 15-Minuten-Schmalfilm in Schwarz-Weiß erzählt in dichten, tiefen und ruhigen Bildern über das Leben der Menschen, die in Grado mit den Händen arbeiten: Fischer, Netzeknüpfer, Handwerker. Es ist eine Liebeserklärung an Grado, an das einfache, ursprüngliche Grado, an die Arbeit und das Lächeln, das den Gradesern gehört. Es ist fast ein bisschen Biagio Marin auf Leinwand, heute noch zu finden auf YouTube. Der Präsentation des Streifens in der Villa Bernt wohnten Film-Größen wie Ermanno Olmi und Xaver Schwarzenberger bei. Der klopfte Maran im Anschluss an die Filmvorführung auf die Schulter und sagte nur: »Willkommen im Club«.

Seit dieser Adelung des Malers durch den österreichischen Kameramann und Regisseur sind sie beste Freunde. In Schwarzenbergers Komödie *Stella di mare* mit dem grandiosen Erwin Steinhauer in der Hauptrolle spielt Maran später einen Kellner. Er serviert der durch Pleiten, Pech und Pannen taumelnden Familie Prantner, die ein Schiff, besser: ein rostiges Schinakel in Grado geerbt hat, am Hafen. In einer Nebenrolle übrigens: Burgschauspieler Peter Matić, der einst als Kind mit dem Topolino nach Grado kam. Und in drei weiteren Nebenrollen finden die Stammgäste der Villa Reale ein ihnen bekanntes Gesicht wieder: Stefano, seit gefühlten Jahrzehnten immer zu Diensten stehender Portier des Hauses. Er ist immer für einen fröhlichen Tratsch zu haben, schlicht die gute Seele in der Villa. Der Herr wurde aus gutem Grund als wiederkehrender Statist für den Film engagiert: Denn Stefano Gaddi ist tatsächlich auch Schauspieler und hat in unzähligen Produktionen des Teatro Grado und des Festival dell'Istroveneto mitgespielt, oft in Rollen, in denen er gradesischen Dialekt sprechen konnte.

So klein ist die Gradeser Welt. »Und wenn mich Xaver heute in der Calle Maran besucht, trinken wir zwei Flaschen Rotwein, minimum«, freut sich Maran über die Freundschaft zum österreichischen Regisseur, der in Grado einen Wohnsitz hat.

Vielleicht hätte es Maran ja auch zu einer Rolle in einem der Filme von Pier Paolo Pasolini gebracht. Doch dafür war er zu jung: Als der italienische Regiestar 1969 mit der großen Maria Callas an dem Film *Medea* arbeitete, war Maran gerade einmal elf Jahre alt. Das an den Medea-Mythos und die Argonautensage angelehnte Epos war, der 68er-Zeit geschuldet, eine Kritik an der westlichen Konsumgesellschaft mit ihrer Massenkultur und wurde an Schauplätzen in Syrien, der Türkei und in Grado, genau genommen in der Lagune, gedreht. Pasolini hatte sich schon als Jugendlicher als Autor von Lyrik in friulanischer Sprache versucht. Er war später mit Biagio Marin befreundet. Von den Gradesern wurde er einerseits wie einer der Ihren, andererseits mit großem Respekt vor dem internationalen Star willkommen geheißen. Noch dazu, da der homophile Pasolini mit der großen Callas auftauchte, der kapriziösen und verwöhnten Operndiva.

Pasolini und die Callas in Grado – eine wahre Sensation. Viel wurde spekuliert über die »unmögliche Liebe«, darüber, dass die Callas mehr wollte als nur eine Freundschaft mit dem Regisseur. Dass sie Pasolini von seiner Homosexualität »heilen« und heiraten wollte. »Glaubst du, er liebt mich?«, fragte sie eine Freundin damals. Viel wurde spekuliert, dass Pasolini die Callas tatsächlich tief liebte – aber eben in aller Freundschaft: »Die persönlichen Eigenschaften der Callas ließen mich erkennen, dass ich Medea inszenieren konnte. Sie ist eine Frau, in gewisser Hinsicht die modernste aller Frauen, aber in ihr lebt eine Frau der Antike – geheimnisvoll und magisch –, deren Empfindungen einen unglaublichen inneren Konflikt bei ihr auslösen«, sagte Pasolini über die

Die Callas mit Pier Paolo Pasolini (links seine Mutter): eine viel beachtete platonische Liaison bei den Dreharbeiten zum Film *Medea* in Grado

Callas. Zum Ende der Dreharbeiten schenkte er ihr einen wertvollen Ring. Wieder Anlass für endlose Spekulationen. Die Paparazzi belagerten die Villa Bernt, in der die Stars residierten, und sie belagerten jeden Weg, den die beiden in Grado nahmen. Die Zeitungen waren voll von Geschichten über das ungewöhnliche Paar und Fotos. Das Kuss-Foto, auf den Mund, versteht sich, ging von Grado aus um die Welt.

Die Villa Bernt war also in ihrer Blütezeit vor allem Refugium für Gäste aus Italien, aber einen Bezug zu Altösterreich und seinen Nachfahren gibt es noch. Die Familie Alessandro Furlanuts musste die Villa nach dem Tod der Fausta Levrino, der Grande Dame des Hauses, 2003 wegen Erbstreitigkeiten verkaufen. Das Haus ging später in gemeinsame Verwaltung mit der Villa Erica über. In einer der zahlreichen Vitrinen im Foyer der Villa Bernt mit Erinnerungen an die Vergangenheit des Hauses liegt eine alte Portierskappe. Sie datiert aus dem Jahr 1936 und ist eine der Kappen, die von den Dienstmännern getragen wurden, die die Gäste am Hafen abholten. Damals reiste man mit dem Zug aus Österreich oder woher auch immer nach Belvedere auf dem Festland und setzte mit dem Schiff nach Grado über. Die Autobrücke gab es noch nicht. Die in Grado ankommenden Urlauber wurden im Hafen von den Pagen der jeweiligen Hotels, Pensionen oder Villen erwartet. Den Namen ihres Hauses trugen sie deutlich sichtbar auf ihrer Kappe. Ende der 1990er-Jahre entdeckte ein Stammgast der Villa Bernt auf dem Flohmarkt am Naschmarkt in Wien genau so eine Kappe mit dem Schriftzug der Villa Bernt. Er kaufte sie um ein paar Schilling und machte sie »seiner« Villa zum Geschenk.

Gianni Maran nippt an seinem Prosecco. »Auch dieser Gast ist einer, der der Magie Grados erlegen ist. Ist das nicht wunderbar?« Die Magie Grados? »Das ist die Atmosphäre, das ist der Duft. Das ist der Gradeser Dialekt, und das ist das Lächeln.« Alessandro Furlanut lächelt gerade, verzaubert von den Erinnerungen, und Gianni trinkt aus: »Es ist schwierig, in Grado nicht zu lächeln. Nein, nicht zu lachen – zu lächeln.«

13 »Beim dritten Kamin links«

Warum Straßennamen und Hausnummern in Grado
Nebensache sind. Wieso der Erzengel Michael Lilien trägt.
Und in welcher Villa »Madonnina del Mare« auch schon zu
hören war. Ein kleiner Rundgang.

Die k. u. k. Badewanne, das kleine Saint-Tropez, Österreichs
Riviera, Küstenseebad der Monarchie: Die vielen Beinamen der Lagunenstadt zeugen davon, dass Grado seit mehr als
einem Jahrhundert österreichischer Sehnsuchtsort an der nördlichen Adria ist. Und ein Stadtrundgang in professioneller
Begleitung zeugt davon, dass ein Jahrhundert nichts ist, sprich:
dass spannende Wogen der Geschichte über die Zeiten hinweg an
den Strand des einstigen Fischerdorfs gerollt sind. Die wenigsten
Grado-Besucher mögen sich so einen Fußmarsch mit Historie
antun, zumindest nicht sommers, wenn auch schon die Morgen-
sonne kräftig heizt – Strand und Eissalon sind da näher. Dabei
lohnt sich so ein Ausflug in Stadt und Stadtgeschichte. Er macht,
keine Sorge, in den schattigen Gassen des centro storico auch
manchmal halt.

Treffpunkt ist bei den Ausgrabungen an der Piazza Biagio Marin,
dort, wo schon vor mehr als 100 Jahren die archäologischen Reste
der Basilica della Corte entdeckt und freigelegt wurden. An dem
großen Platz liegen das Rathaus, das ehemalige Hotel Fortino und
der Eingang in die Altstadt, die so viel Geschichte ausstrahlt. Und
keine vermag diese Geschichte mitreißender und leidenschaft-
licher zu erzählen als Roberta Bressan, Fremdenführerin in Grado
mit Herz und Blut seit 21 Jahren. Der Schweiß, der dem Häuflein
Zuhörer beim Start auf der Piazza Marin aus allen Poren perlt, ist
vergessen, die Wasserflasche plötzlich nebensächlich, sobald Frau
Bressan zu erzählen beginnt.

Grado – Hôtel Fonzari e Chiesa di S. Pellegrino – Hôtel Fonzari u. Peregrinuskirche

Das alte Hotel Fonzari mit den Ausgrabungen an der heutigen Piazza Biagio Marin

Gravo nannten die Insulaner das Fischerdorf lange, als Gradesi oder Graisani bezeichnen sie sich selbst. Gravo also verhält sich wie die geheimnisvolle Unbekannte aus einem Roman. Obwohl sich Tausende Touristen ihre Wege durch die Altstadt bahnen, entzieht sie sich und gibt nicht all ihre Geheimnisse preis. Über ihr Geburtsdatum wird bis heute gerätselt. Über die Einwohnerzahl in römischer Zeit ranken sich mehr Mythen als Fakten. Gesichert ist, dass das ehemalige Fischerdorf ein Teil der ausgedehnten Hafenanlagen Aquileias und lange Zeit eher unbedeutend war. Außer als Erholungsort (sic!) für die Römerinnen und Römer. Schon diese buddelten gerne im feinen Sand und genossen auf der Insel ihr »otium«, also ihre »arbeitslose Zeit«, ihre Mußestunden.

Auch vor anstürmenden Besatzern wie Hunnen, Westgoten oder Langobarden flohen die Bewohner Aquileias an die sichere, weil durch die Sümpfe schwer erreichbare Küste. So gesehen war Grado damals durchaus von Bedeutung – und zwar für das Überleben Aquileias. Der Bischof von Aquileia übersiedelte mit seinem Sitz beim Angriff der Hunnen überhaupt gleich ganz nach Grado und war dort fortan sicher.

Die historischen Verstrickungen von »Nova Aquileia« – ein wahrscheinlich aus dem 5. Jahrhundert stammender Beiname für die Inselstadt Grado – mit ihrer Mutterstadt Aquileia scheinen nicht enden wollend. Woher die Schöne letztlich ihren Namen hat, weiß bis dato niemand mit Gewissheit zu sagen. Ambriabella, zu Deutsch »schöner Bernstein«, war jedenfalls unter den Etruskern der erste verbürgte Name für die heutige Lagunenstadt. Wann dieser poetische Name durch den aktuellen abgelöst wurde, ist nicht bekannt. Zu seiner Herkunft gibt es drei vergleichsweise nüchterne Theorien: Gravo, Gradus oder Gradon stehen zur Auswahl.

Der Name Gravo, für die eine Hälfte der Forscher bis heute der ursprüngliche Terminus, ist Programm und Problem zugleich: Er stammt vermutlich von Grave und bezeichnet ein Land von Sand und Kies in einem Flussbett. Die Bootsskelette, auf dem Weg über den Damm von Aquileia nach Grado und in der Lagune verstreut sichtbar, zeugen von der bis ins vergangene Jahrhundert reichenden mühevollen Arbeit, durch Sandaufschüttungen Land zu gewinnen. Das lateinische Gradus wiederum bezeichnet eine Anlegestelle für Boote, so erklärt sich die andere Hälfte der Forschung die Namensabstammung. Aber auch »Aqua gradatae«, seinerzeit frei übersetzt für »laues Wasser«, galt als mögliche Herkunftsquelle des Namens Grado. Zumindest wurde das zu Beginn des vergangenen Jahrhunderts unter anderem von einem der Bianchi-Barone in Grado so kolportiert. Vielleicht auch, weil das wohlige Adriawasser gerade zum Verkaufshit für das Seebad geworden war.

Ohne Sommerfrische-Boom mitsamt der Suche nach Trinkwasser und der Eröffnung der Pension Fortino wäre an dieser Stelle

Pozzo artesiano. Della profondità di 217 m
Artesianischer Stadtbrunnen (217 m tief)
Un saluto da Grado — Gruss aus Grado

Durchbruch am
4. April 1900: Der
artesische Brunnen
versorgte das auf-
strebende Seebad
mit Wasser.

und rundherum nie gebuddelt worden, weiß Roberta Bressan auf
der Piazza Marin zu berichten. Die ersten Villen verlangten nach
Wasserleitungen und neuen Standards. Die Wünschelruten hatten
am 4. April 1900 ausgeschlagen und ein paar hundert Meter von
der heutigen Piazza Marin entfernt einen artesischen Brunnen zutage gefördert. Auch die Trockenlegung der Sümpfe und die erfolg-
reichen Bemühungen, dem Meer Land abzutrotzen, wie das Baron
Leonard Bianchi für den Bau seiner Villen in Auftrag gegeben
hatte, veränderten das Bild der Laguneninsel für immer. »Damals
um 1900 existierten zwei Grados. So, als hätten sie gar nichts
miteinander zu tun«, erzählt Frau Bressan. »Da war das sehr,
sehr ärmliche Grado der Fischerleute, die mit Typhus und Cholera

zu kämpfen hatten. Die ihr Trinkwasser per Boot von Grado Pineta, dort, wo heute der Campingplatz liegt, oder aus Aquileia anschleppen mussten. Die die schattigen Gassen der Altstadt nur zum Fischen verließen. Parallel entstand zum Wohle der Gesundheit das mondäne Grado für sommerfrische- und sonnensuchende Badegäste.«

Die città vecchia, die Altstadt, dreht dem Meer bewusst den Rücken zu, könnte man fast meinen. Sie mutet wie ein Flickwerk aus römischen und byzantinischen Bauresten mit Zubauten aus anderen Epochen und fremd wirkenden Materialien an. Die Bewohner verbauten, was sie vorfanden und heranschaffen konnten. Vor allem wollten sie sich vor dem aufbrausenden Meer schützen. Sie verlegten ihre Wohnungen und deren Eingänge in den ersten Stock. Die unzähligen kleinen Treppenaufgänge in den verwinkelten Gassen zeugen noch heute davon. Bevor die Diga gebaut wurde, der große Damm, der die Altstadt nach Süden selbst vor dem stürmischsten Meer schützt und der heute als Promenade genutzt wird, suchten zahlreiche Überflutungen die Stadt heim. Auch die Besitzer der Villen erlitten in ihren Pionierjahren durch das Meerwasser zahlreiche Rückschläge. »Und apropos Wasser, weil wir ja gerade vom Brunnen gesprochen haben«, fährt Frau Bressan fort: Die Insulaner wurden erst nach dem Zweiten Weltkrieg durchgängig mit fließendem Wasser und Kanalisation versorgt; die Kurgäste in ihren Hotels und Villen waren da schon früher dran.

Dabei hat die eigentliche Stadtführung noch nicht einmal begonnen. Wir stehen noch immer bei der Ausgrabungsstätte an der Piazza Biagio Marin. Am Rande unter ein paar Bäumen stehen vier Steinsarkophage, wie an das neue Hotel Fonzari gelehnt, auf die Roberta Bressan noch aufmerksam macht. Sie sind bei der Entdeckung der Überreste der Basilica della Corte, einer dem Evangelisten Johannes geweihten Kirche, gehoben worden und geben immer noch Rätsel auf – wer waren die »Insassen«? »Die Entdeckung der Geschichte Grados ist oft, zu oft, dem Zufall zu ver-

13 »Beim dritten Kamin links«

danken«, sagt Frau Bressan. »Erst kürzlich, als die Gemeinde beim alten Friedhof Olivenbäume pflanzen wollte, wurden Mauerreste und zwölf Kinderskelette entdeckt.« Die Olivenbäume müssen seitdem warten, die Geschichtsschreibung beziehungsweise -forschung geht dann doch vor.

Roberta Bressan kann historische Details erzählen, dass einem schwindlig wird. Auch ihre Familienerinnerungen in und an Grado reichen weit zurück. Nicht nur, weil ihr Großonkel als Handwerker bei der Erbauung der Villa Zipser und der späteren Villa Reale mitgearbeitet hat. Ein Spaziergang mit ihr durch die engen Gassen der Altstadt mit den unzähligen Marienwinkeln und Treppenabsätzen ist nicht Bildungsreise, sondern staunendes Vergnügen. Und währenddessen holt sie ganz nebenbei weit aus in die Vergangenheit.

In der römischen Zeit war Aquileia die imposante Hauptstadt und Grado ihre kleine, unscheinbare Dependance. Die erfolgreiche Metropole am Fluss Natisone stand der später dominanten Lagunenstadt unter dem Wappen des Löwen, Venedig, damals noch im Weg. Aquileia, 181 v. Chr. von den Römern kolonialisiert, war das Zentrum des Handels schlechthin. Der war die Grundlage für die wirtschaftliche Entwicklung der Stadt. Mit dem Adler (lat. Aquila) hat die Stadt übrigens nichts am Hut. Auch wenn Benito Mussolini, der »Duce«, das später gerne so interpretiert hat, der heroische Adler hätte halt so gut gepasst. Der Name Aquileia kommt aber eher vom Fluß Aquilis, dem heutigen Isonzo, und bedeutet »dunkles Wasser«.

Mit Seide, Leder und Glas wurden hier bereits Geschäfte gemacht, als Glas ein noch gänzlich unbekanntes Material war. Glas wurde nicht auf der kleinen Insel Murano in der Lagune von Venedig geboren, wie jeder Venedig-Reisende in der Regel lernt, sondern in Aquileia – ein weiteres Aha-Erlebnis und noch eine historische Enttäuschung für Venedig. Eisen wurde in Aquileia ebenso produziert wie Amphoren, Schiffswerften wurden errichtet – bis zu 30000 Menschen lebten und arbeiteten zur Hochzeit in Aquileia.

Piazza - Platz

Grado

Am Rande der Altstadt – hier reihen sich heute zahlreiche Restaurants aneinander

Die erste Metropole Norditaliens, am Ende der Bernsteinstraße und auf dem Weg in die Provinz Noricum, dem Vorläufer des südlichen Österreich, gelegen, war damals in aller Munde.

»Die eigentliche Blüte Grados lag im fünften bis achten Jahrhundert zwischen dem Niedergang Aquileias und dem Aufstieg Venedigs«, erzählt die Grado-Erzählerin Bressan. Die meisten Geschichtsbücher und viele Stadtführer geben die Entstehungsgeschichte Grados nur fehlerhaft wieder, mahnt Bressan, und das ist keine Schelte der Historikerin für die anderen Historiker. Vielmehr liege das daran, dass auch Geschichtsschreibung lebe. »Selbst jene Gäste, die ich vor 21 Jahren durch die Lagunenstadt und ihre Geschichte geführt habe, würden diese bei meiner heutigen Führung nicht wiedererkennen. So vieles wissen wir heute mehr und interpretieren wir heute anders.«

Zum Beispiel wurde Aquileia nicht erst von den Römern gegründet, wie lange und fälschlicherweise angenommen wurde. Erst vor fünf Jahren wurde die älteste Siedlung mit Wasserkanalisation und Feuerstellen in Aquileia entdeckt, und die ist um die 3500 Jahre alt. Bis dato rätselt die Wissenschaft, wie viele Einwohner das vorgeschichtliche Dorf hatte und woher sie kamen. Dieser Fund hat die Geschichtsschreibung Aquileias und somit auch Grados wieder einmal auf den Kopf gestellt.

Grado wird bis heute als »Tochter Aquileias und Mutter Venedigs« bezeichnet. Heute ist das Verhältnis ein anderes: Aquileia ist trotz imposanter Ausgrabungsstätten ein kleines, verschlafenes Nest in karger Landschaft. Seinerzeit, als der Aquilis seinen Flusslauf änderte – der Isonzo fließt heute weit an Aquileia vorbei –, begann der Niedergang Aquileias. Venedig konnte endlich vor den Vorhang treten.

Der Grado-Reisende kommt an Aquileia dennoch kaum vorbei. Er erreicht es, nachdem er sich im Kanaltal Tunnel um Tunnel gen Süden gekämpft hat, bei Palmanova die Autobahngebühr entrichtet und auf der neuen Umfahrung Cervignano passiert hat, knapp vor seinem Ziel – Aquileia, der Glockenturm, ein paar Ausgrabungen links und rechts der Straße. Dann nur noch eine lange Gerade, ein paar Kilometer bis nach Belvedere, eine letzte S-Kurve – und endlich der erste Blick auf Lagune, Grado und Meer. Bis Belvedere reichte übrigens bis 1937 die Eisenbahnlinie, die Cervignano im Friaul mit Aquileia verband und mit der die Grado-Besucher anreisten. Von Belvedere ging es dann mit dem Schiff weiter. Die Autobrücke nach Grado besiegelte dann auch das Ende der Eisenbahn nach Aquileia.

»Aquileia ist zu schade, um einfach durchzufahren. Für Archäologie-Interessierte ist es ›das wahre Venedig‹, eine wirkliche Schatztruhe«, sagt Frau Bressan. Seit 1998 ist Aquileia Weltkulturerbe. Schicht für Schicht erschließt sich im Boden ein Stück Geschichte, das seine Ursprünge vermutlich bereits in der Jungsteinzeit und Eisenzeit hat.

Apropos Rätsel, die Roberta Bressan so viel Kopfzerbrechen machen. Weil sie sie doch gerne alle gelöst hätte. Ein Geheimnis bleibt die Topografie Grados selbst. Denn Grado hat sich erst über die Jahrhunderte als Insel, also der Form nach als Eiland, gebildet. Zu römischen Zeiten war es noch durch Sumpf und Wiesenlandschaft mit dem Festland verbunden. Wie das, beziehungsweise wie diese Veränderung? »Ja, so genau weiß das auch niemand«, sagt Frau Bressan. Steigende Wasserpegel von Flüssen und vom Meer dürften genauso im Spiel gewesen sein wie tektonische Verschiebungen und sich ändernde Flussläufe.

Lieber erzählt Roberta Bressan beim Gang durch die engen Gässchen, was gesichert ist. Wie in römischer Zeit üblich, gab es auch in Grado lange Zeit weder Hausnummern noch echte Straßennamen. Stattdessen gab es eine Art »Straßenkarte der Kamine«. »Beim dritten Kamin links« war eine Wegbeschreibung, mit der Einheimische und auch Besucher schneller vorankamen. Die Kamine waren zusätzlich mit Symbolen gekennzeichnet, die Aufschluss über das Gewerbe des Bewohners oder seine Herkunft gaben. Und nachdem fast alle Graisani miteinander verwandt waren und sich nur wenige Nachnamen teilten, hat sich ein System von Beinamen in Grado etabliert. Die Familien-Nicknames lauteten etwa auf »Grilo-Galo« (Grille-Hahn), »Mazurin« (Enten), »Maranisi« (aus Murano stammend) oder »Stela« (Stern). Im Gradeser Dialekt, dem Graisan, gibt es übrigens kein Doppel-L, sollten sich der oder die Italienischkundige über die Schreibweise wundern.

Neben Tieren und Herkunft trug auch die heilige Maria zur Orientierung in Grados engen Gassen bei. Vor allem nächtens. Kleine Marien-Winkel und -Altäre waren an wichtigen Durchgängen und Gabelungen angebracht und mit Kerzen und Öllampen beleuchtet.

Diese Sitte hat sich bis heute gehalten. Wenn man einen Einheimischen nach dem Weg fragt, wird dieser den Blick auf den allfällig mitgeführten Stadtführer samt Plan verschmähen: »Bis zum Kiosk, dann beim dritten Haus gerade und bis zur heiligen Maria, dort links«, lautet die Wegbeschreibung. Sie beschreibt den Weg akkurater, als man das anderswo, etwa in Wien, gewohnt ist (»da oben, die Dritte links auffe, und dann fragen s' wieda«).

»Beim dritten Kamin links«

13

149

Die Graisani sind trotz oder gerade wegen all der Fragezeichen ein Inselvolk, das sich seiner Geschichte schon bewusst ist. Sie wissen, dass ihr Dialekt, Graisan, älter ist als jener der Venezianer. Und dass das älteste Haus Grados, das heutige Musikhaus, seit 1500 Jahren bewohnt ist. Sogar Pfotenspuren eines ebenso alten Katers haben Archäologen kürzlich in der Grundplatte des Hauses entdeckt. Die Ausgrabungen der frühchristlichen Basilika mit ihren intakten Mosaiken an der Piazza Biagio Marin erfüllen die Gradeser ebenso mit Stolz wie der Namensgeber des Platzes.

Und erst der Dom Sant'Eufemia und sein Glockenturm, dessen Boden aus feinsten Mosaiken besteht und auf dessen Spitze sich der Erzengel Michael im Wind dreht. Ihn haben die Gradeser irgendwann Mitte des 19. Jahrhunderts renoviert oder renovieren lassen – statt mit dem Erzengel-Michael-typischen Schwert kam er mit Lilien verziert zurück. »Seither glauben alle, das ist der Gabriel da oben.«

Ja, auch über den Kirchenbau weiß Frau Bressan viel zu erzählen, aber das führt hier zu weit. Der Erzengel Michael ist ohnehin eines der beliebtesten Grado-Motive und begegnet einem immer wieder. Er zierte in den 1920er-Jahren Grado-Prospekte und Reiseführer. Er schaffte es sogar auf das Cover des Kinderbuches der Bettina Ehrlich, die ihrerseits als Kind in der Villa Bauer nicht weit von Sant'Eufemia wohnte. Und er war als herabstürzender Engel sogar Ausgangspunkt für den Kriminalroman eines bekannten österreichischen Gastrosophen: Der Gourmetkritiker und Kochbuchautor Christoph Wagner hat in *Gefüllte Siebenschläfer* sogar ein Nudelgericht, die »Pasta d'Angelo«, nach ihm benannt.

Nur so viel noch zur Basilika: Wer nicht an einem Sonntagvormittag die Messe besucht und an deren Ende dem Chor der Fischer gelauscht hat, wie er herzzerreißend das Lied »Madonnina del Mare« schmettert, wer nicht erlebt hat, wie die Gradeser mitsingen, und wer da nicht – andere gerührte Touristen im Kirchenschiff hin oder her – in stiller Freude ein bisschen eine pelle d'oca bekommen hat, eine wohlige Gänsehaut, dem fehlt noch ein ganz, ganz wichtiger Teil von Grado. Einige Gäste der Villa Reale mussten vor Jahren dafür nicht einmal in den Dom pilgern. Der Fischerchor war für einige Überraschungsauftritte im Garten der Villa engagiert worden. Mit dem einen oder anderen Glas Wein als zusätzlichem Salär schmetterten die Sänger ihr Fischerlied gleich noch einmal so herzzerreißend – feuchte Augen bei den Zuhörern inklusive.

Die Historikerin Roberta Bressan blickt inzwischen in Richtung Himmel. Das mit dem Chor hat sie auch nicht gewusst, aber sonst weiß sie so unendlich viel. Trotzdem ist so vieles noch unentdeckt. Das macht sie nachdenklich. »Irgendwo liegt sie, die Inschrift, der Stein, das noch fehlende Puzzlestück zum perfekten Mosaik, des Rätsels Lösung«, sagt sie mehr zu sich als zu den Zuhörern. So viel weiß sie aber mit Sicherheit zu sagen: »Gefunden wird hier immer noch viel, egal ob danach gesucht wird oder nicht. Das Mosaik wird immer dichter. Und bei der nächsten Führung wissen wir schon wieder mehr.«

Was wurde am 7. Juli 1897 eröffnet, und wenn wir
schon dabei sind: Wie war an diesem Tag das Wetter?
Es gibt vermutlich nichts, was Bruno Scaramuzza über
Grado nicht weiß.

Die erste Erinnerung, die ich an Grado habe, das sind die
deutschen Soldaten unter unserem Haus. Die sind zum
Seehospiz marschiert, dort war eine Luftabwehrschule.« Bruno
Scaramuzza war damals gerade drei Jahre alt. So weit reichen
Kindheitserinnerungen selten zurück, aber bei Bruno ist das mit
dem Erinnern anders. In seinem Kopf lagern ganze Festplatten
voll Erinnerungen und Daten. Und die fremden Soldaten waren
schließlich einprägsam. Der Schnee in diesem letzten Kriegs-
winter auch. »Ich habe aus dem Fenster geschaut und gedacht,
das ist Zucker. Ich bat meine Mutter, mir eine Tasse davon zu
bringen«, lacht Scaramuzza. Mit vier Jahren dann, da war der
Krieg schon vorbei, nahm ihn sein Vater mit an den Strand und
warf ihn von der Mole ins Wasser, »dort, wo ein drei Meter tiefes
Loch im Meeresboden ist, sonst ist es bei uns ja überall ganz flach.
Aber da hatte ich keinen Grund unter mir, und so habe ich
schwimmen gelernt«. Was ungewöhnlich war für Kinder dieser
Zeit, obwohl – oder spannenderweise gerade weil – sie an der
Küste lebten.

Seinem Vater verdankt Bruno Scaramuzza auch, dass er ein
Suchender wurde. Ein Sammler, ein Forscher und ein wahrer Historiker in Sachen Grado. Jeder kennt ihn hier, Scaramuzza, natürlich, was für ein Name. Schon der Bürgermeister, der in der Mitte
des 19. Jahrhunderts die erste Strandkabane in den Sand von Grado
setzte, war ein Scaramuzza. »Giacomo Scaramuzza, er lebte
von 1800 bis 1887, also für damalige Verhältnisse sehr lang, und war

der Großvater meines Großvaters Benedetto.« Unter Giacomo begann der Tourismus in Grado.

Der freundliche Herr Bruno, der 20 Jahre jünger wirkt, als er ist, hat all diese Fakten, all sein Wissen über Grado wie auf Knopfdruck parat. Aber wieso dieses Interesse am Seebad und an seiner Geschichte? »Ich habe das Glück gehabt, einen Vater zu haben, der mir Geschichten erzählt hat, vom alten Leben in Grado und von unserer Familie«, erzählt Scaramuzza. Der Vater, Maurer, die Mutter, Kellnerin, brachten dem kleinen Bruno Manieren bei, wie sie in einer einfachen Familie so nicht üblich waren. Und als er fragte, woher die kamen, erklärte es ihm der Herr Papa: Die Familie ist sehr alt. Schon um 1700 war ein Benedetto Scaramuzza der Vertreter beziehungsweise Gesandte Grados für Venedig. Und von den zwei Zweigen der Scaramuzzas, den Fischern auf der einen, den Handwerkern, Tischlern und Schneidern auf der anderen Seite, stammt Brunos Familie von zweiterem ab. Das sei der betuchte, der wohlhabende Zweig gewesen. Leider sei diese Familie Ende des 19. Jahrhunderts bankrott gegangen, erzählte der Vater auch noch. Daher seien sie arm.

»›Aber unser Beiname in Grado ist Modole‹, sagte mein Vater, was so viel heißt wie Modell. Ich fragte unseren Dichter Biagio Marin, was das bedeutet, und er sagte: ›Deine Familie war ein Modell für die Stadt über drei Jahrhunderte.‹« Das weckte die Lust Bruno Scaramuzzas, mehr zu erfahren.

Die Scaramuzza-Familie war eine der ersten in Grado, zusammen mit den Familien Corbatto, Degrassi, Marocco, Marchesini, Dovier – und alle waren miteinander verwandt. »Vor 150 Jahren hatte Grado nur 2000 Einwohner, und meine Familie war damals sozusagen die erste am Platz. Stellen Sie sich vor: Der Giacomo Scaramuzza, der Bürgermeister und Großvater von meinem Großvater, der hatte drei Kinder. Das erste, Sebastiano, wurde Professor der Philosophie. Das zweite, Benedetto, wurde Arzt und sein Sohn dann Diplomingenieur. Und das dritte, Antonio, wurde Apotheker – und das in einer Zeit, in der 99,9 Prozent der Gradeser nicht schreiben

Bruno Scaramuzza, Träger eines stolzen Gradeser Namens und wandelndes Grado-Lexikon

und nicht lesen konnten.« Bruno Scaramuzza sagt das gar nicht mit Stolz, er erzählt einfach, wie kurios und besonders das damals war.

Der Philosophieprofessor war übrigens auch Autor und Poet und in dieser Funktion so eine Art Instanz für den wahren, den großen Dichter Grados, für Biagio Marin. »Sebastiano (1829 bis 1913), der Bruder meines Urgroßvaters Antonio, war ein glühender Irredentist, also ein Anhänger jener Bewegung, die die Angliederung der unter österreichischer Herrschaft verbliebenen Gebiete Trentino und Triest an Italien propagierte. ›Terra irredenta‹ ist das unbefreite Land. Er war Professor für Philosophie in Catania, Senigallia und Vicenza, und es stimmt: Biagio Marin schrieb 1911/1912, als er Student in Pisino und Florenz war, an Sebastiano Scaramuzza, schickte ihm seine ersten Gedichte und bat ihn um seine Meinung. Die Antwort des Professors lautete: ›Ja, sehr gut. Aber es ist besser, du studierst weiter.‹ Marin hat dem Philosophen Scaramuzza diese wenig schmeichelhafte Antwort nie verziehen.«

Woher hat Bruno Scaramuzza all diese Informationen? Bis zum Alter von 14 Jahren ging er in Grado zur Schule, danach in Görz ins Gymnasium. Bei einer Bank begann er eine Berufslaufbahn, die ihn quer durch Italien und bis nach Ferrara führen sollte. Dort ließ er sich Mitte der 1970er-Jahre mit seiner Frau nieder. Aber der Grado-Spürhund in ihm war längst geweckt. Jedes Wochenende verbrachte der Bankdirektor Scaramuzza in Grado, alle Ferien sowieso. Weil Grado sein Ein und Alles und die Wurzel seiner Familie ist. Und weil er Grado dokumentieren will. »Ich habe jede freie Minute damit verbracht, Archive und Bibliotheken zu besuchen, um die Geschichte Grados zu erforschen. Ich sammle und kaufe, was ich finden kann, auf der ganzen Welt – Briefe, Bücher, Postkarten, Prospekte, Bilder, Privatsammlungen in Österreich, in Deutschland, in Amerika. Früher auf dem Flohmarkt, heute im Internet. Es gibt Sachen, die habe nur ich.« Da klingt dann doch auch Stolz mit.

Irgendwann will er das alles Grado schenken. Denn hier gibt es keine Archive. Seit mehr als drei Jahrzehnten wird am archäologischen Museum an der Promenade gebaut, und das Pfarrhaus sollte irgendwann ein Kirchenmuseum werden – aber abseits der nie fertiggestellten Museen gibt es keine historische Aufarbeitung der Geschichte der Stadt. »Das ist eine alte Gradeser Krankheit«, sagt Bruno Scaramuzza, »die Gradeser hassen Papier.« Das war schon vor Hunderten von Jahren so, als die Verwaltung Grados einmal im Jahr in Venedig Rechenschaft und Bilanz ablegen musste – Papiere, Rechnungen fehlten damals Jahr für Jahr, sehr zum Ärger der venezianischen Inspektoren. Ein frühes Archiv, das es gab, ist 1810 verbrannt. 1963 hat ein Feuer Unterlagen im Rathaus vernichtet. Und so wie die Gradeser mit ihrer Geschichte umgehen, ist es Scaramuzza dann doch lieber, dass das größte Archiv, das es zu Grado gibt, mit Zehntausenden Bildern, Büchern, Seiten, Listen, Dokumentationen und Urkunden noch in seinem Besitz ist.

Bruno Scaramuzza genießt es, durch sein Grado zu schlendern und es herzuzeigen. Zum Beispiel das Haus seiner Familie gleich

155

bei der Basilica Sant'Eufemia in der Altstadt. »Die großen Gradeser Familien und die Fischer, alle haben in der kleinen Altstadt Tür an Tür gelebt seinerzeit. Der Unterschied war nur, dass die wohlhabenden Familien schon damals Toiletten im Haus hatten, das hatte sonst niemand. Und dass die Häuser größer waren.« Scaramuzza zeigt, bis wohin das Meer im 19. Jahrhundert ging, ehe die Diga, der Damm im Süden der Stadt, gebaut wurde – nämlich bis zur Piazza Duca d'Aosta. Dort, wo sich heute die feinen Lokale, »Da Toni« und andere, aneinanderreihen und die Markthalle steht, dort war nur Wasser – und eine kleine Mauer, die die Stadt vor dem Meer »schützte«. Beziehungsweise nicht.

Er zeigt den Piazzale Donatori di Sangue, der bis 1915 einfach Giardino popolare, Volksgarten, hieß. Es ist jener Platz, auf dem am 4. April 1900 unter großem Jubel der Gradeser der Brunnen entdeckt wurde, der die Wasserversorgung des Seebades sicherstellte. Scaramuzza bleibt vor der Tabaccheria-Cartolibreria Thomann, einer der ursprünglichsten Buchhandlungen Grados, stehen. »Unter österreichischer Verwaltung hieß sie ›Tabak-Trafik Nr. 1‹«, sagt er und zeigt in die Auslage, in der seine Bücher über Grado ausgestellt sind: *I Graisani*, eine Genealogie über die Gradeser Familien, Teil 1 und 2 mit jeweils rund 500 Seiten, sowie eine Geschichte der Gradeser im Ersten Weltkrieg. Ein viertes Buch hat er fertig. *Gradeser Tagebuch* heißt es, »die österreichische Periode 1900 bis 1915«. Haarklein hat Scaramuzza zusammengetragen, wer damals was wem verkauft hat, wo gebaut, intrigiert, verhindert wurde, wie Fortschritt und Verhinderung aufeinanderprallten. Aber das wird nicht erscheinen, sagt Scaramuzza, denn »die Gradeser machen keine allzu gute Figur darin«. In der kurzen Zeitspanne gab es fünf Bürgermeister, »da gab es jeden Tag ›Krieg‹, es wurde nur gestritten. Auch in der Kirche wurde zu der Zeit nur gestritten. Dabei waren das die besten 15 Jahre für den Tourismus in Grado, das war ein Saint Tropez damals, ein wahres Bonbon«. Ein Gradeser Verlag habe das Buch schon abgelehnt, – »aber ich habe keine Eile, ich warte«.

Überhaupt: »Ich mache diese Arbeit nicht für Geld, ich mache sie für Grado«, sagt Bruno Scaramuzza. Als wir am Hotel Fonzari am Rande der Piazza Biagio Marin vorbeigehen, einem modernen, wenn auch nicht ganz unattraktiven Hotelklotz, sagt der Historiker von Freizeitgnaden wie aus der Pistole geschossen: »Hier wurde am 7. Juli 1897 das alte Hotel Fonzari eröffnet. Es war, neben ein paar kleinen Locande, das erste wirkliche große Hotel Grados. Und es hatte, das war das Besondere damals, schon Gasbeleuchtung.« Und wie, ist man versucht zu fragen, war das Wetter an diesem 7. Juli? Bruno lacht: »Wahrscheinlich schön. Im Juli ist es immer schön. Weißt du, die Lagune ist wie ein Regenschirm – das schlechte Wetter bleibt weg, ist überall rundherum, aber nicht bei uns. Das steht so nirgends geschrieben, aber es stimmt.

Werbung für das Grand Hotel Fonzari, das 1897 eröffnet wurde und als erstes Hotel schon damals Gasbeleuchtung hatte

15 »Die Schaukel steht immer noch«

Wieso ein ebenso grandioser wie tröstlicher Eislauf-Olympiasieg auf Rollschuhen in Grado begann. Warum ein Formel-1-Weltmeister sich nicht erinnern will. Und weshalb ein Erzkomödiant nur Genuss und Glück verspürte.

Weil schon von großen Namen die Rede war, die in Grado zu Gast waren – von der Callas bis zu Yves Saint Laurent: Hier haben große Karrieren mitunter auch ihren Anfang genommen.

1972 war das Jahr, in dem Österreich in seinem Nationalstolz zutiefst verletzt und doch fulminant getröstet wurde. Die Verletzung rührte von Avery Brundage her, dem mächtigen Präsidenten des Internationalen Olympischen Komitees (IOC): Er schloss das Skiidol der Österreicher und den großen Favoriten für die Olympischen Spiele in Sapporo, Karl Schranz, noch vor Beginn der Bewerbe aus. Bei einem Benefiz-Fußballspiel war Schranz mit dem Schriftzug einer Kaffeemarke auf dem Trikot auf den Platz gelaufen. Werbung aber war im sogenannten Amateur-Sport verpönt. Verdient werden durfte nur im Profi-Skizirkus in den USA, für den sich kein Mensch interessierte; die sogenannten Amateure, denen Millionen die Daumen hielten, hatten finanzielle Asketen zu sein. Gleichwie: Schranz durfte in Sapporo im Training zur Abfahrt noch Bestzeit fahren und seiner Favoritenrolle gerecht werden. Ganz Österreich hoffte auf die längst überfällige Goldene ihres Ski-Lieblings. Und dann hieß es: Abfahrt. Nicht auf der Piste, sondern nach Hause. Avery Brundage hatte ein Machtwort gesprochen.

Als der vom IOC-Boss Gedemütigte heimkehrte, empfingen ihn mehr als 100 000 Wiener entlang der Strecke vom Flughafen in die Stadt und auf dem Ballhausplatz. Dort winkte »Karli Nationale« vom Balkon des Bundeskanzleramtes, auf den ihn Kanzler Bruno

Kreisky geschoben hatte. So eine Menschenmenge hatte das Land seit mehr als drei Jahrzehnten nicht gesehen … – auch dem jungen Karl Schranz machte der Hype, wie man heute sagen würde, ein wenig Angst.

Im kollektiven Beleidigt-Sein und Jubel-Trotz der Österreicher ging beinahe unter, dass die 20-jährige Wienerin Trixi Schuba tags zuvor in Sapporo die Goldmedaille im Eiskunstlauf errungen hatte. Gold! Die einzige Goldene für Österreich damals in Japan. Die erste und bisher letzte Goldene für eine österreichische Eiskunstläuferin. Die Europa- und Weltmeisterin krönte ihre eindrucksvolle junge Karriere tatsächlich mit dem Olympiasieg. Was für eine beeindruckende Geschichte! Und doch: Trixi Schuba musste sich nach ihrer Heimkehr mit einem Empfang in Linz begnügen, nachdem der Nicht-Olympionike Karl Schranz halb Wien lahmgelegt hatte. Trixi Schuba, die später in Eisrevuen rund um die Welt ihr Publikum begeisterte, wurde zeit ihres Lebens den Schranz-Schatten nicht wirklich los. Aber eine der größten österreichischen Sportlerinnen, im Jahr 1972 auch »Sportlerin des Jahres«, das ist sie wohl geblieben.

Aber was haben die Olympischen Winterspiele von Sapporo mit Grado zu tun? Gar nicht so wenig, denn dass Trixi Schuba überhaupt Olympiasiegerin werden konnte, das liegt auch an dem Platz zwischen der Fußgängerzone, dem Viale Dante Alighieri und dem Strand neben den Ville Bianchi: den Giardini Marchesan. Und es liegt daran, dass die vierjährige Beatrix Schuba, wie sie damals hieß, 1955 mit ihren Eltern in der Villa Reale, einen Häuserblock weiter, Urlaub machte. Den ersten von unzähligen, bis heute.

»Ich weiß noch, wie ich immer mit dem Mario auf der Schaukel gesessen bin«, erinnert sie sich an die strahlenden Kinder-Sommer mit dem Sohn des Hauses, als wäre es gestern gewesen. Was nicht schwerfällt: Der Garten, der einzige große, den es noch gibt bei den alten Häusern in Grado, ist unverändert, so wie damals. Das Dach über dem Platz, wo gefrühstückt, mittag- und abendgegessen wird, wird von dünnen Stehern getragen, die so wie die alten Lampen

Die kleine Trixi Schuba, sichtlich gut gesichert, mit ihrer Mutter auf dem Weg zum Strand

original aus der alten Bahnstation in Görz stammen und damit auch ein Stück altösterreichischer Geschichte sind.

Frau Schuba erinnert sich gerne an besagten Platz 100 Meter stadteinwärts, auf dem heute bunt leuchtende Springbrunnen und ein Spielplatz zum Verweilen einladen, Straßenmusikanten spielen und ab und zu ein Markt Kunsthandwerk und regionale Produkte feilbietet. Damals war dort neben dem Spiel- ein Rollschuhplatz eingerichtet und sonst nicht viel. Der Platz war Magnet für die Urlauberkinder, wenn sie nicht gerade auf dem Strand waren. Auch für die kleine Beatrix. Und nach langem Betteln und Drängen bekam sie ihre ersten Rollschuhe angezogen und drehte, wackelig an der Hand ihrer Eltern, ihre ersten Runden auf dem Gradeser Boden.

Die Loggia, Herzstück der Villa Reale, und die Pergola mit Originalteilen aus dem alten Bahnhof von Görz

Auch Ferdinand Bianchi lebte damals, gerade sechs Jahre alt, im Sommer in den elterlichen Villen neben dem Platz und erinnert sich: »Der Rollschuhplatz, das war das Trauma meines Vaters. Niemand wollte in der danebenliegenden Villa Adria unserer Bianchi-Villen wohnen, wegen des Lärms auf dem Rollschuhplatz. Vor allem am Abend sind dann immer die Burschen gekommen und haben auf Rollschuhen Hockey gespielt.« Von der anderen Seite kam später die Musik der Disco am Strand dazu, »bis elf am Abend, das war nicht leicht für unsere Gäste«.

Hockey sollte es bei Beatrix Schuba nicht werden, Disco noch weniger. Aber Rollschuhe, das hatte was. Wieder zurück in Wien, verfolgten Mama und Papa Schuba im 1955er-Jahr, enthusiasmiert wie alle Österreicher, die Wiedereröffnung der Wiener Staatsoper

Beatrix Schuba (Mitte) auf dem Rollschuhplatz vor den Ville Bianchi –
der Beginn einer fulminanten Eislauf-Karriere

und des Burgtheaters zehn Jahre nach Kriegsende. Sie hätten gerne
für *König Ottokars Glück und Ende* in der Burg Karten bekommen,
hatten aber keine Chance. In ihrer Enttäuschung kauften sie sich
einen Schrankfernseher. Ein Gerät, das es damals um unvorstellbar
viel Geld in noch nicht vielen Haushalten gab – das Leben draußen
hatte erst begonnen, Einzug in die Wohnzimmer zu halten. *König
Ottokar* wurde in der Television noch nicht übertragen, aber als im
November 1955 über den Schwarz-Weiß-Bildschirm die Bilder
einer Eiskunstlauf-Meisterschaft in Großbritannien flimmerten,
sagte die bereits Rollschuh-erfahrene Beatrix vor dem TV-Schirm
bestimmt: »Das will ich auch.«

Am nächsten Tag wanderte Mama Schuba mit ihrer Tochter
zum Wiener Eislaufverein. Der beigezogene Trainer bescheinigte
dem Mädel aufgrund seiner Rollschuh-Erfahrung aus Grado
Talent – und der Rest ist österreichische Sportgeschichte.

1962 endeten die jährlichen Urlaube an der nördlichen Adria. Der über alles geliebte Vater Ernst starb. Und zwar genau am Tag vor der geplanten Abreise nach Grado. Da war Beatrix Schuba gerade elf. Die Lust auf den jährlichen Familienurlaub in der Villa Reale erlosch. Beatrix Schuba machte die Handelsschule fertig, half im Holzhandel der Mutter – und trainierte für eine Eiskunstlaufkarriere, die sie von Höhepunkt zu Höhepunkt führen sollte.

Mehr als drei Jahrzehnte nach dem bitteren Ende der Grado-Urlaube erwachte bei Trixi Schuba, wie sie inzwischen offiziell hieß, die Lust an der Erinnerung. Sie hatte Karriere gemacht, sie hatte die Welt bereist, aber ein Stück von ihr war immer noch in Grado, wie sie sagt. Sie rief in der Reale an, um zu buchen. »Trixi?«, fragte Mario Vianello, der die Villa inzwischen führte, am Telefon. »Ja, ich bin's«, sagte sie. Mario sagte nur: »Die Schaukel steht immer noch.«

Seither ist Österreichs Eiskunstlauf-Star wieder zu Gast bei den Vianellos, immer wieder. Sie schätzt die unveränderte Atmosphäre der Villa, die um ein paar behutsame Renovierungen mehr ins Heute verlegt wurde, und fühlt sich »zu Hause«, jedes Mal, wenn sie kommt. Mario weiß dann, was kulinarisch angesagt ist: Spaghetti Bolognese am Tag der Ankunft und Spaghetti Bolognese am Tag der Abreise. So wie es damals war. Nur dass damals für Beatrix Schuba, wie für alle anderen Kinder, natürlich auch die Tage dazwischen Spaghetti-Bolognese-Tage waren.

• • •

Niki Lauda hat ganz andere Erinnerungen an Grado. Oder eigentlich keine, behauptet er – obwohl er viele Sommer in den 1950er- und 60er-Jahren dort verbrachte. Und obwohl er auch dort bereits in Jugendjahren seine Autofahrlust ausgelebt haben soll. Aber der Reihe nach.

Der dreifache Formel-1-Weltmeister (1975, 1977, 1984) und Flugunternehmer war bekanntlich ein Rebell. Die Biografie des »Niki

Nationale« gehört zur österreichischen Folklore und Allgemeinbildung wie das Wissen des Österreichers um neun Bundesländer oder den Großglockner als höchsten Berg: In eine wohlhabende Wiener Großindustriellenfamilie geboren, interessierte sich der Junior sehr bald für den Motorsport. Aber das Verdikt seines gestrengen Großvaters Hans Lauda (bis 1919 Hans Ritter von Lauda), Ehrensenator der Technischen Hochschule in Wien, lautete: »Ein Lauda soll nicht auf der Sportseite der *Kronen-Zeitung*, sondern im Wirtschaftsteil der *Presse* stehen.« Vor allem gegen den Patriarchen-Großvater lehnte sich der junge Andreas Nikolaus auf. Im Alter von 15 Jahren kaufte er sich, so erzählt die Fama, aus Trotz gegen die Bevormundung in seiner Familie von seinem Taschengeld ein altes VW-Cabrio (Baujahr 1949, das Lauda-Geburtsjahr), mit dem er im Park eines Onkels über selbst gebaute Rampen raste. Mit 18 demolierte er auf der Wiener Höhenstraße einen Mini-Cooper, den er aus der Garage eines Freundes »ausgeborgt« hatte – der Unfallwagen wurde mithilfe der Großmutter repariert und gegen den Renn-Mini des Tourenwagenmeisters Fritz Baumgartner getauscht. Mit diesem Auto fuhr der junge Lauda sein erstes Rennen. Nikolaus Lauda wollte in den Motorsport, unbedingt. Er fälschte sein Maturazeugnis, um seine Industriellenfamilie zufriedenzustellen, lieh sich Geld, um dem Motorsport frönen zu können, und brach schließlich mit seiner Familie.

Die jährlichen Familienurlaube in den Ville Bianchi in Grado, zu denen der andere Großvater einlud, waren für den Buben ein »Trauma«, so viel erinnert er sich dann doch. »Jeden Sommer, 14 Tage lang, über Jahre hinweg, furchtbar«, sagt Niki Lauda. Dass er auch noch mit 17, 18 in Grado gewesen sein soll, hat er ausgeblendet. »Da kann ich mich nicht wirklich erinnern.« Vielleicht hat das alles auch mit dem Trotz von damals zu tun.

Denn Marie Therese Rossetti glaubt, sich sehr gut erinnern zu können. Die Urenkelin des Ville-Bianchi-Gründers war in den 1960er-Jahren als Teenager und junge Baronin Bianchi mit ihrem Vater in den Villen und stand ihren Großtanten, die den Betrieb führten, in den Ferien zur Seite. »Der Niki Lauda war zu Gast da«, erzählt Frau Rossetti, und weiter: »Bei dem hab' ich Autofahren gelernt, da war ich 16. Wir sind in der Nacht gefahren, nach Pineta, das war verboten.« Niki Lauda habe damals erzählt, dass er immer an Autos bastle, alte Traktorenteile verwende, und dass »der Vater verzweifelt war, weil er nicht studieren wollte. Der Vater hat immer gesagt: Der Niki muss Matura machen, dann kann er machen, was er will.«

Jedenfalls, so die Erinnerung der Bianchi-Nachfahrin, »war der Niki mit seinem Bruder da, der dann Arzt wurde, und den Schöller-Kindern. Ein reizender Kerl, der Bruder, den haben wir alle heiß geliebt. Wir waren durch dick und dünn. In der Nacht sind wir über Kreuzungen drüber im letzten Moment, wir waren total verrückt.« Das alles entsprach schon dem Naturell der jungen Baronin Bianchi: »Ich bin halt kein Mädchen: Ich hab' mich für Autorennen interessiert, ich war immer ein Lausbub, schon als Kind.« Noch mit 70 habe sie den Flugschein gemacht, erzählt sie.

Der »reizende Kerl«, Niki Laudas Bruder Florian, kann sich sehr wohl an die Grado-Urlaube erinnern. »Wir sind, seit ich vier, fünf Jahre alt war, jedes Jahr in die Ville Bianchi gefahren. Zwei Wochen. Mit dem Großvater mütterlicherseits, dem nicht so strengen, der die Neusiedler Papierfabrik gehabt hat. Der Vater, die Mutter, mein Bruder, das Kindermädchen, die Lotte, ein paar Cousins, alle mussten mit in die Ville Bianchi, da gab's keine Widerrede. Aber das mit dem Autofahren dort, das weiß ich nicht, ob sich das ausgeht und ob wir in dem Alter noch da waren.« Er kann sich jedenfalls auch nicht erinnern.

Sehr wohl erinnert sich Florian Lauda, der eineinhalb Jahre jünger ist als sein Bruder, ans Autofahren in Hirschwang an der Rax. »Dort hatte mein Großvater ein großes Anwesen, mit drei Häusern, Schwimmbad, Riesengärtnerei, und daneben war der Schöllerpark des Richard Schöller, eines der größten Industriellen in Österreich. Dort haben sich all die Autogeschichten vor dem Führerschein abgespielt. Und dort haben uns der Federico Bianchi, der ›Fri‹, der Bruder der Marie Therese Rossetti, und deren Schwester Verena später auch besucht.«

Federico Bianchi wiederum hat definitiv nicht von Niki Lauda Autofahren gelernt, sagt er. Auch wenn er weiß, dass es mit dem ersten VW-Käfer des halbstarken Lauda-Buben in Hirschwang ordentlich zur Sache ging. Und auch wenn ihm ein paar Fahrstunden beim späteren Weltmeister im eigenen Leben vielleicht zupassgekommen wären. Denn 2016 bestritt der Bianchi-Baron selbst ein »Rennen«: Als »Team Italia« fuhr er mit seiner Tochter Carolina in einem Tesla in 80 Tagen um die (halbe) Welt. 29 000 mit aufregenden Abenteuern gepflasterte Kilometer legten sie auf dieser privaten Rallye durch 20 Länder zurück. Die aufregende Tour und Tortur sollte die Leistungsfähigkeit von E-Autos beweisen. Spanien (Start), Kasachstan, China, USA – und Grado! – lagen auf dem Weg. Neben den Ville Bianchi, dort, wo einst der Rollschuhplatz lag, auf dem Trixi Schubas Karriere begann, pflanzten Bianchi senior und seine Tochter bei ihrem Halt eine Pinie. Die sich seither – flankiert von einer Tafel, die an den Anlass erinnert – prächtig entwickelt.

Zurück aber zu den Jugendtagen und den Sommern in Grado. Florian Lauda erinnert sich, wenn er an Grado denkt, neben viel Spaß vor allem an furchtbare Sonnenbrände. An eine Gokart-Bahn nicht unweit der Bianchi-Villen – was kann es Schöneres für Lauda-Buben geben? Und an ein Drama, das dann doch halb so schlimm war: »Einmal hatten wir schulfrei, da hieß es: Wir fahren nach Grado, schnell schnell, alles war schon eingepackt. Wir spielen noch im Garten, der Niki und ich, der Niki verfolgt mich, gibt mir einen Schubs – ich flieg’ auf ein Steinmäuerl und hab’ eine lange Platzwunde am Fuß. Im Spital hab’ ich drei Klammern an den Fuß bekommen und furchtbar geweint, weil: Jetzt kann ich ja nicht schwimmen gehen in Grado. Was Schlimmeres gibt’s gar nicht, wenn man dorthin fährt. Aber in Grado gab es etwas ganz Tolles, das es bei uns in Wien noch nicht gab: ein Pflaster, das durchsichtig war und das auf die Wunde aufgetragen wurde. Die war dann wie wasserdicht eingeschweißt. Also konnte ich doch schwimmen, und alles war gut.«

Und wieso waren dann die Grado-Urlaube für Bruder Niki alle ein »Trauma«? – »Aber geh', das ist der Niki, der sagt sowas halt«, sagt Florian Lauda und schüttelt liebevoll den Kopf über den großen Bruder.

• • •

Keine Erinnerungen an die nördliche Adria aus ihrer Jugend hat Ursula Strauss. »Ich habe eigentlich keine Beziehung zu Grado, außer dass wir wirklich wunderschöne Drehtage dort hatten«, sagt die sympathische Theater- und Filmschauspielerin aus Niederösterreich – und gehört genau deshalb auch hierher. Als die Laudas in Grado Gas gaben, zumindest auf der Gokart-Bahn, war Ursula Strauss noch gar nicht auf der Welt. Aber 2014 spielte die mehrfache Romy-Preisträgerin und Inhaberin des Österreichischen Filmpreises in dem Streifen *Eine Handvoll Briefe* neben Florian Teichtmeister die Hauptrolle. Die sie am Ende auch in die Ville Bianchi führte.

Der Film handelt von der 40-jährigen Kristin, die eine Affäre mit ihrem verheirateten Chef hat und unglücklich ist. Es geht um einen rätselhaften Koffer voller Liebesbriefe, den ihr Lenny zum Geburtstag schenkt – Lenny, das ist ihr bester Freund und glühender, aber nie wahrgenommener Verehrer seit Jugendtagen. Um die Suche nach Absender und Empfänger der Briefe, die Kristin und Freund Lenny entzweit. Und es gibt ein Happy End der Kategorie »Tausendmal berührt …«.

Dazu muss Ursula Strauss vulgo Kristin zum Schluss der Handlung erst alleine nach Grado reisen und in den Ville Bianchi einchecken (»Haben Sie vielleicht ein Zimmer frei? Auch die Nummer 18, ich war nämlich als Kind schon immer da in diesem Hotel«). Sie muss sich in ihrem Zimmer mit Balkon und Blick zum Meer frisch machen. Und sie muss, gelockt von einer Karte auf ihrem

Bett, an den Strand gehen. So direkt, wie sie das im Film tut, geht das heute zwar nicht (außer man hat den verschwundenen Schlüssel zum Kaisertürl im Zaun). Die Ville Bianchi heißen fürs deutschsprachige Fernsehpublikum übrigens »Villa Bianchi« – kleine Schummeleien für den Film sind erlaubt. Dafür ist die Kulisse der strahlend gelben Villen als Hintergrund, wenn Ursula Strauss durch die Kabanen zum Herzschmerz-Finale schreitet, nicht zu toppen. Wie sie dann zu Lenny den wunderbaren Satz sagt: »Du, sag, wie küsst man sich eigentlich, wenn man sich seit 25 Jahren kennt?«, ist auch nicht zu toppen. Rührendes Ende jedenfalls für einen Film, der abseits der Darbietung der famosen Ursula Strauss von der Kritik nicht wirklich gestreichelt wurde. Der dafür aber den Ville Bianchi ein kleines Denkmal setzt.

•••

Peter Matić ist Streicheln seitens der Kritiker gewohnt – ob als Schauspieler auf der Bühne des Wiener Burgtheaters oder bei den Salzburger Festspielen und in Reichenau, ob als Hörbuchinterpret oder als Synchronstimme von Ben Kingsley. Der Film *Gandhi* ist in der deutschen Fassung ohne Peter Matić nicht denkbar. Und Peter Matić kennt Grado fast ein ganzes und die Ville Bianchi zumindest ein halbes Leben lang.

»Gestern habe ich eine alte Dame getroffen, in der Argentinierstraße, die ich noch nie gesehen habe und sie mich wissentlich wohl auch nicht«, erzählt der Schauspieler bei einem Espresso im Café des Hotel Imperial. »Sie spricht mich an: ›Waren Sie diesen Sommer in Grado?‹ – Ich sage darauf: ›Ja‹. – Sagt sie: ›Ich habe Sie gesehen, in den Ville Bianchi!‹ – Es passiert mir öfter, dass Menschen auf mich zukommen und sagen, wir kennen uns aus den Ville Bianchi.« Soll heißen: Normalerweise würde ein Theaterbesucher einen Schauspieler auf der Straße kaum ansprechen, auch wenn er gerne würde – aber mit den Villen in Grado hat der Passant eine Ausrede, sozusagen eine »Jö-wir-kennen-uns-Krücke«

dafür parat. Zumal die Bühne der Ville Bianchi eine ist, die man kaum unerkannt betreten kann.

Die Beziehung des Peter Matić zu den Ville Bianchi entwickelte sich in Etappen. Sie begann in Triest, wo die Schwester seiner verstorbenen Großmutter lebte, die aus Griechenland stammende Penelope, genannt Tante Nell. In Kinder- und Jugendtagen zu Beginn der 1950er-Jahre fuhren Peter und seine Schwester Marielies Sommer für Sommer für zwei, drei Wochen nach Triest. Und mit Onkel Mani und den Vettern Antonio und Nicolo Rossetti ging es dann im kleinen Fiat Topolino zu Tagesausflügen nach Grado, »weil in die öffentlichen Bäder in Triest, da ist man damals nicht hingegangen«. Von den Rossetti-Brüdern lernte Matić tauchen; schwimmen konnte er schon. »Mich hat der lange, flache Strand so beeindruckt, wir mussten schon damals weit hinausgehen, um schwimmen zu können«, erinnert sich Matić, »und die Ausflüge waren immer mit guten Mahlzeiten verbunden in irgendeinem der Restaurants – wir aßen Spaghetti natürlich, was sonst?«

Es folgten viele Jahre Grado-Pause, bis der Triestiner Antonio Rossetti, der Schwimm- und Tauchvetter aus Kindertagen, 1967 die junge Baronin Marie Therese Bianchi kennen- und lieben lernte. »Und schnell heiratete«, wie Matić erzählt. Fortan war der österreichische Schauspieler mit den Ville Bianchi und Grado verwandtschaftlich verbunden. Ab Anfang der 1970er-Jahre kehrte Matić mit seiner Frau dann regelmäßig in den Ville Bianchi ein. »Das war damals alles noch ein bisschen einfacher als heute«, beschreibt Matić ein wenig euphemistisch den Renovierungsbedarf dieser Zeit, »die Familie hat die Villen noch eigenhändig betrieben. Die Mutter der Marie Therese Rossetti ist in der Küche gestanden und hat das Regiment geführt, der Vater Karl hat sich um alles andere gekümmert.«

Mit Pausen ist Matić bis zuletzt, also lange nach dem Abschied der Familie Bianchi, immer wieder in die Villen gekommen. Wenn er sie mit einem Wort beschreiben soll, dann sagt er »gemütlich«.

15 »Die Schaukel steht immer noch«

169

Vor allem auch, »weil dort Möbel aus der Jahrhundertwende gestanden sind und stehen, wie sie auch meine Eltern hatten. Die sind sehr schön konserviert worden. Wenn ich heute dort eine Kommode aufmache, ist es so, als würde ich zu Hause eine von meinen Eltern geerbte Kommode aufmachen«. Da ist es wieder, das viel zitierte Zuhause-Gefühl. Das auch nicht gestört wird durch die diversen Besitzerwechsel in den Ville Bianchi, die Matić erlebt hat. »Küchenmäßig haben wir den Wechsel erfreulich erlebt«, spricht Matić den letzten Wechsel an und ist lebendes Beispiel dafür, dass Geschmäcker verschieden sind. Dass jetzt jeden Abend »ein etwas eigenartiger Mensch im Garten sitzt und auf seinem Klavicord Musik macht und italienische Schlager singt, das ist ein bisschen unheimlich. Aber es gibt schalldichte Fenster«. Es ist ja doch gut, wenn nicht alles so alt ist wie die schönen Kommoden in den Ville Bianchi.

●●●

Auch Erwin Steinhauer hat italienische Schmachtfetzen gesungen, am Adriastrand, und sich dabei selbst auf der Gitarre begleitet. Nicht im Urlaub, sondern im Film *Meine schöne Tochter*. Es war einer der vielen Filme, in denen der Schauspieler und Komödiant für den österreichischen Regisseur Xaver Schwarzenberger vor der Kamera gestanden ist. Einige davon, wie *Stella di Mare* oder *Meine schöne Tochter*, entstanden in Grado, der Wahlheimat Schwarzenbergers. Und »Cerco l'estate tutto l'anno e all'improvviso eccola qua …«, der unverkennbare Auftakt zu »Azzurro«, klingt in Steinhauers Version fast wie von Adriano Celentano. Da macht niemand das Fenster zu.

»Ich bin erst durch die Arbeit hierhergekommen«, erzählt Steinhauer über seine spät entwickelte Grado-Liebe und seine Freundschaft zu Xaver und Ulli Schwarzenberger. Die beiden lebten Anfang der 1990er-Jahre auf einem Motorboot im Hafen, »das war so mit Pfosten eingesperrt, dass die gar nicht rausfahren konnten«.

**Wenn man ein Schiff in Grado erbt: Erwin Steinhauer und Ulrike Beim-
pold in der Filmkomödie *Stella di Mare***

Später erwarben die Schwarzenbergers ein altes Haus im centro
storico von Grado. Steinhauer hingegen wohnte während der verschiedenen Dreharbeiten in diversen Hotels, »und ein paarmal
auch in der schönen Villa Erica«.

»Wir waren so gut befreundet mit den Schwarzenbergers, dass
wir permanent durch die Gegend gezogen sind«, erinnert sich
Steinhauer. »Ich habe nur von guten Lokalen gelebt. Für mich
waren das Friaul und Grado eine Zeit der Genüsse. Nur Genuss
und Glück.« Erwin Steinhauer liebt die Gegend, er liebt das Klima,
wie er sagt, »und diese wahnsinnig guten und einfachen Lokale, die
unglaubliche Sachen gemacht haben. Ich muss bald wieder dorthin«.

Nach eineinhalb Jahrzehnten Grado-Glück jedenfalls wurde ein
Buch daraus. Günther Schatzdorfer, Maler und Schriftsteller und
»Poet«, überredete den Schauspieler zu einer Art kulinarischem
Reiseführer. »Reiseverführer«, wie Steinhauer sagt. Und zwar mit

einem alten Gradeser Sprichwort, das laut anderen Quellen aus Triest stammt. Egal: es stammt aus der Gegend: »Mai si manja sul stomigo svodo!«, was so viel heißt wie »Man isst nicht auf leeren Magen«. Das sei, sagt Erwin Steinhauer, irgendwie »die Lizenz zum Dauerfressen«.

»Der Günther, den ich ewig lang kannte, hat beim Pfarrer in Duino gewohnt.« Duino ist der entzückende kleine Hafen auf halbem Weg von Grado nach Triest, den halb Österreich als eine Art Wohnzimmer auf dem Weg an die Adria kennt. Die erste Anlaufstelle, um im »Alla Dama Bianca« oder im »Al Cavalluccio« Fisch mit Meerblick zu genießen. Ausgezeichneten Fisch übrigens. »Der Günther hat für den Pfarrer und seine Haushälterin gekocht und hat dafür ein Zimmer und ein Dach über dem Kopf bekommen. Er war ein großer Koch.« Schatzdorfer kannte viele Leute in der Gegend, »also sind wir einfach los. Der Titel für das Buch ist mir sofort eingefallen: ›Einfach. Gut.‹ Weil das Essen dort im Friaul und in Grado einfach und gut ist, ohne viel Adjektive und Superlative«, sagt der Genießer Steinhauer.

Er fuhr mit den Fischern in die Lagune, in der er mit Schwarzenberger früher noch die eine oder andere Film-Party gefeiert hatte. Und er besuchte die einfachsten, aber oft besten Lokale der Gegend, auch in Grado. Einmal war auch ein Nicht-Lokal darunter. »Unser Lieblingslokal hatte zu. Aber nahe der Kirche hatte eines offen, in dem viele Gradeser saßen. Wir sind hinein und haben uns hingesetzt. Wir wollten bestellen, aber es gab keine Karte. Wir haben immer noch auf Fisch und Vongole gehofft, aber es kam niemand. Rundherum haben die Leute gegessen, nur wir nicht. Irgendwann kommt dann die Wirtin und stellt uns einen Riegel Parmesan, ein Brot und einen Wein hin. Das war jetzt nicht das Essen, das wir uns vorgestellt hatten, aber wir haben es zum Wein geschmaust. Als wir zahlen wollten, hat sie das Geld nicht genommen. Und ein alter Gradeser ist vom Nebentisch aufgestanden, hat sich zu uns gesetzt, das Geld zur Seite geschoben und gesagt: ›Ihr seid eingeladen. Das ist keine Trattoria. Das ist das Vereinslokal der Blutspender von

Grado, in dem wir uns nach dem Blutspenden am Morgen treffen. Heute ist Blutspendetag, und das ist das Essen für die Stärkung danach.‹«

Neben der Arbeit blieb auch Zeit für den Strand, manchmal. »Einmal habe ich meinen jüngsten Buben, den Stani, vor den Ville Bianchi, wo die vielen Reihen Schirme sind, verloren. Da hab' ich Blut geschwitzt«, erzählt der Schauspieler. Der Bub war damals gerade einmal drei Jahre alt – und plötzlich weg. »Bumm, das war mir nicht wurscht.« Aber zum Glück gibt es die Dame in der Strandverwaltung, die auch Herrin über das Mikrofon und die Lautsprecher am Strand ist und alle paar Stunden schnarrend durchsagen darf: »Achtung, Achtung, liebe Gäste: Temperatur Wasser: 25 Grad, Temperatur Lufte: 22 Grad …«. Sie ist auch für Notfälle da: »Achtung, Achtung, der kleine Stanislaus suchta seine Eltern«, imitiert Steinhauer die Lautsprecherstimme, die die Erlösung brachte. Der Junior wurde dann beim Eingang zum Strand schnell wieder in Empfang genommen.

»Die haben früher ja auch Kinofilme durchgesagt«, weiß Steinhauer, und weil er gerade so im Stimmenimitieren drinnen ist, erschallt von ihm wie in echt die Stimme der Strandverwaltungsdame: »Achtung, Achtung, eute abend in Cinema Cristallo: *Willst Du ewig Jungfrau bleiben*, mit Beppo Brehme, Paul Lowinger, Sissi Lowinger …«

16 Rezepte aus dem Gradeser Zuhause

Der Reisende, der an die Adria kam, hat nicht immer die
italienische Küche gesucht – aber als er sie in Grado gefunden hat,
wuchs sie ihm vor allem in den Villen an Herz und Magen.

D io ci manda il cibo, il diavolo i cuochi« – Gott gibt uns das
Essen, der Teufel die Köche. Das ist wohl eines der bekann-
testen italienischen Sprichwörter. Es wird gerne, mit einem zufrie-
denen Seufzer, bei oder nach Tisch gesprochen. Und es besagt einfach so viel: Das Essen allein, also Gemüse, Fisch, Fleisch, Obst, das
alles wäre schon eine Sünde wert. Aber wenn dann auch noch der
Koch oder die Köchin kommen und aus den Zutaten ein Gericht
zaubern, dem zu widerstehen unmöglich ist: Dann hat das der
Teufel veranlasst. Erst lässt er uns die Sünden aus der Hand der
Köche genießen und dann büßen …

Gianni Maran mit Skulpturen seiner »pesca miracolosa« – der Künstler
hat die Rezepte auf den folgenden Seiten illustriert.

Nein, es ist nicht bewiesen, dass die italienische Küche besonders anschlüge. Auch wenn die legendäre Sophia Loren der cucina italiana mit einem anderen Sprichwort auf alle Zeiten diesen Ruf eingebracht hat: »Alles, was Sie hier sehen, verdanke ich Spaghetti«, sagte die Loren augenzwinkernd mit Blick auf ihre Rundungen. Manch eine Genießerin der Pasta mag sich gewünscht haben, dass die Nudeln auch bei ihr an den richtigen Stellen aufgetragen hätten, nicht an den anderen. Aber wie sagte schon der Chef des 1877 in Parma gegründeten, weit über Italien hinaus berühmten Nahrungsmittelkonzerns und Pasta-Herstellers Barilla, Paolo Barilla, vor Jahren in einem Interview: »Pasta an sich macht nicht dick. Das übernimmt eher die Sauce. Also esse ich viel Pasta – oft ohne Sauce. Nur gutes Olivenöl und Parmigiano dazu – niente di più (mehr nicht).«

Muss er ja auch sagen. Gleichwie: Die mediterrane Küche ist inzwischen selbst auf der Hitliste der Diäten und der gesunden Ernährung stets auf einem der vordersten Plätze zu finden. Aber wer diktiert eigentlich, was »Hit« und was »gesund« ist? Und will man sich wirklich dem Diktat der sogenannten Influencer oder Foodblogger unterwerfen, die zu ersetzen glauben, was früher das Kochbuch lieferte? Und der gesunde Menschenverstand? Denn das Gesunde ist immer auch von der Zubereitung und von den Mengen an Saltimbocca oder an Gnocchi, an Vitello tonnato und an Pasta abhängig, die man verdrückt – von den vielfältigen und einladenden italienischen Dolci gar nicht zu reden. Wobei es, der Vollständigkeit halber, *die* italienische Küche angesichts der vielen regionalen Küchen zwischen Südtirol und Sizilien gar nicht gibt.

Was aber auf jeden Fall stimmt: Der Teufel hat es so eingerichtet, dass man mehr will von der italienischen Küche – welcher auch immer –, wenn man sie einmal gekostet hat.

Das war nicht immer so. Die österreichischen Gäste, die nach der Wende zum vorigen Jahrhundert an die nördliche Adria reisten, wollten dort vor allem eines: Dass das, was die Küchen in den Hotels, in den Restaurationen und in der Badeanstalt zauberten, so schmeckte wie zu Hause. Alles andere wurde allenfalls mit Vorsicht genossen. Mit ein bisschen Neugier vielleicht, aber es war oft einfach zu exotisch.

Vinzenz Chiavacci, dem Mitte des 19. Jahrhunderts in Wien geborenen Sohn eines italienischen Pfeifenschnitzers, verdanken wir einen Ausweis dieses Wienerischen Misstrauens gegenüber allem Fremden auf dem Teller. Er schuf als Feuilletonist der Wiener Zeitungslandschaft die Figur des Herrn Adabei, der aus dem Urlaub Briefe an den Freund daheim schickte. In *Adabei in Venedig*, von Otto Schenk in den 1970er-Jahren auf einer Langspielplatte wunderbar gelesen, schreibt Adabei das Folgende:

»Venedig, den 3. April 1888.
Liaber Freind! Daß i no leb', verdank' i nur den harten Eiern« – die gehörten damals in jedes Reisegepäck, aber weiter im Text: »denn bei der wällischen Kost wär'n m'r ans nach'n andern umg'standen. I kumm' mit an' Wolfshunger an, stürz' natürli glei ins Speiszimmer und sag', sie soll'n m'r nur bringen, was s' hab'n. ›Tutto, tutto‹ haßt's auf wällisch. Alsdann bringen s' m'r an' Kachel Suppen daher, daß der große Christoph a Sitzbad' drinn nehma kunnt. I kost's, mei Alte kost s' a; ich schau mei Alte an, mei Alte schaut mi' an, a G'sicht hat's g'schnitten, daß i s' gar nimmer kennt hab'. Denk dir: a haß' Wasser, mit an' grawlerten Mehlpapp! Na, sag' i, des is ›niente‹. Niente haßt nämlich nix.«

Wällisch meint übrigens welsch, eine im Deutsch der Jahrhundertwende übliche Bezeichnung für romanische Völker meist in Südtirol und im Trentino, in Österreich abwertend für Italiener verwendet. Adabei klagt aus seinem Urlaubsexil an der nördlichen Adria weiter: »Kummt der Kerl mit aner andern Schüssel; i hab' glaubt, mi trifft der Schlag: Backene Adaxeln, Spinnerinnen und Schneiderfischeln, alles durcheinander auf an' Haufen; des Ganze hat nach Petroleum g'stunken; frittura mista, sagt der Bandit und macht a Fleansch'n bis zu die Ohr'n hintere. ›Daß des a Mist is, des siech i eh', sag' i und stell' die Schüssel g'schwind unter Tisch, daß uns net no was passiert. Drauf sag' i zu meiner Alten, waßt was, sag i, ländlich, sittlich, mir b'stell'n uns was, was s' net mit eahnerer Kocherei verderb'n kinna: Die Austern soll'n soviel guat sein, hör' i; des san Muscheln, die man essen kann. Vielleicht find'n m'r an Hals voll Perl'n drinn ah no.‹«

Also bestellt Adabei bei »Giovanni«, wie vermeintlich jeder Kellner in Italien heißt, »a Dutzend Austriachi, aber guat abg'legen müassen s' sein. Richtig bringt er auf an Teller zwölf Muscheln daher. Na, denk' i mir, des schlitzige Zeug hätten s' a früher außanehma können; aber mit'n Herrichten wissen s' halt net umz'gehen. I schmeiß alsdann das schlitzige Zeug auf an' andern Teller, wasch die Muscheln guat ab und beiß halt eini«. Fehler, denn: »na, du waßt ja, daß i Zähnd hab', mit die man Pflasterstana aufbeißen kann, aber die Muscheln hätt' i net abi bracht, mei' Alte schon gar net mit ihr'n Bergmannischen Gebiß. Wie i mi so abiplag', kummt der Kellner, deut' auf des schlitzige Zeug, was i wegg'schmissen hab', und sagt: molto buono. – ›G'hört schon Ihna‹, sag' i. Richti hab'n m'r an dem Tag nix g'essen als anderthalb Kilo Kas' und dreißig Pomeranschen.«

Der Adabei des Vinzenz Chiavacci leidet sich in der Folge durch seinen Ausflug an die nördliche Adria, aber im PS aus Venedig wird alles gut: »Nachschrift: Triumph! A Bier! I schlenz' ganz verzweifelt durch die engen Gassen, da les' i auf amol: ›Bierhalle und Restauration von Bauer und Grünwald‹. Freunderl, wia mir da war! Mia san anander umm'n Hals g'fall'n und hab'n g'want vor Freud'. Jetzt waß i, wia den Kolumbus g'wesen sein muaß. Freunderl, des Venedig is do a großartige Stadt! I halt scho bein' elften Krügel! An Öl sag i d'r, an Öl! Ewig dein Thomas.«

Die fremde Küche war also zu Zeiten, als das Österreichische Küstenland erste Besucher aus dem Gebiet der Monarchie an die Adria lockte, nicht der »Bringer«, wie man heute sagen würde. »Was der Bauer nicht kennt …«, das galt auch für den wohlsituierten Bürger, der nach Grado kam: Lieber Bewährtes wie

Gulasch oder Rindsbraten, eine Dobos- oder eine gerade in Buda-pest erfundene Esterházy-Torte als Experimente. Und so wurde für die Gäste österreichisch und ungarisch und böhmisch gekocht. Auch aus der französischen Küche kam das eine oder andere auf den Teller, weil diese cuisine in den feinen Salons en vogue war – aber kaum Italienisches.

Das änderte sich nach dem Ersten und vor allem nach dem Zweiten Weltkrieg massiv. Nicht nur, weil Grado nunmehr zu Ita-lien gehörte und sich auch mehr Italiener unter den Gästen der Hotels und Villen fanden. Sondern weil sich vieles in Europa änderte – auch die Neugier der Reisenden. In den 1950er-Jahren brachten die österreichischen und deutschen Urlauber die Erfahrung und den Geschmack der italienischen Küche mit nach Hause. Auch wenn man zu der Zeit noch mit der Warnung gen Süden aufgebrochen war: »Esst nicht zu viel von dem Olivenöl, das macht Bauchweh!« Gleichzeitig kamen die ersten italienischen Gastarbeiter in deutschsprachige Gefilde. In Deutschland eröffnete 1952 die erste Pizzeria, »Sabbie di Capri«, in Würzburg – zum Ver-gleich: In New York hatte schon fast ein halbes Jahrhundert zuvor die erste Pizzeria eröffnet, was an den italienischen Auswanderern lag. In Österreich sollte es noch bis in die Mitte der 1970er-Jahre dauern, bis mit dem »Il Mare« in der Wiener Zieglergasse die erste Pizzeria eröffnete. In dem Lokal des rührigen Pasquale Tavella lie-ßen es sich Stars von Catherine Deneuve bis Falco munden, vor allem aber Stammgäste, die im Urlaub an der Adria den Geschmack von Prosciutto, Branzino und Ossobuco sowie natürlich von Pizza und Pasta lieb gewonnen hatten.

Wobei: Die Pizza war die längste Zeit in Norditalien gar nicht heimisch. Sie wanderte erst aus dem Süden an die Gestade der Adria ein und wurde dank der Vorliebe der Gäste aus dem Norden zum kulinarischen Renner. Und die Pasta ist womöglich gar nicht italienisch … – aber das ist ein uralter Streit: Wurden die Nudeln von den Italienern oder den Chinesen erfunden? Hat Marco Polo sie aus Italien nach China gebracht (wenn er denn je wirklich dort war) oder hat er sie bei seiner Rückkehr aus China mitgebracht? Inzwischen gibt es ein wissenschaftlich-salomonisches Urteil: Die Nudel wurde von beiden erfunden. 2005 brachten Ausgrabungen in China einen 4000 Jahre alten Topf mit Nudeln zutage. Ausgrabungen in Italien brachten Geräte zur Erzeugung von Nudeln aus dem 4. Jahrhundert zum Vorschein. Somit könnten Chinesen und Italiener die Nudel gänzlich unabhängig voneinander entdeckt haben. Auch wenn die Chinesen offenkundig früher dran waren. Gefüllte Teigtaschen in China und Ravioli in Italien – reiner Zufall also. Vermutlich.

Aber das führt weit weg vom eigentlichen Zweck dieses Kapitels (ebenso wie der mögliche Einwand, dass in Linz schon ein paar Jahre vor dem »Il Mare« ein Italiener namens Niccolai im gleichnamigen Lokal kochte).

Der eigentliche Zweck lautet: Die Küche, die der Grado-Besucher in den vergangenen Jahrzehnten vor allem in den Villen genossen hat, ist eine Wohlfühlküche. Italien simpel, unverfälscht, manchmal raffiniert, aber ohne Schnickschnack. So, wie man sich italienische Gerichte wünscht. Zu Hause im Urlaub. Und umgekehrt: Urlaub zu Hause, wenn man sich das eine oder andere Antipasto und ein primo oder secondo selbst zubereitet, wenn die Grado-Sehnsucht wieder einmal besonders groß ist.

Wir haben ein paar Rezepte aus den Villen Reale, Erica und Bianchi zusammengetragen, wie sie dort Tag für Tag serviert wurden und werden, dazu noch ein paar Liebhaber-Rezepte. Die Rezepte sind nicht aufbereitet wie in einem Kochbuch zum sicheren Nachkochen (sicheres Nachkochen gibt es ohnehin nicht, Kochen ist ein ewiges Probieren und Experimentieren mit Gewürzen, Zutaten und Geschmack). Sie sind original so übernommen, wie sie von den Villen-Besitzern und/oder ihren meist langjährigen Köchen niedergeschrieben und weitergegeben wurden. Die Mengenangaben, also für wie viele Personen das jeweilige Gericht gedacht ist, sind auch nicht immer gleich – wir haben es, so gut es geht, angegeben. Sollte die Portion einmal zu groß werden, macht's der

Hunger hoffentlich wieder wett. Wie gesagt: kein klassisches Kochbuch. Aber Seiten zum Gustieren und vergnügt Nachkochen sehr wohl.

Apropos Gustieren: Die Illustrationen auf den folgenden Seiten stammen aus der Hand des Gradesers Gianni Maran. Der Maler, Bildhauer, Bühnenbildner, Kurzfilmemacher und Regisseur, der schon als Kind in die Schule des Künstlers Aldo Marocco ging (wieder so ein Name einer alteingesessenen Gradeser Familie), kam in diesem Buch schon an mehreren Stellen vor. Er ist der Schöpfer des »pesca miracolosa«, des »wundersamen Fischfangs«, auf der Leinwand. Für die Rezeptsammlung hat er zum Bleistift gegriffen und diverses Meeresgetier naturgetreu, ganz anders als auf seinen Bildern, zu Papier gebracht. Zur Illustrierung des Sprichwortes »Dio ci manda il cibo« gleichsam – Essen, wie Gott es uns gab (ehe die Köche die Sünde daraus machten).

Im Übrigen halten wir es gerne mit dem Teufel: »Peccare è umano, rimanere nel peccato è diabolico«, lautet ein anderes, in Italien häufig verwendetes Sprichwort – »Sündigen ist menschlich, in der Sünde verharren ist teuflisch.« Bei diesen Rezepten, so hoffen wir, verharrt man gerne.

17   Villa Reale: Gesetztes Essen statt beliebigem Buffet

Die Küche der Villa Reale hat einen weithin guten Ruf, die Rezepte sind ein wohlgehütetes Geheimnis. Aber für dieses Buch verrät Sabine Vianello einige besonders köstliche wie den Branzino in der Folie oder das Orangen-Tiramisu.

Das Ritual ist jeden Tag gleich: Gegen zwölf Uhr mittags kommen die ersten Gäste vom Strand oder vom Spaziergang zurück in die Villa Reale. Sie begegnen dem Hausherrn oder der Hausfrau auf der Treppe zum Haus oder im weiten Stiegenhaus. Sie verweilen für einen kurzen Tratsch und verschwinden dann auf ihren Zimmern, um sich frisch zu machen. Dann erscheinen sie geschnäuzt und gekampelt, wie man in Österreich sagt, zu Tisch. Der beziehungsweise die Tische stehen im Garten unter der großen, Sschatten spendenden Pergola. Auf ihnen liegt ein kleines Kärtchen mit dem Menü, für mittags (pranzo) auf der einen Seite und für abends (cena) auf der Rückseite: Vorspeise, Hauptgang, Nachspeise sowie Obst und Käse stehen zur Wahl. Extrawünsche nicht ausgeschlossen. Ab 12.30 Uhr wird das Mittagessen gereicht. »Buffet gibt es bei uns keines, das gibt es ohnehin schon überall. Unsere Gäste haben das servierte Essen lieber«, sagt Sabine Vianello. Gesetztes Essen, so war es immer, so wird es auch am Abend wieder sein – zweimal am Tag, wie in einer richtigen Sommerfrische üblich.

Die Küche der Villa hat weithin einen guten Ruf – so mancher Grado-Besucher schaut in der Reale vorbei und fragt nach einem Tisch. Aber hier zu essen, das bleibt ausschließlich den Gästen der Villa vorbehalten. Mit ihren Rezepten ist Frau Vianello auch heikel. Die kulinarischen Unterweisungen aus dem handgeschriebenen Buch der Vianello-Großmutter Hanni Schöffmann sind überhaupt tabu – vor allem die Süßspeisen werden zwar für die Gäste umgesetzt, aber das Wissen darum wird nicht aus der Hand gegeben, niemandem. Ein Foto aus dem Kochbuch für dieses Buch, das ist schon eine große Ausnahme!

Bei den übrigen Rezepten aber ließ sich Sabine Vianello dann doch breitschlagen, ein paar Kostproben zu veröffentlichen. Nur beim Hummer zögerte sie – der ist halt eine Spezialität des Hauses auf Bestellung. Dann verrät sie zumindest so viel: »So schwer ist es ja gar nicht, ihn zuzubereiten. Wir kochen ihn als lebenden Hummer in Salzwasser mit grobem Meersalz, mit Karotte, Lauch, Zwiebel und Sellerie. Dann abkühlen und mit einer Stichsäge aufsägen, den Rücken entnehmen, das Fleisch filettieren und wieder einfüllen. Die Scheren werden auch aufbereitet, sodass man das Fleisch einfach entnehmen kann.« Dazu, sagt sie, russischer Salat, Mayonnaise und frisch im Ofen geröstete Weißbrotscheiben … – und wahrscheinlich möchte man sich so etwas ohnehin lieber gekonnt zubereiten und servieren lassen und nicht selbst Hand anlegen. Was man indes bei den folgenden Rezepten durchaus probieren sollte.

Cozze (Miesmuscheln)

Insalata di mare
Fischsalat

Für die erfrischende Insalata di mare brauchen wir **1 Kilo Krake/Oktopus (Piovra)**, **1 Kilo Tintenfisch (Sepia)**, **300 Gramm Gamberetti (kleine Garnelen)** und **1 Kilo Miesmuscheln** frisch vom Markt, außerdem **500 Milliliter Weißwein** und **3–4 Knoblauchzehen, Olivenöl, den Saft einer Zitrone, Pfeffer, Salz** und klein gehackte **Petersilie**.

Das reicht für gut 10 Personen, aber wenn man schon beim Einkaufen ist … Außerdem schmeckt der Salat so fein, dass jeder gerne nachnimmt. Die Menge klingt nach viel Aufwand, ist es aber nicht. Für einen ganz schnellen Fischsalat können wir natürlich auch eine tiefgefrorene Tintenfisch-/Muschel-/Meeresfrüchtemischung verwenden, die wir für unsere Zwecke auftauen – aber der Geschmack ist, auch wenn die Produkte zum Teil sehr gut sind, definitiv nicht derselbe.

Zunächst werden der Oktopus und der Tintenfisch gesäubert und in reichlich Salzwasser circa eine Stunde gekocht. Dann die Miesmuscheln mit Weißwein und 1 gepressten Knoblauchzehe (die anderen Knoblauchzehen für später aufheben) in einen großen Topf geben und kochen, bis die Muscheln offen sind. Danach das Muschelfleisch auslösen. Die Gamberetti 10 Minuten in leicht gesalzenem Wasser abkochen, putzen und schälen (es können auch bereits in Salzwasser eingelegte, geschälte Gamberetti genommen werden).

Den gekochten Tintenfisch und Oktopus in mundgerechte Stücke schneiden. Die Garnelen und die Miesmuscheln dazugeben.

Nun Olivenöl großzügig und nach Gefühl, 2–3 klein geschnittene Knoblauchzehen, den Saft einer Zitrone, etwas Pfeffer und wenn notwendig Salz dazugeben. Mit viel klein gehackter Petersilie bestreuen. Das Ganze einige Stunden ziehen lassen, kalt stellen, nicht zu kalt servieren. Frischer an einem heißen Sommertag geht nicht!

Bruschette alla Toscana
Geröstete Brotscheiben mit gewürfelten Tomaten

Bruschette sind klassische Antipasti, die aus Mittel- und Süditalien stammen und früher eher ein Arme-Leute-Essen waren. Heute werden Bruschette gerne in verschiedenen Variationen gereicht: mit Olivenpesto, mit Sardellenmousse, mit Ziegenkäse oder mit gehackten Melanzani (Auberginen) und Minze, manchmal einfach mit San-Daniele-Schinken und sonst nichts. Aber die simplen Bruschette alla Toscana, geröstete Brotscheiben mit Tomaten darauf, sind immer noch der Klassiker unter den kleinen Vorspeisen oder Happen zwischendurch. Es kommt nur auf die Mischung und das Würzen an.

Wir brauchen für 10–12 Personen (je nachdem, wie viel diese essen) etwa **1 Kilo reife Fleischtomaten**, die in Würfel geschnitten werden (nicht zu grob). **2–3 Knoblauchzehen** werden ganz klein gehackt und dazugegeben. **Salz** kommt nach Geschmack hinzu, **1 Chilischote (Peperoncino)** wird klein gehackt und untergemischt (auch hier: je nach Geschmack mehr oder weniger Chilischote, das kann man nur probieren). Jetzt fehlen nur noch **Oregano** und **Basilikum**, fein gehackt, es kann aber auch getrockneter sein. Das alles wird in einer Schüssel mit wirklich gutem **Olivenöl** beträufelt und ordentlich durchgerührt, danach ein paar Stunden ziehen lassen.

Zum Servieren werden **Weißbrotscheiben** (am besten natürlich selbst gebackenes Weißbrot) in der Pfanne mit ganz wenig Fett geröstet. Danach werden die Scheiben mit Knoblauch abgerieben (einfach die angeschnittene Fläche **einer Knoblauchzehe** am Brot reiben). Auf einer Hälfte des gerösteten Brotes werden nun circa 1–2 Esslöffel des Tomatengemischs angerichtet und mit einem Basilikumblatt verziert. Auf der anderen Hälfte des Brotes drapiert man locker 2 Scheiben Parmaschinken (hauchdünn geschnitten).

In der Villa wird das Brot täglich selbst gebacken. Es braucht dafür **1 Kilo Mehl**, **40 Gramm Salz**, **40 Gramm Zucker**, **40 Gramm Butter** und **50 Gramm Hefe**. Die Hefe mit etwas Mehl, Zucker und lauwarmem Wasser vermischen und kurz ruhen lassen, bis Blasen entstehen. Dann mit Mehl, Salz, Zucker und weicher Butter vermengen und etwas **Olivenöl** dazugeben. Gut vermischen, 20 Minuten ziehen lassen, nochmals mischen und wieder ruhen lassen. Danach die Masse kneten, bis ein elastischer Teig entsteht, und in Brotform bringen. Den so gewonnenen Brotlaib bei Zimmertemperatur so lange stehen lassen, bis er circa die doppelte Größe hat. Dann 20–30 Minuten bei 180 Grad Celsius im Ofen backen.

Wenn dieses Brot einen Tag alt ist, kann man es in zentimeterdicken Scheiben wunderbar für die Bruschette verwenden. Wer mag, kann die Brotscheiben vor dem Rösten mit einer Essenz aus **Olivenöl, Salz, Pfeffer, Knoblauch** (eventuell **Peperoncino**) und **Rosmarin** bestreichen, und dann ab in den Ofen. Dann aber nach dem Rösten nicht noch einmal mit Knoblauch einstreichen.

Tortelloni di ricotta e spinaci con salvia
Hausgemachte Teigtaschen mit einer Spinattopfenfüllung und frischem Salbei

Ein wunderbares Sommeressen, nicht halb so aufwendig, wie es zunächst scheint – auch wenn es jeden Aufwand wert wäre. Zuerst bereitet man den Teig zu. Hiezu gibt man – wir gehen diesmal von etwa 8 hungrigen Mäulern aus – **500 Gramm Mehl** in eine große Schüssel, gibt **3 ganze Eier** und **1 Eigelb** sowie **etwas Olivenöl** und **Salz** hinzu. Das Ganze mit den Händen oder mit einem Knethaken so lange kneten, bis ein glatter Teig entsteht, den man dann auf der Arbeitsfläche noch ein wenig nachknetet.

Für die Füllung benötigen wir **250 Gramm Topfen, 250 Gramm gekochten Spinat** (das Wasser gut ausdrücken), **1–2 Esslöffel Butter** und **2–3 Salbeiblätter**. Den Spinat und die Salbeiblätter ganz klein hacken oder mit dem Stabmixer weitgehend, aber nicht zu Tode zerkleinern, die sehr weiche Butter dazugeben und den Topfen unterrühren. Die so entstandene Masse wird, wieder nach Geschmack, mit circa **100 Gramm geriebenem Parmesan** und je nach Bedarf mit Salz abgeschmeckt.

Nun teilen wir den Teig in 3–4 Portionen und rollen ihn auf einer leicht angemehlten Arbeitsfläche (sonst bleibt er kleben) auf eine Dicke (Dünne) von circa 2 Millimeter aus. Aus dem flachen Teig schneiden wir 8 x 8 Zentimeter große Quadrate aus (man kann auch kreisrunde Teigstücke ausstechen). In die Mitte jedes Quadrats setzt man mit einem Esslöffel einen Klecks Spinatfüllung und bestreicht die Ränder des Teiges mit Wasser. Zusammendrehen und einen »Tortellone« formen. Das geht leichter, als man glaubt. Dann das Teigstück zu einem Dreieck falten und die Ecken einschlagen oder den Kreis zu einem Halbkreis zusammenlegen – für das Formen gibt es die verschiedensten Varianten. Nach zwei, drei Faltungen hat man die ansehnlichste schnell heraus.

Die Tortelloni nun in reichlich kochendes Salzwasser geben und 5–7 Minuten ziehen lassen (so lange, bis sie oben schwimmen). In einer Pfanne **100–200 Gramm Butter** erhitzen, weitere **Salbeiblätter** mitrösten und die abgetropften heißen Tortelloni kurz in der Pfanne mitschwenken. Mit frisch geriebenem Parmesan servieren.

Risotto giallo (milanese)
Safranrisotto

Risotto gehört heute ins Repertoire jedes Hobby- und jedes Starkochs. Von Jamie Oliver bis Tim Mälzer werden noch und noch verfeinerte Rezeptvarianten angeboten, mit Wein natürlich und mit Stangensellerie, auf dass sie sich unterscheiden von dem, was eigentlich ganz, ganz simpel ist: Reis, Brühe, Rühren. Vor allem Letzteres ist wichtig, dann kann eigentlich wenig schiefgehen.

Für 4 Personen nehmen wir **circa 300 Gramm Rundkornreis bzw. speziellen Risottoreis** sowie einen ¾ Liter Rindssuppe (Fleischbrühe). Wir zerlassen in einem großen Topf **1–2 Esslöffel Butter** und geben den Reis dazu. Für gewöhnlich wird in der Butter vorher eine ganz klein geschnittene **Zwiebel** 15 Minuten bei mittlerer Temperatur weich gedünstet, aber für Safran-Risotto lässt man sie in der Reale-Küche lieber weg. »Allergien, Unverträglichkeiten, die Mägen werden halt immer empfindlicher«, sagt die Herrin der Küche. Der Reis wird unter Rühren bei zunächst hoher Temperatur erhitzt. Wenn er glasig und heiß ist, wird der erste Schöpfer Brühe dazugegeben (man kann zunächst auch ein Glas **Weißwein** über den Reis gießen und verdampfen lassen, ehe der erste Schöpfer Suppe kommt – in der Reale kommt gleich die Suppe). Nun den Reis bei etwas reduzierter Temperatur weiter umrühren. Immer, wenn die Brühe vom Reis aufgesaugt ist, wieder einen Schöpfer nachgießen.

In einem separaten Gefäß **4 kleine Säckchen Safran** in etwas Wasser auflösen. Diese Mischung dann in den Risotto einrühren. Nach circa 15–20 Minuten sollte der Reis bissfest (Achtung: nur nicht zu weich) sein. Topf oder Pfanne vom Herd nehmen, **geriebenen Parmesan** (eine kleine Handvoll) dazugeben und **1–2 Esslöffel Butter** unterrühren. Kurz ruhen lassen, nochmals umrühren, servieren.

Gnocchi alla romana
Hausgemachte »Grießnockerln«

Die italienische Küche ist ohne Pasta und ohne Gnocchi wohl kaum denkbar. Und Gnocchi – vom selben Wortstamm stammen auch unsere Nockerln ab – können entweder aus Kartoffelteig sein oder aus Grieß, und zwar Maisgrieß (Polenta) oder Weizengrieß. In der Villa Reale entstehen die flockigen Gnocchi für 4 Personen aus **250 Gramm Weizengrieß**, **1 Liter Milch**, **100 Gramm Butter**, etwas **Salz**, **Muskatnuss** und **3 Eigelb**.

Die Milch mit der Butter zum Kochen bringen, Salz je nach Geschmack und geriebene Muskatnuss dazugeben. Langsam, unter ständigem Rühren, kommt der Grieß dazu. 2–3 Minuten wird das Ganze gekocht, dann von der Flamme genommen und die 3 Eigelb untergezogen.

Die Masse etwas abkühlen lassen, auf einen Arbeitstisch geben und glattstreichen. Die Masse sollte noch 1 Zentimeter dick sein. Mit einem Glas (oder einer Ausstechform) große, gleichmäßige Kreise ausstechen. Die Kreise sollten eine Größe von circa 8 Zentimeter im Durchmesser haben. Diese auf ein gefettetes Blech legen. Mit **Parmesan** bestreuen und **flüssige Butter** darübergießen.

Dann im Ofen bei 200 Grad Celsius so lange backen, bis der Parmesan eine goldgelbe Farbe hat.

Zu den Gnocchi schmeckt am besten eine hausgemachte Tomatensauce. Für diese werden **10 große Tomaten** kreuzförmig eingeschnitten und in siedendem Wasser kurz (eine Minute) überbrüht, anschließend in Eiswasser abgeschreckt, sodass sich die Haut leicht abziehen lässt. Je eine **Zwiebel**, **Karotte**, **Sellerie** und eine große **Knoblauchzehe** klein schneiden und in **Olivenöl** anschwitzen. Die Tomaten grob würfeln und dazugeben, **Salz** nach Geschmack, etwas **Zucker** und **gehackte Basilikumblätter** hinzufügen. Alles so lange kochen, bis es langsam zerfällt, und dann mit einem Pürierstab zerkleinern, je nach Gusto grob oder feiner – fertig!

Pasta con pesto
Nudeln mit Basilikum-Pesto

Für diese Pasta mit einem ebenso einfachen wie wunderbaren Pesto brauchen wir für 4 Personen **1 kleinen Bund Petersilie**, **5 Bund (zwei Handvoll) Basilikum**, **1 große Knoblauchzehe**, je **1 Handvoll Mandeln (geschält)** und **Pinienkerne** sowie gut **100 Gramm geriebenen Parmesan**, bestes **Olivenöl** und etwas **Salz**.

Die Petersilie abzupfen, das Basilikum ohne die groben Stängel dazugeben, Mandeln und Pinienkerne, am besten leicht angeröstet, ebenfalls dazu sowie die grob gehackte, frische Knoblauchzehe. Das alles im Mörser zerstampfen oder mit dem elektrischen Zerkleinerer zerhacken. Etwas Salz zugeben, je nach Geschmack, und die Masse mit Olivenöl bedecken. Dann nach und nach geriebenen Parmesan untermischen und ordentlich verrühren. Wieder Öl und Parmesan dazu, bis das Pesto die richtige Konsistenz erreicht. Zwei Tage im Kühlschrank ruhen lassen.

Das Pesto wird in der Villa Reale zu Linguine gereicht (»sieht aus wie Spaghetti, nur platt«, beschreibt Frau Vianello die Nudeln). Die Linguine können entweder im guten Supermarkt besorgt oder selbst gemacht werden – im Prinzip aus demselben Teig, aus dem auch die Tortelloni gemacht werden: **500 Gramm Mehl** in eine große Schüssel, **3 ganze Eier** und **1 Eigelb** sowie etwas **Olivenöl** und **Salz** hinzugeben. Mit den Händen oder mit einem Knethaken so lange kneten, bis ein glatter Teig entsteht, den man auf der Arbeitsfläche noch ein wenig nachknetet. Etwas ruhen lassen und dann kleine Stücke abschneiden, die man dünn auswalkt und durch die Nudelmaschine dreht (die Maschine gibt es mit verschiedenen Aufsätzen in jedem Geschirrgeschäft für wenig Geld). Die Linguine können entweder gleich in Salzwasser gekocht werden, bis sie al dente sind, oder getrocknet und in luftdichten Gefäßen aufbewahrt werden.

Tagliata con Grana e rucola
Geschnittenes Roastbeef auf Rucola mit Parmesan

Für dieses erfrischend kühle Fleischgericht benötigen wir **1 Kilo Roastbeef** (pro Person rechnet man mit 250 Gramm Roastbeef). Das Fleisch wird mit **Salz**, **Pfeffer**, **Senf**, **Rosmarin** und **Salbei** eingerieben. Wenn möglich sollte das so zubereitete Fleisch bei 1–2 Grad Celsius mehrere Tage im Kühlschrank rasten.

Das Fleisch in maximal 2 Zentimeter dicke Scheiben schneiden und kurz von beiden Seiten anbraten (je nach Geschmack mehr oder weniger rosa). Dann jedes Stück in circa 1 Zentimeter dicke Streifen schneiden.

Anrichten: Auf einen Teller eine kleine Handvoll **frischen Rucola** geben, darauf werden die Roastbeefstreifen gelegt. Einige Rucolablätter noch zusätzlich auf das Fleisch legen und mit einem Hobel dünne, längliche **Parmesanscheiben** reiben und großzügig über das Fleisch und den Rucola verteilen. Das Ganze wird mit feinstem **Olivenöl** beträufelt, mit etwas frisch **gemahlenem Pfeffer** gewürzt und mit einem **Stück Zitrone** verziert.

Branzino al cartoccio
Wolfsbarsch in der Folie

Fisch in der Salzkruste, Fisch in Zeitungspapier gewickelt, Fisch in der Folie – egal, wie wir Fisch bei der Zubereitung hermetisch abschließen, nur so behält er seinen ureigenen Fischgeschmack. Für den Branzino al cartoccio benötigen wir pro Person einen **Branzino (Wolfsbarsch) von circa 300–400 Gramm**.

Zunächst wird der Fisch entschuppt und ausgenommen (wenn der Fischhändler das nicht schon getan hat) und gesalzen. Dann schneidet man sich ein Stück Backpapier zu, in welches der Fisch mit den Zutaten gewickelt werden soll. Nun legen wir den Fisch mittig darauf und fügen folgende Zutaten bei:

2–3 Kartoffeln, die man zuvor halb gar kocht, in Würfel schneiden. **1 Fleischtomate** ebenfalls in Würfel schneiden. Auf bzw. in den ausgenommenen Fisch kommen zudem: **1 Knoblauchzehe**, in kleine Würfel gehackt, etwas **frische Petersilie**, **Pfefferkörner**, **1–2 Lorbeerblätter** und **Olivenöl**. Zusätzlich etwa **100 Milliliter trockenen Weißwein** über den Fisch verteilen. Dann alles mit dem Backpapier zudecken, einrollen und gut verschließen.

Im vorgeheizten Backrohr (180 Grad) werden die Fische im Papier mindestens 25 Minuten lang gegart und dann mit Beilage nach Geschmack serviert – im Rohr auf einem Blech mit etwas Olivenöl 30 Minuten angebratene Kartoffeln eignen sich vorzüglich.

**Branzino (Wolfsbarsch),
serviert bzw. gezeichnet
von Gianni Maran**

Scampi alla busara
Scampi in scharfer Sauce

Einfach und schnell funktioniert dieses Rezept, und es schmeckt nach viel. Für 4 Personen brauchen wir **1 Kilo frische Scampi** (oder auch Riesengarnelen) in der Schale. Keine Angst vor der »Behandlung«. Die Scampi werden einfach mit einem Messer oder einer Schere am Bauch entlang aufgeschnitten. Dadurch kann das Fleisch leichter beim Essen ausgelöst werden.

In einer Pfanne **Olivenöl** erhitzen und **1–2 klein geschnittene Knoblauchzehen** mitdünsten. Die Scampi hinzufügen und das Ganze für gut 2 Minuten – ja, das genügt! – anbraten. Mit einem guten **Schuss Cognac** ablöschen. **2–3 Esslöffel zuvor gewürfelte Tomaten** (ohne Haut) hinzufügen. Für das Häuten der Tomaten diese eine Minute in heißem Wasser blanchieren, dann die Haut ganz einfach abziehen. Mit ¼ **Liter Weißwein** ablöschen. Jetzt nur noch **salzen, pfeffern, klein gehackte Petersilie** und **klein gehackte Chilischote** (je nach Schärfe mit oder besser ohne Kerne) dazugeben. Das alles noch circa 10 Minuten auf kleiner Flamme kochen.

Währenddessen selbst gemachte oder gekaufte **Spaghetti** im Salzwasser al dente (bissfest) kochen und danach die Nudeln kurz in der Pfanne mit den Scampi schwenken.

Zuppa di pesce
Fischsuppe

Die richtige italienische Fischsuppe ist, zugegeben, schon ein bisschen Arbeit, und für die Zutaten braucht es einen guten Markt – aber das Ergebnis ist ein Juwel der nordadriatischen Küche und lohnt in jedem Fall die Mühe. Für 4 Personen nehme man jedenfalls: **1 Kilo Drachenkopf, 1 Kilo Meeräsche, 8 Scampi, ½ Kilo Miesmuscheln, ½ Kilo Venusmuscheln.**
Fisch und Muscheln werden zunächst gewaschen, der Fisch ausgenommen – wenn das der Fischhändler nicht schon besorgt hat – und in mittelgroße Stücke geschnitten.

Trigila
(Meeräsche)

Die Fischstücke (auch Kopf und Schwanz) in **Mehl** wenden. In einer Pfanne Öl erhitzen. Wenn dieses ganz heiß ist, den Fisch dazugeben. Von beiden Seiten anbraten, bis eine Kruste entsteht.
Den Fisch herausnehmen und ruhen lassen. In das heiße Öl nun **300 Gramm Zwiebelringe** geben und andünsten. **2 fein gehackte Knoblauchzehen**, **3–4 Esslöffel gewürfelte Tomaten** ohne Haut sowie **1–2 Lorbeerblätter** hinzufügen (für das Häuten der Tomaten diese eine Minute in heißem Wasser blanchieren, dann die Haut ganz einfach abziehen).
Mit **½ Liter Weißwein** sowie **½ Liter Fischfond** (erhältlich in jedem besseren Supermarkt) ablöschen und auf kleiner Flamme köcheln, dann den beiseitegestellten Fisch wieder dazugeben.

In einem zweiten Topf die Scampi, die Miesmuscheln und die Venusmuscheln mit **etwas Öl** und **Knoblauch** sowie **Wein** kurz andünsten. Wenn die Muscheln aufgegangen sind (die geschlossenen wegwerfen), alles zum Fisch geben.

Salz, **Pfeffer** und **klein gehackten Chili** nach Geschmack beifügen. Mit **klein gehackter Petersilie** bestreuen. Allenfalls noch etwas Wasser aufgießen. Sollte die Fischsuppe umgekehrt zu dünnflüssig sein, kann man mit etwas Semmelbröseln Abhilfe schaffen, aber nur nicht zu viel!

Scampo (Kaisergranat, Scampi)

Crema all'arancia e Grand Marnier
Orangen-Tiramisu

Zuerst wird die Creme zubereitet: Für 10–12 Personen benötigt man **½ Liter Milch, 60 Gramm Mehl, 160 Gramm Zucker, 1 Vanilleschote**, den **Abrieb der Schale einer Zitrone und einer Orange**, den **Saft einer Zitrone, 4 Eier, 250 Gramm Mascarpone, ½ Liter Schlagobers** (Schlagsahne) sowie etwas **Grand Marnier**.

Man bringt die Milch zum Kochen und fügt den Abrieb der Zitronen- und der Orangenschale hinzu. Separat werden die Eier mit dem Zucker schaumig geschlagen. Das Mehl wird langsam beigefügt, ebenso die restliche kalte Milch.

Die zum Kochen gebrachte Milch ganz langsam unter die Masse mit den Eiern mischen und alles zusammen aufkochen, bis es eine homogene Masse ergibt. Dann abkühlen lassen.

Mascarpone und Zitronensaft sowie Grand Marnier nach Geschmack hernach unter diese Masse ziehen und gut durchrühren. Das Schlagobers steif schlagen und unterheben.

Jetzt benötigen wir eine Kuchenform (eckig oder rund) sowie **mehrere Päckchen Biskotten (Löffelbiskuit)** und den **Saft einiger Orangen**. Die Creme wird in der Form circa 2 Zentimeter dick aufgetragen. Die Biskotten werden kurz im Saft der Orangen gewendet und Biskuit an Biskuit auf die Creme gelegt, sodass die Creme ganz bedeckt ist. Darüber kommen wieder 1–2 Zentimeter Creme, dann wieder Biskotten usw. Den Abschluss bildet die Creme. Das Ganze für einige Stunden in den Kühlschrank geben.

Torta alla mela
Apfeltorte

Apfeltorte erhält man in Norditalien bei fast jedem Bäcker, aber dieses wunderbare Rezept ist noch einmal eine Steigerung – eine feine Nachspeise nach einem opulenten Menü in der Villa Reale. Für den Mürbteig benötigt man **250 Gramm Mehl, 125 Gramm Butter, 65 Gramm Zucker, 1 Ei, 1 Esslöffel Rahm**, den **Abrieb einer Zitronenschale** und **etwas Vanille**.

Aus den Zutaten einen Mürbteig herstellen und so lange kneten, bis er ganz glatt ist. Dann im Kühlschrank für mindestens 30 Minuten ruhen lassen.

Ein Drittel des Teiges abtrennen und den anderen Teil sehr dünn (½ Zentimeter) ausrollen und in eine runde Kuchenform geben, der Rand sollte auch nicht dicker sein.

Füllung: **1 Kilo säuerliche Äpfel, Rosinen, Pinienkerne, Zimtpulver, Zucker, etwas Zitronensaft**. Die Rosinen in Wasser einweichen. Die Äpfel schälen und das Gehäuse entfernen, Äpfel in dünne Scheiben schneiden. Pinienkerne, Zimt und Zucker, etwas Zitronensaft sowie die weichen Rosinen hinzufügen und gut durchmischen.

Diese Masse in die Kuchenform geben und glatt streichen. Den restlichen Kuchenteig ebenfalls dünn ausrollen und als »Deckel« auf die Äpfel geben (von Rand zu Rand). Mit einer Gabel in diesen Deckel mehrere Löcher stechen.

Bei 180–200 Grad Celsius Ober-/Unterhitze im Rohr 50 Minuten lang backen. Nach dem Abkühlen mit Staubzucker verzieren.

18 Villa Erica: Der Klassiker auf dem Tisch

Unbedingt ohne Tomaten zubereiten, aber vor allem:
Sagen Sie nie Fischsuppe zu einem Gradeser Boreto.
Auch wenn der Fisch auf dem Teller schwimmt. Fisch kommt
auch noch in einigen anderen Erica-Varianten vor.

Das ist auch so eine Gradeser Geschichte, die durch ständige Weitergabe zur Legende geworden ist: In beinahe jedem Grado-Führer findet sich, in leichten Abwandlungen, der Satz: »Der Boreto nach Gradesischer Art stammt zweifellos aus der Zeit vor der Entdeckung Amerikas, da er im Gegensatz zu anderen Ortschaften Italiens ohne Tomaten zubereitet wird.«

Der Boreto. Das ist das berühmteste Fischgericht Grados. Ursprünglich war es das einfache Essen der Fischer in der Lagune. Es wurde aus jenen frischen Fischen am Boden des Netzes bereitet, die sie nicht mehr verkaufen konnten. Heute hat es sich zu einer Spezialität auf den Speisekarten gemausert, auch wenn der Gradeser nach wie vor nichts Besonderes im Boreto sieht – so macht man eben schnell und einfach einen Fisch. Es gibt dennoch unzählige, da und dort verfeinerte Rezepte. Die unterschiedlichsten Fischarten können dafür verwendet werden. Jedenfalls gehört weiße Polenta dazu. Die Annahme, dass der fischsuppenähnliche »Boreto alla Graisana« in den casoni im sumpfigen Hinterland Grados schon gekocht wurde, als man von Amerika noch lange nichts wusste, liegt nahe. Die Behauptung, dass dem so sei, basiert auf zwei Fakten und einer Vermutung. Faktum ist, dass die Tomate aus Amerika stammt. Vermutet wird, dass sie mit Kolumbus um 1500 nach Europa kam. Und wahr ist, dass der Boreto tatsächlich ohne Tomaten zubereitet wird.

Am wichtigsten aber ist: Sagen Sie nie Fischsuppe zu einem

Boreto. Oder anders: Wenn Sie den Namen vergessen haben und in einem Lokal »diese, na diese Gradeser Fischsuppe« bestellen sollten, kann es sein, dass dem Kellner nicht und nicht einfallen will, was Sie meinen. Denn der Boreto ist keine Suppe.

Auch in der Villa Erica steht Boreto immer wieder auf der Menükarte. Das Haus am Viale Dante Alighieri ist bei Flaneuren für seine kleine Bar im Freien und bei seinen Bewohnern für seine Küche geschätzt. Die gibt es nur für Gäste und in Form von Halbpension, mit einem Salatbuffet, einer täglich wechselnden Auswahl aus vier bis fünf Speisen als Hauptgang und Dolce danach. Fabio und Monica haben über Jahre die auch optisch einladenden Speisen in der Küche gezaubert, und Angela Nadalin, die gute Seele und Geschäftsführerin der Villa, hat uns ein paar Rezepte verraten. »Fisch ist das Lieblingsessen der Gäste«, sagt sie, aber das hätte sie nicht dazusagen müssen. Auch nicht, dass der Boreto, so einfach er auch zubereitet ist, stets ein Höhepunkt auf dem Speiseplan ist.

Ravioli ai crostacei con pesto di agrumi
Ravioli mit Schalentieren und Zitronenpesto

Das Schöne an Ravioli ist letztlich immer die Erwartung an die Füllung – und in diesem Fall auch an das zugefügte Pesto. Für den Ravioliteig brauchen wir, wenn wir von 5–6 hungrigen Mäulern ausgehen, **500 Gramm Mehl, 5 Eier**, ein bisschen **Salz, 1 kleinen Löffel Zucker** und **etwas Olivenöl**. Die Zutaten vermengen, mit einem Knethaken oder mit den Händen kneten, bis ein elastischer Teig entsteht. Etwas ruhen lassen.

Für die Füllung brauchen wir **100 Gramm Ricotta, 300 Gramm ausgelöste Crevetten, Krabben** und **Scampi, 50 Gramm Semmelbrösel, 1 Ei, 30 Gramm geriebenen Parmesan** und je **70 Gramm in gleich feine Stücke gehackte Zwiebel und Karotte** und ein bisschen **Knoblauch**. In einer Pfanne mit etwas Olivenöl die Meeresfrüchte anbräunen und circa 5 Minuten mit etwas Wasser, **Salz** und **Pfeffer** köcheln. Dann abkühlen lassen, abtropfen und mit dem Ei, dem Ricotta, dem Parmesan, den Bröseln sowie dem Gemüse vermischen und noch einmal alles klein hacken oder mit dem Küchenstab zerkleinern (aber nicht pürieren). Nun den Teig dünn ausrollen und in Rechtecke von bis zu 6 Zentimeter schneiden, jedes Rechteck in der Mitte mit einem Patzen Füllung belegen und den Teig zu einem Dreieck zusammenfalten und zu einem Ravioli zusammendrehen (Teigrand anfeuchten).

Für das Pesto werden **1 Grapefruit, 1 Orange, 1 Zitrone** und **1 Mandarine** geschält und enthäutet und möglichst klein geschnitten, mit **50 Gramm gehackter Petersilie, 30 Gramm fein gehackten Mandeln** und einer ebenso **fein gehackten Knoblauchzehe** vermischt. Dazu kommen noch ein paar Tropfen Olivenöl.

Die Ravioli in reichlich kochendes Salzwasser geben, bis sie an der Oberfläche schwimmen (das dauert nur wenige Minuten). Auf dem eher dünnflüssigen Pesto servieren.

Parmigiana di rombo con burrata
Melanzaniauflauf mit Steinbutt und Weichkäse/Mozzarella

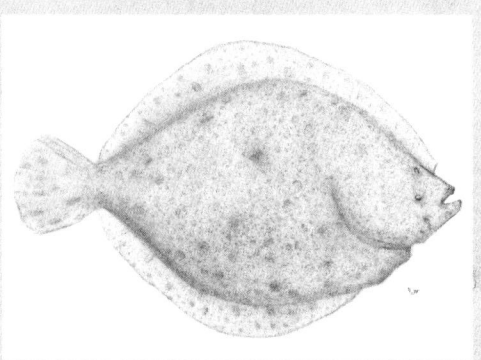

Rombo (Steinbutt)

Dieser Auflauf geht sehr einfach und schmeckt wunderbar nach Gemüse und Fisch. Für 4 Personen brauchen wir **800 Gramm Steinbuttfilets** (wenn der Fischhändler keinen auf Lager hat, tut's auch der sehr schmackhafte Heilbutt), **2 nicht zu große Melanzani (Auberginen)**, **2 reife Tomaten, 250 Gramm Weichkäse bzw. Mozzarella**, einige **frische Basilikumblätter, Olivenöl** zum Frittieren, **Mehl** zum Einmehlen, **Salz** und **Pfeffer**. Zunächst werden die Melanzani in eher dünne, längliche Scheiben geschnitten, gesalzen und mit Küchenpapier abgetupft. 30 Minuten sollten die Scheiben rasten, dann das entstandene Wasser abgießen, die Scheiben mit Küchenpapier abtrocknen und in Mehl wenden. In einer Pfanne die Melanzani dann mit ordentlich Olivenöl auf beiden Seiten braten, hernach auf Küchenpapier abtropfen lassen.

Jetzt werden die Steinbuttfilets gesalzen, gepfeffert und in Mehl gewendet. Anschließend in einer beschichteten Pfanne mit etwas Öl auf beiden Seiten leicht braun anbraten. Danach auch die Fische auf einer Küchenrolle abtropfen lassen.

In einer Auflaufform den leicht eingeölten Boden zunächst mit Melanzanischeiben bedecken, dann abwechselnd Steinbuttfilets, geschnittene Tomatenscheiben und Mozzarella und wieder Melanzanischeiben daraufschichten und schlichten. Die Basilikumblätter darüber verteilen und alles mit Olivenöl beträufeln. Die Auflaufform für gut 10 Minuten bei 200 Grad Celsius ins Rohr geben. Zum Servieren kleine Blöcke aus dem Auflauf herausschneiden.

Trancio di baccalà con verdure e olive taggiasche
Stockfisch mit Gemüse und Oliven

Baccalà ist der in südlichen Ländern wie Italien oder Portugal beliebte, meist auf dem Markt gekaufte Stockfisch. Stockfisch ist getrockneter und gepökelter Fisch, meist Kabeljau/Dorsch. So wurde er früher, vor Kühlschrankzeiten, über Monate haltbar gemacht. Um ihn wiederverwenden zu können, musste/muss man ihn wässern und entsalzen. Dieses Rezept ist eigentlich ganz simpel, einzig das Entsalzen des Stockfischs, wenn er nicht schon entsalzt gekauft worden ist, braucht Zeit – macht aber auch wieder Spaß, weil er so original zubereitet bzw. hergerichtet wird.

Und das geht so: Man braucht eine große Schüssel mit zu gleichen Teilen Wasser und Milch. Der getrocknete Stockfisch bzw. die Filets werden in die Schüssel gelegt, sodass sie ganz mit Flüssigkeit bedeckt sind, und in den Eiskasten gestellt. Alle drei bis vier Stunden (in der Nacht ist's nicht so genau, da darf man durchschlafen) spült man den Fisch unter fließendem Wasser ab und legt ihn in eine frische Wasser-Milchmischung. Nach rund 24 Stunden ist der Fisch entsalzen.

Für 3 Personen brauchen wir **600 Gramm Stockfisch**, **1 kleine Zwiebel**, **1 Pfefferoni**, **2 Zucchini**, **1 Karotte**, **1 Selleriestange**, **2 gekochte und geschälte Kartoffeln**, **60 Gramm Taggiasca-Oliven** (stammen aus Ligurien, sind im gut sortierten Supermarkt oder im italienischen Delikatessengeschäft erhältlich, aber andere gute Oliven tun's auch), **2 reife Tomaten**, **2 Knoblauchzehen**, **1 Handvoll Kapern**, etwas **Mehl**, **Weißwein**, **Olivenöl**, **Salz** und **Pfeffer**.

Jetzt geht's mit der Zubereitung schnell dahin. In einer großen Pfanne wird das gesamte, zuvor klein geschnittene Gemüse in Olivenöl angebräunt und je nach Geschmack gesalzen und gepfeffert. Derweil den abgetrockneten Fisch salzen und pfeffern und in Mehl wälzen. In einer zweiten Pfanne in Olivenöl braten. Mit Weißwein ablöschen und das angebratene Gemüse dazugeben. Mit etwas Wasser, den Kapern und Oliven vermengen und noch 5 Minuten vor sich hin köcheln lassen. Dann kann der Stockfisch mit Gemüse (wenn nicht entgrätet: Obacht!) schon serviert werden, dazu passen noch ein paar Salzkartoffeln als Beilage.

Rana pescatrice arrosta al pepe nero
Seeteufel gegrillt mit schwarzem Pfeffer

Für dieses simple Fischgericht verwendet die Küche der Villa Erica für 4 Feinschmecker **1 Kilogramm Seeteufel**, geputzt und ohne Kopf, ohne Haut und ohne Gräten – am besten schon auf dem Markt filetiert. Dazu **Sonnenblumen- oder Rapsöl**, **Salz** und frischen schwarzen **Pfeffer**.

Die Seeteufel-Filets werden gesalzen und großzügig aus der Mühle gepfeffert, in einer Pfanne im heißen Öl von beiden Seiten angebraten – fertig. Je nach Größe können sie noch in kleinere Filets zerteilt werden. Nun mit ein wenig **Zitrone** beträufeln. Am besten mit Gemüse reichen: **Melanzani, Karotten, ein paar Kartoffeln, Tomaten, Karfiolröschen, Kohlsprosserln** – Menge und Auswahl nach Gusto – in einer Pfanne bissfest dünsten oder in reichlich Salzwasser kochen und zusammen mit dem Fisch servieren.

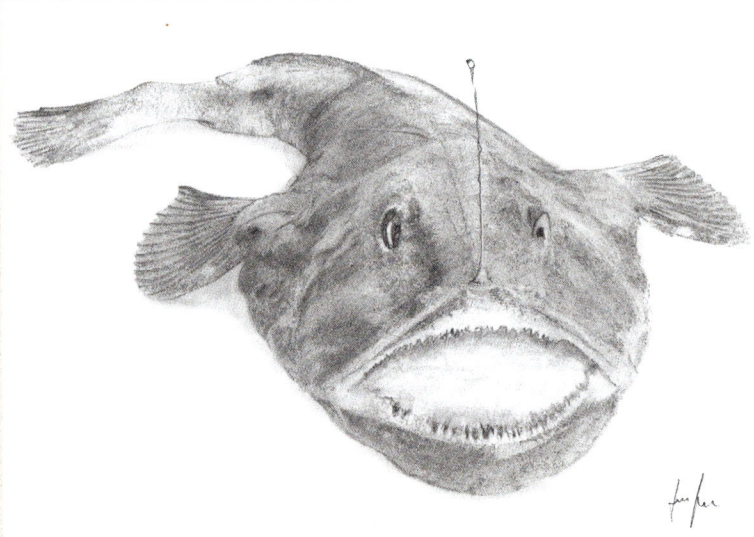

Rana pescatrice (Seeteufel)

Garganelli ai gamberi e pesto
Röhrennudeln mit Garnelenschwänzen und Pesto

Garganelli sind typische Röhrennudeln aus der Emilia-Romagna, zur Not tun es natürlich auch Penne rigate oder Rigatoni. Für dieses Rezept braucht es für 4 Personen **500 Gramm Nudeln**, wofür auch immer sich der Koch entscheiden mag, **200 Gramm geputzte Garnelenschwänze** (die gibt es auf dem Markt und im gut sortierten Supermarkt), **2 mittelgroße Zucchini**, **Salz** und frischen **Pfeffer** sowieso, **Gemüsebrühe**, **2–3 Knoblauchzehen**, **Olivenöl**, **1 Bund Petersilie**, **30 Gramm Schlagobers** (Schlagsahne), **ein bisschen Curry** und einen **Schuss Brandy**, oho!

Die in Stücke zerkleinerten Garnelenschwänze werden in einer großen Pfanne mit Olivenöl und dem zerstoßenen Knoblauch angebraten. Dann Salz und Pfeffer aus der Mühle je nach Geschmack und die klein gehackte Petersilie dazugeben. Mit dem Brandy ablöschen und weiter köcheln lassen. Die in Würfel geschnittenen Zucchini kommen jetzt mit dem Schlagobers dazu. Das alles wird mit der Gemüsebrühe und dem Löffel Curry verlängert. Noch einmal weiter köcheln lassen, bis die Konsistenz sämig ist.

Inzwischen die Nudeln in ausreichend Salzwasser kochen, bis sie bissfest sind, abseihen und mit einem kleinen Rest Nudelwasser in die Pfanne leeren, anschließend mit dem Garnelenpesto vermischen. Parmesan verwendet der Italiener zu solchen Meeresfrüchte-Nudeln nicht sparsam, sondern gar nicht – aber für unseren Geschmack ist er trotzdem, in Maßen, erlaubt.

Paccheri ripieni con ricotta di capra e salsa allo zafferano
Hohlnudeln gefüllt mit Ricotta in einer Safransauce

Paccheri kommen aus Kampanien und Kalabrien und sind kurze Hohlnudeln mit einer großen Öffnung. In der Villa Erica werden Paccheri mit »media misura«, also »mittlerer Größe«, verwendet. Pro Person werden 11–12 Nudeln serviert (die durchschnittliche Öffnung ist vielleicht doch ein bisschen größer). Dazu brauchen wir noch knapp **120 Gramm Ricotta** (von der Ziege, kann aber auch vom Schaf oder der Kuh sein) und **1 Löffel fein geschnittene Kräuter** (Oregano, Basilikum, Salbei – den Geschmack sollte man einfach ausprobieren). Wir sprechen hier immer noch von der Menge für eine Person, bitte je nach Anzahl der hungrigen Mäuler/Gäste multiplizieren! Außerdem **100 Gramm Milch**, **10 Gramm Butter**, **8 Gramm Mehl** und **½ Päckchen Safranfäden**. Ein paar Handvoll geriebener **Grana** gehören auch noch dazu. Die Nudeln sollten zunächst in viel Salzwasser gekocht werden, und zwar halb durch, also noch ein großes Stückchen vor al dente! Dann heben wir die Nudeln heraus und stellen sie in einer ofenfesten Form auf – die Paccheri mit der großen Öffnung, halb durch, können das, einfach so stehen. Sie werden nun mit dem Ricotta und den Kräutern befüllt.

Aus Milch, Butter und Mehl eine Béchamelsauce rühren – in einem Topf die Butter schmelzen und die Safranfäden gleich dazugeben, Mehl hinzufügen und auf mittlerer Flamme kurz weiterkochen, nicht braun werden lassen, langsam, nach und nach, die kalte Milch zur Mehl-Butter-Mischung gießen und mit einem Schneebesen gut verrühren. So lange kochen, bis die Sauce eingedickt ist. Sollte die Sauce zu dick sein, etwas Milch nachgießen, ständig rühren. Ein Hauch Salz und ein bisschen frisch geriebene **Muskatnuss** dazu schadet nicht.

Die mit Ricotta und Kräutern gefüllten Paccheri in der ofenfesten Form mit der frischen Béchamelsauce bedecken. Großzügig mit geriebenem Grana bestreuen und für 8 Minuten bei 180 Grad Celsius ins Rohr geben. Paccheri herausheben und servieren.

Boreto Villa Erica
Steinbutt mit weißer Polenta

Wie der (Unter-)Titel schon sagt: Die Küche der Villa Erica verwendet für ihren Boreto **Steinbutt**, andere Rezepte mischen auch Goldbarsch und Seeteufel dazu. Für 4 Personen nimmt man jedenfalls **1 Kilo**, im Idealfall schon filetiert und mit Haut gekauft.

Zunächst wird in einem geräumigen Kochtopf großzügig **Oliven- oder Sonnenblumenöl (gut ⅛ Liter)** erhitzt. Darin werden **6–7 Knoblauchzehen** angebraten, bis sie schwarz sind. Der Knoblauch wird nun herausgenommen und weggeworfen. Nun den in kleine bis mittelgroße Stücke geschnittenen und leicht gesalzenen Fisch in das heiße Öl legen und anbraten, bis er angebräunt ist. Jetzt ¼ **Liter Weißweinessig, Salz, reichlich schwarzen Pfeffer** hinzugeben und warten, bis der Essig großteils verdampft ist. Dann noch ⅛ **Liter warmes Wasser** hinzugeben und köcheln lassen, bis die Sauce eine sämige Konsistenz hat (circa 10–15 Minuten). Unter den zahlreichen Rezepten zum Boreto finden sich auch solche, in denen außer Wasser auch noch ein wenig **Weißwein** und **Fischfond** dazugegeben wird.

Für die cremige Polenta brauchen wir **350 Milliliter Milch, 350 Milliliter Wasser, 200 Gramm weiße Polenta (Maisgrieß), 30 Gramm Butter, 20 Gramm geriebenen Parmesan, Salz, Pfeffer** und ein kleines Stück **Muskatnuss**. Milch und Wasser werden mit einer Prise Salz in einem Topf aufgekocht. Den Polentagrieß unter ständigem Rühren (!) einrieseln lassen und bei geringer Hitze so lange köcheln lassen, bis er noch weich, aber fast schon leicht formbar ist (circa 20 Minuten). Kurz davor die Butter und den geriebenen Parmesan hinzugeben, ein bisschen Muskatnuss einstreuen und mit Pfeffer abschmecken.

Nun die Polenta neben den Fischstücken in ihrer Sauce drapieren – fertig ist sie, die so bekannte und einfache Spezialität der Gradeser Küche.

Torta caprese bianca
Weiße Caprese

Die Torte stammt, wie der Name schon sagt, von der Insel Capri und ist für ihren luftigen Geschmack berühmt. Und dafür, dass sie ohne Mehl gemacht wird. In diversen Erzählungen über die Insel findet sich auch die Legende, dass drei Mafiosi des berühmten amerikanischen Gangsterbosses Al Capone schuld sind an der Entstehung der süßen Köstlichkeit. Sie waren in den 1920er-Jahren auf Capri »geschäftlich« unterwegs und beauftragten den Konditor Carmine Fiore, den besten Kuchen der Insel für sie zu backen. Aus Versehen, vielleicht getrieben von Angst, vergaß der gute Mann auf das Mehl – und schuf durch diesen kleinen Zufall das beliebteste Dessert Capris. In der Villa Erica wird die Caprese mit weißer Schokolade zubereitet, trägt also sozusagen eine weiße Weste: **150 Gramm Butter, 200 Gramm gemahlene Mandeln, 200 Gramm weiße geriebene Schokolade, 200 Gramm Zucker, 5 Eier, 1 Päckchen Backpulver, geriebene Schale von 2 Zitronen, Saft von 1 ausgepressten Zitrone.**

Die Eier werden geschlagen, Zucker, Zitronensaft und die geriebene Zitronenschale beigefügt. Anschließend die gewärmte Butter und das Backpulver dazugeben. Nun die geriebenen Mandeln mit der geriebenen Schokolade vermischen und unter die Eimasse rühren. Die Masse kommt dann in eine eingefettete Tortenform (Durchmesser 28 Zentimeter) und wird bei 160–170 Grad Ober-/Unterhitze für 45–50 Minuten im Rohr gebacken.

Tiramisù ai frutti di bosco
Frisches Beeren-Tiramisu della Nonna

Tiramisu ist nicht gleich Tiramisu! Ein Tiramisu della Nonna, wie dieses hier auch gern genannt wird – obwohl diese Beifügung wohl für viele italienische Rezepte gilt – sticht natürlich alle herkömmlichen Variationen aus. Daher wollen wir es auch Ihnen nicht vorenthalten, vor allem weil die Herstellung überschaubar ist. Es handelt sich dabei um ein mit Beeren und puddingähnlicher Masse geschichtetes Tiramisu. Für 10–12 Personen brauchen wir **6 Eier, 6 volle Esslöffel Zucker, 500 Gramm Mascarpone, 250 Gramm Waldbeeren (gefroren)**, weitere **4 Zuckerlöffel, 1 nussgroßes Stück Butter, ½ ausgepresste Zitrone** und ein bisschen **Speisestärke**. Außerdem **3 Schachteln Biskotten (Löffelbiskuit)** und **200 Milliliter Fruchtsaft** mit **100 Milliliter Wasser** vermischt.

2 Esslöffel Butter mit 4 Esslöffel Zucker im Topf schmelzen, anschließend die Beeren unterrühren. Danach den Zitronensaft dazugeben und mit der Stärke binden, bis eine feste, puddingähnliche Masse entsteht. Leicht abkühlen lassen. Währenddessen die Creme aus 500 Gramm Mascarpone zubereiten: Die Eier trennen, Eigelbe mit Zucker aufschlagen, Mascarpone unterrühren. Die Eiweiße steif schlagen und unter die Eigelb-Zuckermasse rühren. Biskotten in Fruchtsaft-Wasser-Mischung wenden und in eine längliche Glas- oder Auflaufform legen. Mit Mascarpone und Beerenmischung abwechselnd in die Form stapeln.

Über Nacht kalt stellen. Mit Kakaopulver bestreuen und servieren.

Torta morbida di cioccolato e ricotta
Weicher Ricotta-Schokoladenkuchen

Diese Süßspeise ist am ehesten mit unserem Marmorkuchen zu vergleichen. Aus zwei Massen, einer Schokoladen- und einer Ricottamasse, entsteht, je nach Lust und Laune, ein Kastenkuchen, eine Torte oder ein Kuchen in Gugelhupfform. Zuerst stürzen wir uns auf die Schokomasse: **200 Gramm Schokolade** und **110 Gramm Butter** im Wasserbad schmelzen. Sobald alles geschmolzen ist, **130 Gramm Rohrzucker** einrühren und abkühlen lassen.

In einer weiteren Schüssel **75 Gramm glattes Mehl, 75 Gramm gemahlene Mandeln, 1 Säckchen Backpulver** und eine **Prise Salz** verrühren. Die Schüssel beiseite stellen. Währenddessen den Ofen auf 180 Grad Celsius vorheizen.

3 ganze Eier mit Hilfe eines Schneebesens unter die Schokoladen-Butter-Mischung rühren, bis eine schaumige Masse entsteht. Danach schrittweise die Mehlmischung unterrühren. Zum Schluss **2 Teelöffel Kaffee** hinzufügen.

Jetzt wagen wir uns an die Ricottamasse: **250 Gramm Ricotta** vermengt man mit **70 Gramm Staubzucker, 1 ganzen Ei** und **1 Säckchen Vanillezucker**. Die Schokoladenmasse in eine ausgefettete, mindestens 20 x 30 Zentimeter große Form gießen. Darauf die Ricottamasse leeren und mit einem Messer oder einer Teigspachtel die beiden Massen vermischen, damit ein marmorierter Effekt entsteht.

Circa 20–25 Minuten bei 180 Grad backen, bis der Kuchen durchgebacken ist. Danach abkühlen lassen.

19 Ville Bianchi: Die Vorfreude auf dem Menüständer

Über Jahrzehnte Fixpunkt: Die abwechslungsreiche Küche und das Salat- und Nachspeisenbuffet. Matschkerer wussten schon am Morgen, worüber sie mittags und abends matschkern – und es doch genießen wollten.

Gefühlte Ewigkeiten war es in den Ville Bianchi so: Am Morgen, wenn die Gäste aus den oberen Etagen der Villa Stella Maris oder aus den anderen Villen zum Frühstück kamen, das meist im Garten eingenommen wurde, machten sie noch einen kleinen Abstecher zum Eingang des Speisesaals – dort lag auf einem Speisekartenständer aus Messing bereits der Plan für den pranzo. Auf dass man schon gedanklich fürs Mittagessen aus sechs primi piatti, vier secondi, contorni und dem Dessert-Buffet wählen konnte. Für den Nachmittag hielt es die Familie Grigolon, die das Haus und die Küche bis vor wenigen Jahren mit großer Leidenschaft führte, genauso: Die Speisekarte für die cena, das Abendessen, lag bereits aus, zweisprachig Italienisch-Deutsch, und die Aussicht auf Maltagliati al sugo di fasolari (Kurze Nudeln mit Herzmuschelsauce) und Tagliata di manzo con pomodori e Grana (Rindfleisch vom Grill mit Tomaten und Parmesan) ließ den vom Strand Heimkehrenden schon das Wasser im Mund zusammenfließen. Am Abend war, wie sich das in Italien gehört, die Auswahl an Vor- und Hauptspeisen stets ein wenig größer. Zwar verstand niemand, warum auch ein Tomatensaft zu den Vor- und gerührte Eier zu den Hauptspeisen zählte, aber die Aussicht auf das üppige Salat- und Dessert-Buffet und die Freude auf die wechselnden Beilagen machten zusätzlichen Gusto vorab.

Wobei der Bianchi-Gast stets in zwei Kategorien einzuteilen war – und ist: Jener, dem das in der Küche Gezauberte einfach mundet; und jener, der's beim Disputieren über das Essen stets wie mit dem Wetter hält: Ganz passt es nie, und eigentlich könnte es immer besser sein. Darüber muss man sprechen. Und war es nicht vergangenes Jahr noch deutlich besser, und vor zwei Jahren erst? Die Köche in den Villen, die über viele Jahre dieselben blieben, nahmen es gelassen. Carlotta Grigolon, Hausherrin über so viele Jahre, auch. Alleine, dass die Bianchi-Gäste immer und immer wiederkamen – und Vollpension buchten –, war ja ein bisschen Ausweis dafür, dass die Köche so falsch nicht liegen konnten. Und eine Küche servierten, die viel zu dem schon mehrfach beschriebenen Zuhause-Gefühl in den Villen von Grado beitrug.

So sind auch die Stimmen nach dem Wechsel der Betreiber der Villen einzuordnen: »Der neue Koch, ein Wahnsinn, das ist ja ganz was anderes«, sagen die einen; »na bitteschön, die alte Küche war auch nicht so schlecht, im Gegenteil«, monieren die anderen.

Die Rezepte, die wir präsentieren dürfen, sind die von Carlotta Grigolon und ihrem Küchenteam hochgehaltenen und eigens für dieses Buch zur Verfügung gestellten. Sie haben die Küche der Villen und den Geschmack im Speisesaal über viele Jahre geprägt.

Capesante gratinate
Gratinierte Jakobsmuscheln

Für diese immer beliebte, einfach und schnell zubereitete Vorspeise brauchen wir für 2 Personen **4 Esslöffel fein gehackte Petersilie**, **80 Gramm Mehl** zum Panieren, **50 Gramm Parmesan**, **Pfeffer**, **Salz**, **Olivenöl**, **2 Knoblauchzehen** – und natürlich **8 Jakobsmuscheln** in der Schale.

Capesante (Kammmuscheln)

Zunächst geben wir das Mehl, die Petersilie, den Parmesan, die klein geschnittenen Knoblauchzehen, ein bisschen Pfeffer und eine Prise Salz in eine Schüssel und fügen nur so viel Olivenöl hinzu, dass durch Umrühren eine Art schmierige Paste entsteht.

Die Jakobsmuscheln haben wir entweder schon in der geöffneten Schale gekauft, oder wir müssen die Schalen mit einem stabilen Messer öffnen (an der Seite hineinstechen, halb öffnen und auf der Innenseite entlang der oberen Schale vorsichtig den Muskel der Muschel von der Schale lösen, damit wir nicht durch das Muschelfleisch schneiden). Wenn die Muschel geöffnet und aufgeklappt ist, das Muschelfleisch herausschälen, alles bis auf das weiße Fleisch und den orangen Rogen wegwerfen – die Schalen aber bitte aufheben! Muschelfleisch und Rogen unter fließendem Wasser abspülen (oft ist etwas Sand enthalten), die Schale säubern. Die Muscheln auf Küchenpapier trocknen, das Fleisch wieder in je eine Schalenhälfte legen. Ein Backblech mit Backpapier auslegen und die Muscheln darauf verteilen. Dann die zuvor zubereitete Paste in die Muscheln füllen, sodass das Muschelfleisch weitgehend bedeckt ist. Ein bisschen Olivenöl daraufträufeln.

Das Backrohr bei 200 Grad Celsius vorheizen, dann das Blech auf mittlerer Höhe ins Rohr schieben. Die Muscheln bei dieser Temperatur 10–15 Minuten (eher mehr als weniger) gratinieren.

Spaghetti al sugo di crostacei
Spaghetti mit Schalentiersauce

Für 2–3 Personen benötigen wir für die leichte Sauce **10 größere Scampi**, **10 Garnelen**, **2 Knoblauchzehen**, **500 Gramm Cherrytomaten**, grob geschnitten, **ein paar Esslöffel Olivenöl**, **Salz** und **Pfeffer** nach Geschmack, etwas **Worcestersauce** und **Cognac**. Und wir brauchen etwa **300 Gramm Spaghetti**.

Das Öl in einer großen Pfanne erhitzen, die Knoblauchzehen ganz dünn schneiden, hineingeben; sie sollen eine goldbraune Farbe annehmen. Dann die ausgelösten, geputzten und eventuell halbierten Scampi und die Garnelen hinzufügen, etwas salzen und pfeffern. Sie sollten nicht länger als 3 Minuten herausgebacken werden. Scampi und Garnelen auf einem Küchenpapier abtropfen lassen und zur Seite stellen.

Nun die Tomaten in derselben Pfanne bei starker Hitze anbraten bzw. andünsten, mit Cognac und Worcestersauce ablöschen und circa 5 Minuten weiter dünsten. Scampi und Garnelen wieder dazugeben und noch einmal etwa 5–10 Minuten ziehen lassen.

Währenddessen reichlich Wasser zum Kochen bringen, leicht salzen und die Nudeln hineingeben. Erst dann einen Schuss Olivenöl dazugeben. Die Nudeln kochen, bis sie noch ein bisschen von al dente (bissfest) entfernt sind, und sie in einem Sieb abgießen. Etwas Nudelwasser aufheben. Dann die Spaghetti in die Pfanne mit der Sauce geben, vermischen, das beiseite gestellte Nudelwasser beifügen und bissfest kochen.

Zuppa di verdura
Gemüsesuppe

Für den Klassiker unter den italienischen Suppen, die an heißen Tagen aber auch als einzige Speise mit einem großen Stück Brot gegessen wird, brauchen wir für 4 Personen **1 Zwiebel**, **1 Knoblauchzehe**, **2 Karotten**, **2 Selleriestangen**, **2 Zucchini**, **2 große Tomaten**, **2 Kartoffeln**, **150 Gramm Kohl**, **200 Gramm rote Bohnen**, **1 Bund gehackte Petersilie**, **Olivenöl**, **Salz** und **Pfeffer**.

Das Gemüse wird zunächst gründlich gewaschen. Dann die Selleriestangen, den Knoblauch und die Zwiebel ganz fein hacken. Zucchini, Kohl und Karotten in nicht zu große Stücke schneiden, Kartoffeln schälen und mit den Tomaten in Würfel schneiden.

Ein paar Esslöffel Olivenöl in einem großen Topf erhitzen, Zwiebel, Knoblauch, Karotten und Sellerie einige Minuten unter ständigem Rühren anbraten. Dann das restliche Gemüse hinzugeben und den Topf mit kaltem Wasser auffüllen, bis das gesamte Gemüse bedeckt ist. Zum Kochen bringen und bei zugedecktem Topf circa 40 Minuten köcheln lassen.

Am Ende Salz und Pfeffer nach Geschmack, eventuell Vegeta oder ein ähnliches Gemüsegewürz sowie Petersilie dazugeben, noch 2–3 Minuten köcheln und dann servieren. Auf die servierte Suppe kann, je nach Geschmack, noch geriebener Parmesan gestreut werden.

Crema di sogliola con crostini all'aglio
Seezungencremesuppe mit Knoblauchbrot

Auf dem Markt kaufen wir für 4 hungrige Esser **2 Kilo Seezunge** und bitten den Fischverkäufer, die Seezungen zu filetieren und uns die Karkassen (Kopf, Gräten, etc.) mitzugeben. Dann braucht es noch **4 kleine Schalotten, 1 Selleriestange, 1 Lauchstange, 3 große Knoblauchzehen, 2 Lorbeerblätter** und **1 Zitrone, Olivenöl, Salz** und **Pfeffer** nach Geschmack und **ein bisschen Mehl** sowie **Weißbrot.**

Sogliola (Seezunge)

Zunächst müssen wir den Fischfond zubereiten: In einem großen Topf werden in 2 Esslöffel Olivenöl die klein gehackten Schalotten, der ebenso gehackte Stangensellerie und der Lauch samt einer klein geschnittenen Knoblauchzehe 2–3 Minuten angebraten. Dann die gewaschenen und zerkleinerten Fischkarkassen und die Lorbeerblätter dazugeben und weitere 10 Minuten sanft anbraten.

Danach mit 1 Liter kaltem Wasser aufgießen, zum Kochen bringen und den Fond etwa eine halbe Stunde bei schwacher Hitze köcheln lassen. Dabei gelegentlich abschäumen. Der Fond sollte nur ganz leicht simmern, damit er schön klar bleibt. Den Fischfond leicht salzen und pfeffern, ein paar Tropfen Zitrone dazu und anschließend durch ein Tuch passieren und kalt stellen.

Jetzt die Seezungenfilets waschen und in Stücke schneiden, allfällige Restgräten entfernen. Mit Küchenpapier abtrocknen und einmal kurz in Mehl wälzen. Öl in einem Topf erhitzen, eine in Scheiben geschnittene Knoblauchzehe braun anbraten, Seezungenstücke ebenfalls ganz kurz anbraten. Dann den Fischfond dazugeben. Zum Kochen bringen und alles circa 20 Minuten köcheln lassen. Jetzt noch einmal mit Salz und Pfeffer richtig abschmecken. Dann mit dem Küchenmixer (Stabmixer) cremig passieren.

Weißbrotscheiben toasten oder noch besser in etwas Fett anrösten und mit einer angeschnittenen Knoblauchzehe abreiben. Die Suppe mit den gerösteten Brotscheiben servieren.

Raguttino di mare con polenta tenera
Fischragout mit weicher Polenta

So ein Fischragout habe nur Sinn, wenn man es in einer größeren Menge koche, hieß es in der Küche der Ville Bianchi bei Übergabe des Rezepts. Also reden wir von 8–10 Personen. Dafür braucht es **500 Gramm Miesmuscheln**, **750 Gramm Venusmuscheln**, **500 Gramm Messermuscheln**, **500 Gramm Krabben** (gewaschen). In einem Topf **Öl** mit **2 sehr fein gehackten Knoblauchzehen** erhitzen, Muscheln hineingeben, mit ⅛–¼ **Liter Weißwein** begießen, **salzen**, **pfeffern**, zudecken und 10 Minuten kochen lassen. Dann das Muschelfleisch von den Muschelschalen entfernen. **500 Gramm Tintenfische** und **500 Gramm Kalmare** in Stückchen schneiden, in einem Topf **2 Esslöffel Olivenöl** mit **2 sehr fein gehackten Knoblauchzehen** erhitzen, Tintenfische, Kalmare und Muscheln hineingeben und 7 Minuten zusammen anbraten.

In einem Topf 2 Liter Wasser zum Kochen bringen, salzen und dann **500 Gramm Polenta** einrühren, etwas Butter beigeben und 30 Minuten köcheln lassen.

Polenta mit einem Löffel auf einem Teller anrichten und mit Fischragout bedecken.

Vongole
(Venusmuscheln)

Rotolini di crêpe con baccalà mantecato
Crêpes-Röllchen mit Stockfisch-Mousse

Für das Stockfischmousse brauchen wir, wenn wir von 4 Personen ausgehen, **450 Gramm getrockneten, entgräteten Stockfisch** (z. B. ein-
gesalzener Kabeljau), **2 Knoblauchzehen**, **2 Esslöffel Olivenöl**, **Milch**, **Pfeffer, Salz** und den **Saft von 1 Zitrone**. Den Stockfisch müssen wir zunächst
entsalzen, indem wir ihn in eine große Schüssel legen und mit **kaltem Wasser** und **Milch** (halbe/halbe) bedecken. Alle 3–4 Stunden nehmen wir den
Fisch aus der Flüssigkeit, spülen ihn kalt ab und legen ihn neuerlich in eine
Schüssel mit frischem Wasser und Milch. Nach rund 24 Stunden sollte der
Stockfisch entsalzen sein.
Den Fisch abgetropft und abgetrocknet etwa 15 Minuten pochieren (in
Wasser von circa 75 Grad). Dann den Fisch mit 2 Esslöffel Olivenöl und den
2 Knoblauchzehen im Mixer pürieren, bis die Masse glatt ist. 2 Esslöffel
Milch hinzufügen und weiter mixen, dann Salz, Pfeffer und Zitronensaft
dazugeben. Das Mousse zugedeckt ein paar Stunden bis zu einem Tag
ruhen lassen.
Für die Crêpes benötigen wir **125 Gramm Mehl, ⅛ Liter Wasser, ⅛ Liter
Milch, 2 Eier, 1 Prise Salz** und **1 Esslöffel Olivenöl**. Das Mehl wird mit der
Hälfte der Milch und der Hälfte des Wassers mit einem Schneebesen ver-
rührt und dann kräftig geschlagen, bis die Masse schaumig ist. Eier, Salz
und Öl dazugeben und ebenfalls circa 1 Minute kräftig schlagen. Den Teig
1 Stunde ruhen lassen und kurz vor dem Abbacken die restliche Milch und
das restliche Wasser beigeben und verrühren.
In einer beschichteten Pfanne etwas Öl erhitzen und den Teig portions-
weise, wie für Palatschinken, einfließen lassen. Auf beiden Seiten backen,
anschließend auskühlen lassen. Die so gewonnenen Crêpes mit dem Stockfischmousse bestreichen und eng zusammenrollen. In kleine Röllchen
schneiden und servieren.

Gnocchi neri con asparagi bianchi
Schwarze Kartoffelgnocchi mit weißem Spargel

Schwarz und Weiß machen dieses klassische norditalienische Gericht auch optisch überaus attraktiv. Für die Gnocchi kochen wir – wenn wir von 4 Personen ausgehen – zunächst **450 Gramm Kartoffeln**, bis sie gar sind. Derweil zerlassen wir **20 Gramm Butter**. Wenn die Kartoffeln fertig sind, werden sie geschält und heiß durch eine Kartoffelpresse in eine große Schüssel passiert. Jetzt kommen **200 Gramm Mehl**, **15 Gramm Parmesan** und **2 Esslöffel schwarzer Tintenfischsaft** (erhältlich im guten Supermarkt oder im italienischen Delikatessengeschäft), die zerlassene Butter sowie **Salz** und **Pfeffer** nach Geschmack hinzu. Das alles 4–5 Minuten gründlich kneten – mit dem Knethaken oder noch besser natürlich mit den Händen –, bis ein elastischer Teig entstanden ist. Eine Stunde rasten lassen.

Vom Teig tennisballgroße Stücke abschneiden und auf einer leicht bemehlten Arbeitsfläche zu langen, dünnen Würsten ausrollen. Die Teigwürste in gnocchigroße Stücke schneiden und diese mit einer Gabel etwas flach drücken. Einstweilen auf einen leicht bemehlten Teller legen, damit sie nicht ankleben. Einen Topf mit reichlich gesalzenem Wasser aufkochen. Die Gnocchi hineingeben und im siedenden Wasser ziehen lassen. Wenn sie oben schwimmen, sind sie fertig zum Abseihen.

Für die weiße Spargelsauce nehmen wir **1 Kilo weißen Spargel**, **1 Karotte**, **1 Selleriestange**, **1 Zwiebel**, **3 Esslöffel Milch** und **2 Esslöffel Olivenöl**. Die Karotte, die Selleriestange und die Zwiebel ganz fein hacken. Den Spargel schälen, putzen und in Stücke schneiden. Jetzt wird das Öl in einem großen Topf erhitzt, die gehackte Karotte, Sellerie und Zwiebel werden dazugegeben und angeröstet und dann mit ein wenig Wasser auf mittlerer Temperatur gekocht, bis sie fast zu einer Creme werden – das kann ein wenig länger dauern. Dann werden die Spargelstückchen dazugegeben und mit der Milch unter ständigem Rühren weitergekocht, bis die Spargelstückchen weich sind. Mit Salz und Pfeffer abschmecken und zusammen mit den Gnocchi servieren. Dabei empfiehlt es sich, die Spargelspitzen als Dekoration zu verwenden, indem man sie auf dem Teller extra drapiert.

Vitello tonnato ai capperi
Kaltes Kalbfleisch mit Thunfischsauce und Kapern

Vitello tonnato ist ein aus dem Piemont und der Lombardei stammender Klassiker: Die dünnen Kalbfleischscheiben unter Thunfischsauce finden sich auf jedem besseren italienischen Buffet und werden gerne als Vor- oder auch als Hauptgang serviert. Als Vorspeise für 6 Personen brauchen wir für das Fleisch **1 Kilo bestes Kalbfleisch (Kalbsnuss), 3 Karotten, 1 Sellerie- stange, 1 Zwiebel, 1 Knoblauchzehe, 3 Petersilienzweige, 4 Salbeiblätter, ¼ Liter Weißwein, Saft von 1 Zitrone, 3 Esslöffel Olivenöl, Salz** und **Pfeffer**. Zunächst wird das Gemüse von der Karotte bis zur Petersilie grob geschnitten und mit dem Wein, dem Öl und dem Zitronensaft in einen gro- ßen Topf getan. Wenig Salz und Pfeffer nach Gefühl dazugeben. Das Fleisch, das man zuvor eventuell mit einem Küchengarn in eine längliche Form bin- den kann, wird nun dazugelegt und über ein paar Stunden unter mehr- maligem Wenden mariniert. Dann alle Zutaten in einen Topf geben und mit kaltem Wasser auffüllen, bis das Fleisch bedeckt ist. Das Wasser zum Kochen bringen, nach dem Aufkochen die Temperatur reduzieren und eine knappe Stunde köcheln lassen. Nun den Topf vom Herd nehmen, das Fleisch im Sud auskühlen lassen, herausheben (Garn entfernen), eng in eine Frisch- haltefolie wickeln und im Kühlschrank ordentlich durchkühlen lassen. Ein bisschen von der Brühe aufheben – für die Sauce.

Die Sauce gibt es in den verschiedensten raffinierten Varianten, aber die einfachste ist oft die beste: Wir brauchen **250 Gramm Thunfisch in Olivenöl, 4–5 Sardellenfilets aus dem Glas, 1 Esslöffel Kapern** und **3 Eier**. Die Eier werden zunächst hart gekocht und, wenn sie abgekühlt sind, geschält. In einer Küchenmaschine oder mit dem Stabmixer in einem hohen Gefäß die Eier, den abgetropften Thunfisch, die gewaschenen Kapern und die eben- falls gewaschenen Sardellen durchmixen bzw. fein passieren, von der zuvor beiseitegestellten Brühe so viel zugießen, dass die Sauce sämig, aber ja nicht zu flüssig wird.

Wer mag, kann noch **3 Esslöffel Mayonnaise** in die Sauce untermischen – für die Mayonnaise, wenn wir sie selbst machen wollen, **2 Eigelb**, **2 Teelöffel Weinessig**, ½ **Teelöffel scharfen Senf** sowie **eine Prise Salz** und **Pfeffer** in eine angewärmte Schüssel geben und mit einem Handmixer auf mittlerer Stufe 1 Minute lang schaumig schlagen. Dann bis zu **400 Milliliter bestes Olivenöl** langsam, in kleinen Portionen und unter ständigem Weiterschlagen des Mixers zugießen. Wenn die Konsistenz einer Mayonnaise entstanden ist, **2 Esslöffel Zitronensaft** hinzufügen und mit Salz und Pfeffer abschmecken.

Nun das gut gekühlte Fleisch aus dem Eiskasten nehmen, aus der Folie wickeln und mit einem sehr scharfen Messer – noch besser natürlich mit einer Schneidemaschine – in sehr dünne Scheiben schneiden. Die Scheiben auf einem Teller anrichten und mit der Thunfischsauce bedecken, so viel, dass immer wieder ein bisschen Fleisch durchscheint. Mit ein paar Kapernbeeren garnieren und servieren.

Saltimbocca alla romana
Kalbsschnitzel nach römischer Art

Auch diese feinen Schnitzel mit Salbei und Parma- oder San-Daniele-Schinken sind ein Klassiker der italienischen Küche und deshalb auch in den Ville Bianchi seit jeher sehr beliebt. Für die schnellste und dennoch schmackhafte Variante brauchen wir – für 4 Personen – **4 sehr dünn geschnittene Kalbsschnitzel, 4 Scheiben ebenfalls dünn geschnittenen Parmaschinken, 4 große frische Salbeiblätter, Salz** und **Pfeffer** sowie **5 Esslöffel Butter** und **50 Milliliter Weißwein.**

Die Schnitzel werden nun mit je einer Scheibe Schinken und einem Salbeiblatt belegt, beides wird mit einem Zahnstocher fixiert. In einer großen Pfanne 3 Esslöffel Butter erhitzen und die Schnitzel etwa 2–3 Minuten auf beiden Seiten goldbraun braten. Dann aus der Pfanne heben, die Unterseite mit Salz und Pfeffer nach Geschmack würzen und warm stellen.

Den Bratenrückstand in der Pfanne mit dem Weißwein ablöschen und etwas einkochen lassen. Noch einmal 2 Esslöffel warme Butter mit dem Schneebesen unter die Sauce rühren und ebenfalls mit Salz und Pfeffer abschmecken. Die Kalbsschnitzel mit der Sauce servieren und aus den Beilagen auf den nachfolgenden Seiten eine wählen – Kartoffeln passen in jedem Fall.

Fegato di vitello con burro e salvia
Geröstete Kalbsleber mit Butter und Salbei

Eine »g'röste Leber«, im Idealfall vom Kalb, ist auch in Österreich von der Speisekarte jedes besseren Gasthauses nicht wegzudenken. In Italien ist das nicht anders. Am besten schmeckt der fegato oft in den einfachen Lokalen entlang einer Fernstraße, in die die Berufsfahrer einkehren (und die Italienbesucher auch einkehren sollten!) – und in den Ville Bianchi.

Für dieses Rezept für 4 Personen benötigen wir **500 Gramm Kalbsleber,** in dünne Scheiben geschnitten, **75 Gramm Mehl**, **125 Gramm Butter**, **8 frische Salbeiblätter**, **125 Gramm Zwiebel**, in feine Streifen geschnitten, **Salz** und **Pfeffer** nach Geschmack, **1 Teelöffel getrockneten Majoran** und **125 Milliliter Kalbsfond oder Rindssuppe**, den Kalbsfond der Einfachheit halber aus dem Glas, die Rindssuppe, wenn gerade nicht frisch vorhanden, aus einem Suppenwürfel zubereitet.

Die Leberscheiben werden ganz leicht in Mehl gewälzt und gepfeffert (aber noch nicht gesalzen, sonst werden sie beim Braten hart). In einer Pfanne die Butter erhitzen und die geschnittenen Zwiebelstreifen goldbraun anrösten. Den Salbei beigeben und erhitzen. Dann wird die Leber darin auf beiden Seiten angebraten. Den Majoran hinzufügen und den Fond/die Suppe, etwas Salz nach Geschmack und die Leber in ihrer Sauce noch 3 Minuten bei geringer Hitze köcheln lassen.

Zusammen mit der Sauce servieren, auch hier ist die Beilage Geschmackssache – in den Villen empfiehlt man neben Kartoffeln auch frischen Spinat.

Spinaci alla crema
Spinat mit Obers

Die Beilagen in den Ville Bianchi sind einfach und schnell zubereitet. Zum Beispiel der Spinat für 4 Personen: **1 Kilo frischer Spinat**, **20 Milliliter Schlagobers**, **20 Gramm Butter**, **1 Esslöffel Mehl**, **Salz**, **Pfeffer**, **½ Muskatnuss** und **Parmesan** – fertig.

Also vor »fertig« natürlich den Spinat waschen und 5 Minuten in ausreichend Wasser kochen. Danach abtropfen lassen. Das Mehl mit dem Schlagobers vermischen. Jetzt in einer Pfanne die Butter erhitzen und den Spinat anbraten, salzen und pfeffern und ein bisschen von der Muskatnuss dazureiben. Dann die Schlagobers-Mehl-Mischung darübergießen und den Spinat circa 20 Minuten auf mittlerer Flamme unter häufigem Wenden braten. Beim Servieren kann etwas Parmesan über den Spinat gestreut werden. Wer mag, kann beim ersten Anbraten natürlich auch ½ **Knoblauchzehe**, in Scheiben geschnitten, mitbraten – Spinat ohne Knoblauch in dieser Variante ist aber einmal etwas erfrischend anderes.

Finocchi gratinati
Fenchel-Gratin

Für 4 Personen verwenden wir **4 Fenchelknollen**, **1 Esslöffel Zitronensaft**, **3 Esslöffel Butter**, **½ Muskatnuss**, **Salz**, **Pfeffer** und **2 Handvoll Parmesan**. Der Backofen wird zunächst auf 175 Grad Celsius vorgeheizt. Währenddessen den Fenchel putzen, das Fenchelgrün beiseitestellen. Die Knollen in circa 1 Zentimeter dicke Scheiben schneiden und mit dem Zitronensaft in nicht mehr voll kochendem Salzwasser 3 Minuten blanchieren. Anschließend herausnehmen und gut abtropfen lassen. Eine Auflaufform mit Butter einfetten, die Fenchelscheiben hineinlegen und mit zerlassener Butter übergießen, salzen, pfeffern und eventuell mit ein bisschen Muskatnuss und auf jeden Fall mit Parmesan bestreuen. In das Backrohr schieben und 25 Minuten goldgelb backen.

Patate alla parigina
Kartoffeln parisienne

Die schmackhaften Kartoffelkugeln sind eine wunderbare Beilage zu vielen Hauptgerichten und machen Spaß beim Zubereiten. Für dieses Rezept ist es schwer, Mengenangaben zu geben, weil die Patate je nach Personenzahl und Hunger bereitet werden können. Man kann ja einmal mit **1 Kilo großen Kartoffeln** für 4 Personen beginnen, dazu braucht man **3 Esslöffel Butter, 2 Esslöffel Olivenöl, ein paar Salbeiblätter, Salz** und **Rosmarin**.

Das Backrohr auf 180 Grad Celsius vorheizen. Zunächst werden die rohen Kartoffeln geschält, dann sticht man mit einem Kartoffellöffel (im Geschirr-handel erhältlich) rund 3 Zentimeter große Kartoffelkugeln aus. Kurz in kaltes Wasser legen, dann die Kugeln in kochendem, gesalzenem Wasser circa 3 Minuten blanchieren und anschließend gut abtrocknen. Eine Auflaufform mit der Butter einfetten, das Olivenöl dazugeben, die Kartoffelkugeln hineinlegen und Salbei sowie gezupften oder klein geschnittenen Rosmarin dazugeben. Die Kartoffeln im Rohr braten, bis sie goldgelb sind.

Cavolo romanesco all'olio d'oliva
Grüner Kohl mit Olivenöl

Der Romanesco-Kohl schmeckt nicht nur gut, er ist mit seinem bizarren Wuchs auch hübsch anzusehen – zu schade, um ihn kochtechnisch zu zerstören. Also nehmen wir **1 Kilo grünen Kohl**, eben Romanesco-Kohl, **Salz** und **Olivenöl**, **Meersalz** und schwarzen **Pfeffer** aus der Mühle. Das genügt für etwa 6–8 hungrige Esser. Der Rest ist simpel, simpler geht es gar nicht: Den Kohl je nach Größe der einzelnen Kohltürme in kochendem, gesalzenem Wasser 5–15 Minuten kochen, je nach gewünschter Bissfestigkeit (man kommt nicht umhin, ein größeres Röschen herauszufischen und es zu kosten). Den Kohl aus dem Wasser nehmen und abkühlen lassen. Dann mit etwas Olivenöl beträufeln, allenfalls ein bisschen Meersalz und geriebenen schwarzen Pfeffer dazugeben. Man kann auch Olivenöl mit darin angebratenen Sesamkörnern über den Kohl träufeln.

Caponata
Süßsaurer Gemüseeintopf

Der Gemüseeintopf, der in Italien meist als Beilage serviert wird, mit viel Weißbrot aber durchaus auch als Hauptgang durchgeht, stammt aus Sizilien. Dort wurde er bereits in der zweiten Hälfte des 19. Jahrhunderts von einem Konservenunternehmer in großen Mengen produziert und verschifft – für Auswanderer vor allem in Amerika, die Sehnsucht nach heimischem Geschmack hatten.

Wir brauchen für 4 ordentliche Beilagenportionen **2 Melanzani (Auberginen), 2 Karotten, 3 Zucchini, 1 Paprika, 1 Selleriestange, 5 Tomaten, 1 Zwiebel, eine Handvoll Kapern, Minzeblätter, Basilikumblätter, getrockneten Oregano, 1 Esslöffel Zucker,** ein bisschen **Essig, 4 Esslöffel Olivenöl,** schwarzen **Pfeffer,** ein paar **schwarze Oliven** und ein **bisschen Chili.**

Das Gemüse wird zunächst gewaschen und – bis auf die Tomaten und die Zwiebel – in Würfel geschnitten. Die Melanzaniwürfel leicht salzen und in einem Sieb 2 Stunden abtropfen lassen, dann vorsichtig noch ein bisschen Wasser ausdrücken. In einem großen Topf das Öl erhitzen und die Würfel goldbraun frittieren. Herausheben und auf einem Teller beiseitestellen.

Im selben Öl die gewürfelten Karotten, Stangensellerie, Zucchini und Paprika frittieren. Auch dieses Gemüse gut abtropfen lassen und zur Seite stellen. Jetzt die Zwiebel klein hacken und die Tomaten würfeln und im selben Öl bei mittlerer Temperatur 15 Minuten anbraten. Beim Umrühren die Kapern beifügen, ganz vorsichtig mit wenig Chili würzen, Minze und Basilikum, Oregano, Zucker, Oliven und, je nach Geschmack, ein paar Löffel Essig dazugeben. Dann das übrige Gemüse wieder beifügen und weiterdünsten, bis die Konsistenz nicht zu weich, aber auch nicht zu bissfest ist. Am Ende die abgekühlten Melanzaniwürfel untermischen und noch einmal mit Salz und Pfeffer abschmecken.

Patate alla Sassi
Kartoffeln aus dem Rohr

Die knackigen Kartoffeln sind wieder ein bisschen einfacher zuzubereiten und eignen sich als Beilage für viele Gerichte. Wir nehmen für 6 Personen etwa **1½ Kilo Kartoffeln**, **4 Esslöffel Olivenöl**, **1 Esslöffel Butter**, grobes **Meersalz** und **geschnittenen Rosmarin**. Das Backrohr wird zunächst auf 180 Grad vorgeheizt. Die Kartoffeln werden geschält, gewaschen und in Würfel geschnitten. Dann in kochendem Wasser kurz blanchieren. Eine Auflaufform oder ein Backblech mit der Butter einfetten, die Kartoffelwürfel drauflegen, mit dem Olivenöl beträufeln und Meersalz sowie Rosmarin drüberstreuen. Im Backrohr für circa 20 Minuten backen, bis sie leicht knackig sind. Eventuell gegen Ende die Temperatur für zwei, drei Minuten stark erhöhen.

Taccole al pomodoro e basilico
Fisolen mit Tomaten und Basilikum

Auch eine ganz einfache Beilage für viele Hauptgerichte. Für 6–8 Personen nehmen wir **1 Kilo Fisolen (grüne Bohnen)**, **2 Esslöffel Olivenöl**, **2 Esslöffel Butter**, **500 Gramm Tomaten** (gewürfelt), **frisches Basilikum** (zerzupft), **Salz** und **Pfeffer**. Die Fisolen werden zunächst gewaschen und geputzt, anschließend in gesalzenem Wasser 10–15 Minuten gekocht. Herausheben und abtropfen lassen. Jetzt Öl und Butter in einer Pfanne zerlassen, die auf Küchenpapier abgetrockneten Fisolen darin anbraten. Die Tomaten (können ruhig aus der Dose sein, der Tomatensaft sollte aber abgetropft sein) und das Basilikum dazugeben und mitköcheln. Mit Salz und Pfeffer abschmecken.

Zuccotto
Italienische Kuppeltorte

Ein Traum aus Biskuit und Baiser, eine Torte wie aus dem Schaufenster einer Pasticceria! Für uns die ultimative Torte aller Torten! Die Zuccotto ist nicht ganz unaufwendig in der Herstellung, vor allem eine bautechnische Herausforderung, doch sie belohnt optisch und geschmacklich all die Mühe! Das Endergebnis hat die Form einer Kuppel wie die des Petersdomes in Rom, nur damit eine erste Idee – und architektonische Zielvorgabe – für das Gesamtkunstwerk entsteht und die folgenden Backschritte besser nachvollziehbar sind.

Wir beginnen mit einem unkomplizierten Biskuitboden, eventuell schon am Vortag gebacken: Das Backrohr auf 175 Grad Celsius Ober-/Unterhitze vorheizen. Danach das **Eigelb von 5 Eiern**, **120 Gramm Staubzucker** und **1 Esslöffel Vanillezucker** gut schaumig schlagen. Das restliche Eiklar zu steifem Schnee schlagen und unter die Dottermasse heben. **50 Gramm Speisestärke** und **50 Gramm Mehl** darübersieben und vorsichtig unterheben. Die Masse auf ein mit Backpapier ausgelegtes Backblech gießen und circa 15 Minuten backen. Der Boden ist fertig, wenn an einem in den Teig gesteckten Holzstäbchen kein Teig kleben bleibt. Den Boden aus dem Backrohr nehmen, stürzen, das Papier abziehen und komplett auskühlen lassen.

Nun machen wir uns an die Schokoladen-Baiser-Füllung: Man nehme **200 Gramm dunkle Schokolade**. Die Hälfte der Schokolade grob raspeln. Die andere Hälfte in kleine Stücke teilen und mit **100 Milliliter Schlagobers** (Schlagsahne) in einem kleinen Topf bei niedriger Hitze schmelzen, dabei ständig umrühren. Sobald die Schokolade geschmolzen ist, den Topf vom Herd nehmen und auskühlen lassen.

50 Gramm ganze Haselnüsse in einer Pfanne ohne Fett bei mittlerer Temperatur erhitzen, bis sich die Haut zu lösen beginnt. Dabei ständig umrühren und darauf achten, dass die Nüsse nicht verbrennen. Die gerösteten Haselnüsse auf ein Küchentuch leeren und mit dem Tuch kräftig reiben, sodass sich die Häute ablösen. Auf einen Teller geben und auskühlen lassen. Dasselbe Prozedere machen wir mit **50 Gramm geschälten** (!) **Mandeln**. Die

Mandeln in einer Pfanne ohne Fett kurz anrösten, bis sie zu duften beginnen. Vom Herd nehmen, auf einen Teller geben und auskühlen lassen. Beide Nusssorten auf ein Schneidbrett geben und grob hacken. Jetzt **50 Gramm Baiser** (gekauft) grob zerkrümeln und auf einen Extrateller geben. Nun sage und schreibe **900 Milliliter** (!) **Schlagobers** mit **50 Gramm Staubzucker** steif schlagen. Die 100 Gramm geraspelte Schoko zusammen mit den gerösteten, gehackten Mandeln und Haselnüssen unterheben. Anschließend die Schlagobersmasse in zwei Teile teilen. Das Baiser unter die eine Hälfte heben, die geschmolzene und abgekühlte Schokolade unter die andere Hälfte.

Jetzt kommt der gestalterische Teil, der Bau der Kuppel: Man nehme eine große Schüssel und lege sie mit Frischhaltefolie aus. Aus dem Biskuit eine kleine Scheibe ausschneiden und auf den Boden der Schüssel legen. Aus dem restlichen Biskuit Streifen schneiden und die Schüssel damit auslegen. Jetzt das Biskuit mit **Amaretto (4 Centiliter)** bestreichen. (Als Kindergeburtstagsvariante **50 Milliliter Wasser** oder Orangensaft mit **50 Gramm Zucker** aufkochen lassen und damit bestreichen.) Die Baisermasse auf dem gesamten Biskuit verteilen und glatt streichen. Die Schicht sollte überall gleich dick sein. Die Schokomasse hineingießen und die Schüssel nach Möglichkeit bis 1 Zentimeter unter dem Rand füllen. Darauf die restlichen Biskuitstreifen legen und die Kuppel damit zudecken. Mindestens 6 Stunden im Kühlschrank kalt stellen.

Jetzt trennen uns nur noch wenige architektonische Details vom Genuss: Die gestürzte Kuppel wird mit einer Glasur aus 150 Gramm geschmolzener dunkler Kuvertüre überzogen. Das Finale grande sind gehackte Mandeln, Zuckerperlen oder, wie im Original, Staubzucker, der über eine strahlenförmige Schablone gesiebt wird – die man sich freilich zunächst in Kuppelform zuschneiden müsste. Oder einfach eine künstlerische Verzierung von Hand – den Dekorationskünsten sind hier keine Grenzen gesetzt.

Tiramisu
Schichtdessert

Sie darf auf keinem Dessertbuffet fehlen, jene Nachspeise aus Venetien, die ihren Siegeszug weit über die italienischen Grenzen hinaus antrat, um zu bleiben. »Tirami su« heißt wortwörtlich »zieh mich hoch« – möglicherweise eine Anspielung auf die Kraftnahrung Tiramisu. Denn eine beliebte Erklärung für die Namensgebung ist, dass im Ersten Weltkrieg italienische Frauen die Soldaten mit der nahrhaften Speise versorgt haben sollen. Eines ist allen Arten von Tiramisu gemeinsam: Sie bestehen aus abwechselnden Schichten von Biskotten oder Löffelbiskuits, im Italienischen nach ihrer savoyischen Herkunft auch Savoiardi genannt, und einer Creme, meist aus Mascarpone, Eigelb und Zucker.

Für ein Dessert für 6 Personen schlagen wir zuerst das **Eiweiß von 2 Eiern** zu Schnee. In einer anderen Schüssel rühren wir **100 Gramm Staubzucker** mit dem **Eigelb von 4 Eiern** und **1 Schuss Amaretto** mit dem Mixer auf höchster Stufe schaumig. **500 Gramm Mascarpone** dazugeben und wieder rühren. Den Eischnee unterheben.

Eine Schicht Biskotten auf den Boden einer Schüssel legen, davor einzeln kurz in kalten Kaffee tunken. Die Hälfte der Mascarponecreme darauf verteilen. Die zweite Schicht Biskuits darüberlegen, den Rest der Masse obenauf verteilen. Mindestens 2 Stunden in den Kühlschrank stellen. Kurz vor dem Servieren **Kakao** durch ein kleines Sieb auf dem Dessert verteilen.

Panna cotta
Pudding auf Italienisch

Viel Schlagobers (Schlagsahne) plus viel Milch, Gelatine, Zucker und Vanille ergibt ein leichtes Dessert. Übersetzt heißt die Nachspeise Panna cotta gekochtes Schlagobers, und viel mehr ist auch nicht drin. Aber der Reihe nach. Bei diesem Rezept gehen wir von 4 Personen aus: In wenig kaltem Wasser **5 Blätter Gelatine** einweichen. **2 Vanilleschoten** auf einer Seite aufschneiden und das Vanillemark herauskratzen. In einem Topf **300 Milliliter Milch** mit **200 Milliliter Schlagobers**, den ausgekratzten Vanilleschoten, dem Vanillemark und **50 Gramm Zucker** langsam aufkochen und bei schwacher Hitze circa 15 Minuten köcheln lassen. Anschließend die Vanilleschoten herausfischen und danach die ausgedrückten Gelatineblätter langsam unter ständigem Rühren einrühren, bis sie sich aufgelöst haben. Danach die noch warme Masse in Gläser oder Schalen füllen und kalt werden lassen. Für circa 2 Stunden im Kühlschrank lassen, mit Erdbeersauce oder beliebigen Früchten im Glas garnieren und servieren. Die Panna cotta kann auch aus den Gläsern/Schalen auf einen Teller gestürzt werden (dafür das Glas kurz in heißes Wasser tauchen, danach stürzen).

Meringata
Etagentorte aus Biskuit, Vanille- und Meringue-Creme

Baiser, auch Meringue oder Windbeutel genannt, gilt unter Freunden süßer Sünden als besondere Köstlichkeit. Eine ganze Torte mit Meringue-Creme aus Eischnee und Zucker zu krönen, ist der perfekte Abschluss nach einem ausgiebigen italienischen Abendessen. Ein wenig Baukunst und Geduld sind aber Voraussetzung.

Man beginnt mit der Herstellung einer circa 7 Zentimeter hohen Biskuit-torte: **4 ganze Eier** mit **Zucker** (Menge nach Gefühl) schaumig schlagen, bis eine helle Masse entsteht – dabei gilt: je heller, also je mehr Zucker, desto mehr Volumen! Etwa 5–7 Minuten auf höchster Stufe mit dem Handmixer schlagen. **1 Teelöffel Vanilleextrakt** einrühren, **130 Gramm glattes Mehl** unterheben. In einer runden Backform mit 23 Zentimeter Durchmesser (ein-gefettet und bemehlt) circa 45 Minuten bei 180 Grad Celsius backen.

Für die Vanillecreme **400 Milliliter Milch** zusammen mit **50 Gramm Zucker** in einem Topf aufkochen lassen. **Eigelb von 3 Eiern** mit weiteren **50 Gramm Zucker** in einer Schüssel cremig rühren, **35 Gramm Mehl** hinzufügen und verrühren. Anschließend in die Eimasse die heiße Milch einrühren. Dafür die Creme in einen Topf umfüllen, auf kleiner Flamme unter ständigem Rühren aufkochen lassen, bis die Creme eindickt. 3–4 Minuten bei milder Hitze weiterrühren, **1 Teelöffel Vanilleextrakt** hinzufügen. Creme vom Feuer neh-men und abkühlen lassen, dabei öfter umrühren, damit sich keine Haut bil-det. Bis zur Weiterverwendung kühl stellen

Den fertigen Biskuitboden mit einem Sägemesser vorsichtig in vier Schich-ten schneiden! Die Vanillecreme unmittelbar vor Verwendung mit **400 Milli-liter steif geschlagenem Schlagobers** mischen. Die unterste Schicht Biskuit auf eine flache, ofenfeste Platte legen und mit einem Drittel der Creme bestreichen. Darauf die zweite Schicht Biskuit legen und wieder ein Drittel Vanillecreme darauf. Mit der dritten Schicht Biskuit und der restliche Vanille-creme verfährt man genauso. Die letzte Schicht Biskuit bedeckt die Torte und ist zugleich Boden für die köstliche Meringe-Creme.

Dafür werden die **Eiklar von 5 Eiern** (Zimmertemperatur!) in einer Schüssel mit **250 Gramm Zucker** und dem **Saft von ½ Zitrone** geschlagen, bis die

Masse steif und glänzend ist. Jetzt noch **1 Teelöffel Vanilleextrakt** hinzufügen. Die Meringe-Creme mit einer Spachtel dick und wellenförmig auf die gefüllte Torte auftragen. Die Oberfläche mit etwas Zucker bestreuen und die Torte für etwa 2–3 Minuten in den sehr heißen Ofen (280 Grad) geben. Sobald sie leicht gebräunt ist, herausnehmen und abkühlen lassen.

20   Ein bisschen Grado am Burgring

Was ein Szegediner Hummerkrautfleisch mit Grado zu tun hat, und wie Starkoch Christian Domschitz im Wiener »Vestibül« auch für Gradeser Gäste Saltimbocca alla romana und grüne Minestrone zaubert.

€in Treffpunkt des guten Geschmacks, eine Wiener Brasserie mit internationalem Touch, ein etablierter Traditionsbetrieb im Herzen der Stadt« – so selbstbewusst – und zutreffend! – beschreibt Spitzenkoch Christian Domschitz sein Domizil für Gäste in Wien: das Restaurant »Vestibül« im rechten Trakt des Wiener Burgtheaters, dort, wo das Traditionshaus am Ring in den Volksgarten überzugehen scheint. Jenes Lokal, das er seit 2015 mit seiner Frau Veronika Doppler zu einer kulinarischen Institution in Wien gemacht hat. Guten Geschmack, den nimmt man dem Haubenkoch sofort ab, von seinen perfekt sitzenden Anzügen über sein einnehmendes Auftreten bis zu den Kreationen auf dem Teller – und einiges davon hat er sich in Italien, dem Land des in vielerlei Hinsicht guten Geschmacks, und in Grado abgeschaut.

Christian Domschitz ist einer jener Grado-Besucher, die die Stadt, ihre Bewohner und das besondere Flair so lieb gewonnen haben, dass sie sich für eine Zeit zweitwohnsitzlich dort niedergelassen haben. Domschitz tat es mit seiner Veronika in einem Haus im centro storico Grados, in der Calle pescheria. Nomen est omen, denn Fisch ist natürlich auch auf der Speisekarte seines »Vestibül« in Wien zu Hause. Wann immer es ihre Zeit erlaubte, düste das Paar an »seine« Adria, in »sein« Grado, um dort in der schmalen Wohnung im ersten Stock erst recht wieder eine Art Gasthausbetrieb zu eröffnen, ein open house für Freunde. »Unsere Tür war immer offen und die Zahl der ›Stammgäste‹ und Freunde, die bei uns eingingen, um spät und immer später wieder auszugehen, wurde immer länger«, erinnert sich der Gastgeber. »Wir sind auch oft vor dem Haus in der Straße gesessen und haben den Reiz Grados zu allen Jahreszeiten genossen. Selbst im Jänner und Februar, gerade bei Nebel, wenn nur noch die Hartnäckigen ausharren.«

Sein Kalbfleisch bezieht Domschitz seitdem nur noch aus Italien, »die Italiener füttern das Kalb einfach anders«. Und seine Freundschaft mit Hummertauchern und Fischhändlern hat ihn vieles gelehrt. Etwa, dass Fische im Dezember und Jänner von noch feinerer Qualität sind als im übrigen Jahr.

Ins »Vestibül« geht man nicht nur, um zu essen. In das sympathische Lokal kommt man, um mit Geschäftspartnern oder Freunden zu plaudern. Man fühlt sich bald als Freund des Hauses – und es kommen viele andere Freunde des Hauses. Etwa Gianni Maran, der Künstler und Nachbar aus Domschitz' Gradeser Zeiten. Wenn er für eine Ausstellung in Wien ist, dann schaut er im Burgtheater vorbei – nicht in Sachen Hochkultur, sondern in Sachen Hochgenuss für den Gaumen. Und dann nimmt er schon einmal eine Gabel und zeichnet für seinen Freund Christian mit der Balsamico-Creme auf dem Teller einen Fisch à la Maran – oder mit dem, was von dem verspeisten Fisch übrig ist: den Gräten.

Domschitz, der jahrelang das »Schwarze Kameel« bekocht und zu kulinarischer Größe geführt hat, kocht unter anderem Italienisch – aber immer mit eigener Note. Und er kocht eigene Kreationen. Das Szegediner Hummerkrautfleisch zum Beispiel ist längst zu einem Klassiker im Restaurant »Vestibül« geworden.

Zu diesem besonderen Gericht hat Christian Domschitz »eine besondere Beziehung«. Begonnen habe er mit dem Hummer auf Sauerkraut Ende 1994: »In einer rund halbjährigen Testphase holte ich viele Meinungen darüber ein und überlegte, ob es einen fixen Platz auf der Speisekarte bekommen sollte. Die Stammgäste waren sich einig.« Seit knapp zwei Jahrzehnten zählt das Hummerkrautfleisch zum Fixstarter auf seiner Speisekarte und ist von dort nicht mehr wegzudenken. »Außerordentlich freue ich mich, wenn weitgereiste Gäste zu mir kommen und explizit nach ›Lobster with creamy cabbage‹ fragen. Oder nach ›aragosta erba‹, wenn sie aus Grado kommen.«

Für *Gusto auf Grado* hat uns Christian Domschitz drei seiner Lieblingsrezepte im Original zur Verfügung gestellt. Darunter natürlich das Hummer-Lobster-Aragosta-Krautfleisch. Guten Appetit!

Minestrone verde
Grüne Minestrone

Zutaten für 4 Personen: **200 Gramm grünes Saisongemüse** (z. B. grüner Spargel, Lauch, Zucchini, Jungzwiebel, Schnittlauch, Stangensellerie, Erbsen, Kaiserschoten, Fisolen), **1 Liter Gemüsefond, 1 Handvoll Liebstöckel, 1 Handvoll Blattspinat, 1 Bund Schnittlauch, 1 Handvoll Kräuter der Saison** (z. B. Basilikum oder Wiesenkräuter wie Löwenzahn oder Schafgarbe), **50 Gramm Suppennudeln, Olivenöl, Salz, 1 Esslöffel zerstoßene Eiswürfel.** Für den **Gemüsefond: 3 Karotten, 2 gelbe Rüben, 2 große Zwiebeln, 1 Sellerie, 1 Lauch, 1 Bund Schnittlauch, 50 Gramm Liebstöckel, 50 Gramm Petersilie, schwarze Pfefferkörner, Wacholderbeeren, Lorbeerblatt, Salz.**

Für den Gemüsefond das Gemüse schälen und grob schneiden, die Zwiebeln mit Schale halbieren und in einem Topf ohne Öl goldbraun braten und mit gut 1 Liter Wasser aufgießen, restliche Zutaten beigeben, kurz aufkochen und 1 Stunde ziehen lassen, dann abseihen.

Die Garnitur Saisongemüse putzen, in möglichst feine Streifen schneiden und im Gemüsefond knackig kochen – dabei muss man auf die unterschiedlichen Garzeiten der Gemüsesorten achten. Währenddessen die Suppennudeln in gesalzenem Wasser al dente kochen.

Zum Färben der Minestrone Liebstöckel und Blattspinat mit dem Messer fein hacken und in einer Pfanne mit Olivenöl kurz anschwenken. Anschließend in einem hohen Becher gemeinsam mit dem zerstoßenen Eis zu einer homogenen Creme pürieren, salzen und dem aufgekochten Gemüsefond hinzufügen.

Mit einem Lochschöpfer das mitgekochte Gemüse mittig wie ein Türmchen anrichten, die Nudeln beigeben und die heiße Suppe rundherum angießen. Die Kräuter der Saison zupfen, mit Olivenöl vorsichtig beträufeln, leicht salzen und dekorativ auf das Gemüsetürmchen aufsetzen. Mit geschnittenem Schnittlauch und einigen Tropfen Olivenöl vervollständigen.

Abschließend gibt uns Christian Domschitz noch einen Tipp: »Wenn ich zu Hause Gäste einlade, begrüße ich sie als allererstes gerne mit einer ganz kleinen Tasse heißer Suppe. Probieren Sie die ›kleine Version‹ der Minestrone, in der Espresso-Tasse serviert und ›MINIstrone‹ genannt.«

Saltimbocca alla romana con risotto allo zafferano
Saltimbocca mit Safranrisotto

Auch hier verwenden wir für 4 Personen: **800 Gramm Kalbsrücken** (im Ganzen), **8 Scheiben hochwertiger Prosciutto**, **16 Salbeiblätter** (frisch), **100 Gramm Risottoreis** (z.B. Arborio superfino), **½ weiße Zwiebel** (feinwürfelig geschnitten), **¾ Liter Gemüsefond** (Zubereitung siehe Minestrone verde), **¹⁄₁₆ Liter Weißwein**, **15 Safranfäden**, **2 Esslöffel Butter**, **Olivenöl**.

Die Safranfäden für den Safran-Gemüsefond einige Stunden in kaltem Wasser ziehen lassen, danach mit dem Gemüsefond vermischen und anschließend auf kleiner Flamme warm halten.

Den ganzen Kalbsrücken in einer Pfanne mit wenig Öl rasch auf allen Seiten anbraten. Danach salzen und auf einem Backblech rund 15 Minuten im Backrohr (180 Grad, Umluft) garen. Anschließend herausnehmen, in eine Alufolie einpacken und an einem warmen Ort einige Minuten rasten lassen. Danach in 8 gleich große Tranchen schneiden und 2 Seiten jeder Tranche mit einem Salbeiblatt belegen und mit dem Prosciutto umwickeln.

Für den Safranrisotto Zwiebel in Olivenöl glasig anschwitzen, Reis hinzugeben und kurz anschwenken (die Reiskörner dürfen dabei keine Farbe annehmen); mit dem Weißwein ablöschen und mit der Hälfte des Safran-Gemüsefonds aufgießen. Unter ständigem Rühren und weiterer Zugabe des Fonds den Reis al dente kochen. Gegen Ende der Garzeit einen Schuss Olivenöl beigeben, gut durchmischen und salzen.

Christian Domschitz' Tipp: »Ich liebe intensiven Safran-Geschmack! Sollte das Safranaroma noch nicht ausreichend sein, können einzelne Safranfäden direkt im Risotto mitgekocht werden.«

Safranrisotto auf dem Teller anrichten (der Risotto sollte leicht zerfließen) und je 2 Fleischstücke daran ansetzen.

Szegediner Hummerkrautfleisch

Für 4 hummerhungrige Personen: **500 Gramm ausgelöster Hummer,
500 Milliliter Schlagobers** (Schlagsahne), **200 Gramm Hummerbutter** (im
»Vestibül« oder im Delikatessengeschäft erhältlich), **1 Krautkopf** (circa
300 Gramm, vorzugsweise Spitzkraut), **1 Teelöffel Paradeismark (Tomaten-
mark), 3 Esslöffel Apfelbalsamessig, Salz, weißer Pfeffer** aus der Mühle.

Für die Hummersauce Schlagobers, Hummerbutter und das Paradeismark
zu einer homogenen, sämigen Sauce einkochen, mit Salz und wenig Pfeffer
abschmecken. Mit dem Stabmixer kurz aufschlagen. Ein Drittel der Menge
in einen separaten Topf geben.

Für das Kraut den Krautkopf vierteln, Strunk und äußere Blätter entfernen,
Kraut in feine Streifen schneiden und in den restlichen zwei Dritteln der
Hummersauce kurz aufkochen. Anschließend vom Herd nehmen, einige
Minuten in der Sauce ziehen lassen, bis es al dente ist. Die Kraut-Saucen-
Mischung nun salzen, pfeffern und mit 2 Esslöffel Apfelbalsamessig
abschmecken. Vor dem Servieren nochmals kurz erhitzen.

Nun das separierte Drittel der Hummersauce aufkochen, mit Salz, Pfeffer
und 1 Esslöffel Apfelbalsamessig ebenfalls abschmecken. Den ausgelösten
Hummer in der heißen, nicht mehr kochenden Sauce rund 5–7 Minuten
erwärmen.

Zum Anrichten setzen Sie einige Löffel heißes Kraut in die Tellermitte, plat-
tieren es ein wenig und verteilen die Hummerstücke samt Sauce darauf.

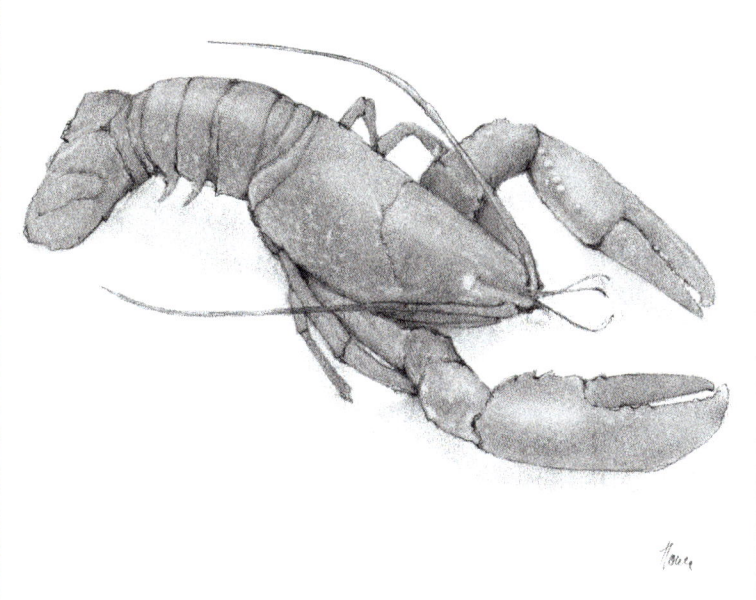

Astice (Hummer)

Die Villen in Grado – Chronologie

Die Jahre von 1900 bis 1914 waren die absolute Blütezeit Grados. In diesen Jahren wurden die meisten Villen errichtet, die den Gästen aus vielen Teilen der Monarchie, vor allem aber aus Wien, als Pension und Herberge dienten. Im Folgenden eine Liste der wichtigsten Villen aus dieser Zeit, sortiert nach dem jeweiligen Entstehungsjahr – und was aus ihnen wurde.

1901
Villa Marchesini des Dr. Marchesini, 20 Zimmer. Ab 1910 Pension Vienna. Heute steht dort ein Wohnhaus.

Ville Bianchi, »Zimmer mit Garten« des Barons Leonard Bianchi, 5 Villen, 85 Zimmer und 10 Zimmer mit Küche: Villa Marina – 16 Zimmer, Villa Adria – 13 Zimmer, Villa Onda – 13 Zimmer, Villa Spiaggia – 23 Zimmer, Villa Stella Maris – 20 Zimmer. Heute nach wie vor im Hotelbetrieb am Viale Dante Alighieri.

1902
Villa Marocco des Giovanni Marocco, Sohn des Romano, 16 Zimmer. Heute steht an ihrer Stelle das Hotel Alla Spiaggia auf dem Largo San Grisogono.

1903
Villa Marocco des Giovanni Marocco, Sohn des Augusto Venessian, 14 Zimmer. Ab 1907 **Villa Anna** der Anna Marchesini, ver-

heiratete Marocco. Heute steht dort das Hotel Villa Marin in der Via al Mare.

Villa Giulia der Giulia Verginella, verheiratete Farfoglia, 7 Zimmer. Heute steht dort eine Frühstückspension an der Piazzetta San Marco.

1905

Villa Bauer des Eugen Bauer aus Wien. Familienvilla, ab 1924 Pension mit 4 Zimmern. An Stelle der Villa findet sich am heutigen Viale Europa ein Wohnhaus.

Villa Salvore des Giovanni Tarlao mit dem Caffè Secession des Pietro Tarlao im Erdgeschoß. Dort steht heute ein Wohnhaus, das Café heißt heute La Fenice.

Villa Erica der Brüder Marchesini, 16 Zimmer am Viale Dante Alighieri, die Villa ist heute noch ein Hotelbetrieb.

Villa Alga der Brüder Marchesini, 16 Zimmer. Anstelle der Schwestervilla der Villa Erica steht am Viale Dante Alighieri heute ein Wohnhaus.

1908
Villa Sofia, Dependance des Hotels Parco alla Salute, Via Caprin.
Heute steht dort ein Wohnhaus.

1911
Villa Arena der Elena Contessa Loʼs (Direktorin: Emma Rainer),
14 Zimmer, Via Venezia. Heute ersetzt durch ein Wohnhaus.
Villa Hugo Anbelang des Hugo Anbelang, 25 Zimmer, später **Villa
Imperiale** (ab 1914), 17 Zimmer und fünf Mansarden, dann **Villa
Reale.** Die Villa am Viale Dante Alighieri ist unverändert als Hotel
mit 20 Zimmern in Betrieb und die einzige der noch verbliebenen
Villen, die in Familienbesitz steht.

1912
Villa Monna Lisa des Hofmann-Eckerl, eines österreichischen
Adeligen aus Görz, 19 Zimmer. Dort steht heute die Pension
Albergo Meublè.
Villa Arco der Josefa Stepka, 12 Zimmer. Inzwischen ein Privat-
parkplatz.
Villa Ester des Alberto Fumolo, 16 Zimmer, Via Carducci. Die Villa
ist zusammen mit der 1921 gebauten Villa Savoia inkorporiert ins
Luxushotel Savoy.
Villa Francesca mit Garten des Francesco Facchinetti, 17 Zimmer.
An ihrem Platz steht ein Wohnhaus.

1913
Villa Guido Zipser des Dr. Guido Zipser, 40 Zimmer, Largo San
Grisogono. Auch hier steht nunmehr ein Wohnhaus.

1914
Villa Iris der Caterina Cato Kertay, Witwe des Ladislaus Gschaider.
Auf dem Platz der Villa heute: ein Wohnhaus.

Quellen und weiterführende Literatur

Emma Auchentaller: Briefe aus Grado (1900–1912), hg. v. Christine Casapicola (Brazzano 2017).

Antonio Boemo: Ritorno a Grado (Mariano del Friuli 1992).

Christine Casapicola: Nächstes Jahr im Küstenland (Brazzano 2014).

Christine Casapicola: Irgendwann im Küstenland (Brazzano 2016).

Vinzenz Chiavacci: Adabei auf Reisen, gelesen von Otto Schenk (LP Preiser Records 3177).

Michael Dangl: Grado abseits der Pfade (Wien 2015).

Marino De Grassi: Un saluto da Grado/Gruß aus Grado (Mariano del Friuli 2006).

Egyd Gstättner: Das Geisterschiff (Wien 2013).

Gianni Maran: Pesca miracolosa (Eigenverlag des Autors).

Gianni Maran: Semo una carne sola – Gianni Maran per Biagio Marin (Eigenverlag des Autors).

Brigitte Ramhapp: Sehnsuchtsorte an der Adria (Wien-Graz-Klagenfurt 2018).

Christine Rapp, Nadia Rapp-Wimberger (Hg.): Österreichische Riviera – Wien entdeckt das Meer, Katalog zur Sonderausstellung, Wien Museum (Wien 2013).

Evelyn Rupperti: Grado – Der nahe Süden zu jeder Jahreszeit (Wien-Graz-Klagenfurt 2014).

Gisbert Spiegelfeld: Die bunten Jahre der Maria Mühlheim (Graz 1993).

Erwin Steinhauer, Günther Schatzdorfer: Einfach. Gut. – Eine kuli-
narisch-kulturelle Reise ins Friaul und nach Triest (Wien-Graz-
Klagenfurt 2014).

Christoph Wagner: Gefüllte Siebenschläfer (Innsbruck 2007).

Peter Weinhäupl: Grado. Der Strand Mitteleuropas (Wien 2017).

Giuseppe Zigaina: In die Lagune (Wien-Bozen 2006).

Bildnachweis

Archiv Dr. Samsinger/Imagno/picturedesk.com (16, 75, 157), Andreas Schwarz & Martha Brinek (17, 19, 82, 83, 91, 94, 106, 110, 127, 154, 161), Imagno/picturedesk.com (23, 32, 142), Sammlung Hubmann/Imagno/picturedesk.com (24, 79), Archive Scaramuzza (26, 29, 35, 59, 73, 77, 87, 99, 103, 107, 117, 135, 144, 147, 243), Rossetti privat (41, 43, 49, 51, 53), Auchentaller, Josef Maria/ÖNB-Bildarchiv/picturedesk.com (57), Egyd Gstättner (65), Archiv Villa Reale (81, 85), Sardines and the Angel (1967) by Bettina Ehrlich. By permission of Oxford University Press (101), Charlemont, Hugo/ÖNB-Bildarchiv/picturedesk.com (111), Cameraphoto/akg-images/picturedesk.com (123), Furlanut privat (131, 136), Votava/Imagno/picturedesk.com (139), Schuba privat (160, 162), P. Domenigg/TeamFilm/ORF/picturedesk.com (171), Maurizio Frullani (174), Gianni Maran (182, 190, 193, 194, 200, 202, 211, 214, 215, 241)

Karte im Vorsatz: Stadtplan der Stadt Grado © Archiv Dr. Samsinger/Imagno/picturedesk.com

Der Verlag hat alle Rechte abgeklärt. Konnten in einzelnen Fällen die Rechteinhaber der reproduzierten Bilder nicht ausfindig gemacht werden, bitten wir, dem Verlag bestehende Ansprüche zu melden.

Dank

Unser großer Dank gilt allen Protagonisten, die in diesem Buch auftreten und die uns Stunden um Stunden mit Auskunft, Geschichten, Schnurren, Rat und Tat zur Verfügung gestanden sind. Allen voran Roberta Bressan und Bruno Scaramuzza, die uns so viel Grado-Freude vermittelt haben, ebenso wie der großartige Gianni Maran, der für uns auch noch zum Zeichenstift gegriffen hat.

Darüber hinaus bedanken wir uns bei Karla Darnhofer für präzise Übersetzungen, bei Magdalena Tanzler für die verlässliche Küchensupervision, bei Marianne Endstrasser für die Expertise in Sachen Süßes und bei Romana Jancik dafür, in vielerlei Hinsicht »Versuchskaninchen« und unverzichtbare Hilfe gewesen zu sein. Schließlich bei unseren Familien und bei unseren Arbeitskollegen, die viel Geduld hatten mit Autoren, die die meiste Zeit ihrer Arbeit keine Geduld hatten, sprich: unleidlich waren. Und bei Valentin, ohne den es die Idee zu diesem Buch nicht gegeben hätte.

Namenregister

Namenregister

Namenregister

Auf historischer Spurensuche
im »schönsten Dorf Österreichs«

Hietzing war immer schon ein Grätzel zum Verlieben. Das Schöner-Wohnen hat in Wiens vielleicht elegantestem Bezirk Tradition: Seit den Tagen von Josef Lanner und Johann Strauß, die im 19. Jahrhundert beim Dommayer konzertierten, lebten hier berühmte Komponisten, Dichter, Maler, Bildhauer und Schauspieler in bezaubernden Villen. Zahlreiche Geschichten und Anekdoten ranken sich um die Künstler und ihre Häuser: um Gustav Klimt, Egon Schiele oder Maria Lassnig, Schauspielstars wie Charlotte Wolter oder Hilde Sochor, um den Ursprung aller Schubert-Klischees, die Häuser von Adolf Loos oder Alban Bergs und Richard Taubers »Benzinkutschen« …

Pointiert und unterhaltsam erzählt Werner Rosenberger von den schönsten Platzerln im Dreizehnten und deren Protagonisten – von damals bis heute.

....

Werner Rosenberger

Hietzing

Von Künstlervillen & Künstlerleben

288 Seiten, mit zahlreichen Abbildungen
ISBN 978-3-99050-119-1
eISBN 978-3-903217-24-9

Amalthea   amalthea.at

Auf den Spuren des alten Kaiserreichs

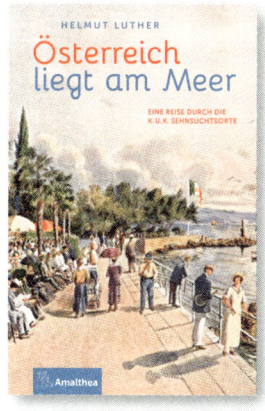

Brioni, Abbazia, Fiume – das sind die klingenden Namen der Kur- und Badeorte an der einstigen k. u. k. Riviera. Wer heute durch Brijuni, Opatija oder Rijeka schlendert, trifft noch immer auf den Charme vergangener Zeiten.

Helmut Luther begibt sich auf nostalgische Entdeckungsreise von Meran über den Gardasee bis nach Triest und Pula ins einstige Österreichische Küstenland. Unterwegs begegnet er historischen Persönlichkeiten wie den Bildhauern und Malern Peter und Paul Strudel, Ingenieur Carlo Ghega, Mozart-Konkurrent Antonio Salieri, der Schauspielerin Nora Gregor, dem Industriellen Paul Kupelwieser und vielen anderen. Gestern und Heute, Berge und Meer – entdecken Sie die k. u. k. Sehnsuchtsorte aus einer Zeit, als Österreich am Meer lag.

Helmut Luther

Österreich liegt am Meer

Eine Reise durch die k. u. k. Sehnsuchtsorte

288 Seiten, mit zahlreichen Abbildungen
ISBN 978-3-99050-072-9
eISBN 978-3-903083-58-5

Amalthea   amalthea.at